シンプル解説

オルタナティブ／サステナブルローン

Alternative/Sustainable Loan

北原一功＝監修
Ichinori Kitahara

池田正嗣＝著
Masatsugu Ikeda

一般社団法人金融財政事情研究会

はじめに

本書は、2014年に刊行した『シンプル解説　オルタナティブローン』の改訂版です。

当時、ローンによる投資は銀行や生命保険会社、損害保険会社、農林系金融機関、リース会社の一部で行われていましたが、現在は、地域金融機関にもプレーヤーが拡大しています。

また、パリ協定（2015年）を機に、京都議定書（1997年）成立以降の気候変動問題への取組みの流れが、SDGsの普及も相まって一気に加速、サステナブルローンの貸し手も一気に拡大してきました。

一方で、金融緩和下におけるリスクとリターンの問題、崩れない伝統的な審査手法の枠組み、社会貢献における長期的な成果への不理解など、ローンの分野での課題は山積しています。これらの課題を解決するための最も効果的な手段は、プレーヤーの拡大や実績の蓄積であると考えています。

本書はローンを用いた投資（オルタナティブローン）やサステナブルファイナンス（サステナブルローン）のプレーヤーの拡大を念頭に置き、実務者向けに稟議書に必要な項目を列挙し、シンプルに解説をしています。

今回の改訂では、大きく２点に注力しました。

注力点の１つ目は、オルタナティブローンの項目への、CLOリパッケージローン、メガソーラープロジェクトファイナンスの追加です。現在、多くのプレーヤーの皆さまがかかわっているローンです。リスクを正しく理解することにより、適切なリターンの確保、新たな投資に付き物のフェイク情報等への対処に役立てていただければ幸いです。

さらに、数々のオルタナティブローンへのかかわりから蓄積された、リスク顕在化事例を加えています。ローンの黎明期では想定外であった対応が、現在では想定内のものとなっていることがご理解いただけると思います。本書の事例を参考に、読者の皆さまに視野を拡大し、想像をふくらませていただくことにより、オルタナティブローンの期中の安定性が確保され、ローンの投資家が拡大することを望んでいます。

注力点の２つ目は、サステナブルローンの項目の追加です。本書は、サステナブルファイナンスのなかのローン（融資）に特化していますので、サステナブルローンという表現を使用しています。

サステナブルローンの項目は、業態を問わず、すべてのコーポレートファイナンス、プロジェクトファイナンスに携わる方々を対象としています。サステナブルローンの普及は、持続可能な社会の形成や中小企業の情報開示を加速させる手段として、大きな役割を担っています。裏方としての金融機関の地道な活動を後押しする一助となれば幸いです。

サステナブルローンもオルタナティブローンと同様に、見開きの２頁で各ローンの概要をご理解いただけるよう、概要、定義、サステナビリティ（環境等）へのメリットをまとめています。また、主なリスクの所在についても示していますので、リスク要因とその対応を含め、積極的に取り組まれるうえでの参考に活用いただければと思います。

本書においては、前回に引き続き、格付投資情報センターの北原一功氏に、監修の立場で原稿にアドバイスをいただきました。渥美坂井法律事務所・外国法共同事業の根津宏行氏、細井文明氏、アンダーソン・毛利・友常法律事務所の前山信之氏、武内則史氏には、法律面からご指導いただきました。

また、高崎経済大学の水口剛さまには拡大するサステナブルファイナンスについて、国際社会経済研究所の藤沢久美さま（しずおかフィナンシャルグループ取締役）には幅広く投資家動向について、社会変革推進財団の工藤七子さまにはSIB（ソーシャル・インパクト・ボンド）など社会課題解決の新たな仕組みについてご指導いただいております。

静岡銀行で本業務に携わる、鈴木達也氏、山崎剛氏、早川洋平氏、疋野勇氏には、日頃よりさまざまな面でご支援いただいております。加えて本書執筆の後押しをしていただき感謝いたします。

最後に、編集、構成全般でお世話になりました金融財政事情研究会の花岡博氏にも深くお礼を申し上げます。

2022年11月

池田　正嗣

【監修】

北原　一功（きたはら　いちのり）

格付投資情報センター
執行役員ストラクチャードファイナンス本部長・チーフアナリスト
流動化証券化協議会 理事
早稲田大学法学部卒業
青山学院大学国際政治経済学研究科国際ビジネス専攻ファイナンス修士課程修了
1988年日本債券信用銀行入行後、不動産や企業向け融資、航空機ファイナンス、M&Aなどの業務を経験。1997年日本公社債研究所（現格付投資情報センター）に入社。金融セクター・証券化などのアナリストを経て、現職。R&Iのサステナブルファイナンス評価立ち上げに携わる。
〈著書〉
「資産担保証券投資ガイド」格付投資情報センター（共著）2000年
「証券化商品のモニタリングについて」『再生・再編事例集１』商事法務、2004年
『シンプル解説オルタナティブローン』金融財政事情研究会、2014年

【執筆】

池田　正嗣（いけだ　まさつぐ）

静銀リース
取締役常務執行役員・経営企画部長
インパクト志向金融宣言運営委員
慶應義塾大学法学部法律学科卒業
1991年三菱信託銀行（現三菱UFJ信託銀行）入社後、不動産部、市場金融部、営業部、企業金融部などで不動産仲介、債権流動化、企業向け融資、大企業向けソリューション営業などを経験。
2005年静岡銀行入行、法人部、営業部、ソリューション営業部などで、ストラクチャードファイナンス、環境金融、事業承継、確定拠出年金、法人決済業務などに従事を経て、2020年よりソリューション営業部担当部長、2022年より現職。
〈著書〉
『環境格付―環境金融の情報基盤』（共著）金融財政事情研究会、2010年
『シンプル解説オルタナティブローン』金融財政事情研究会、2014年

目　次

I　不動産ファイナンス

I－1　不動産ノンリコースローン

I－2　J－REIT向けローン

I－3　私募REIT向けローン

Ⅱ　証　券　化

Ⅱ－1　住宅ローン流動化

Ⅱ－2　アパートローン流動化

Ⅱ－3　割賦債権流動化

Ⅱ－4　リース料債権流動化（多数債務者）

Ⅱ－5　リース料債権流動化（単数債務者）

Ⅱ－6　手形（電子記録）債権流動化（多数債務者）

Ⅲ－2　航空機ファイナンス－JOLCO（ECA保証なし）

Ⅲ－3　船舶ファイナンス

Ⅳ　プロジェクトファイナンス

Ⅳ－1　プロジェクトファイナンス（ECA保証）

Ⅳ－2　メガソーラープロジェクトファイナンス

Ⅳ－3　PFI

Ⅴ　コーポレートファイナンス

Ⅴ－1　劣後ローン

【プラスα】

I

不動産ファイナンス

I－1

不動産ノンリコースローン

◆ 概　　要

不動産ノンリコースローンは、単数または複数の特定の不動産のもつキャッシュフロー（賃料収入、売却収入）に依存したローンです。不動産のキャッシュフローの配分や、関係当事者の役割、責任の所在など、詳細について各種契約書で規定されています。なお、不動産ノンリコースローンの対象となる不動産は、オフィス、住宅、商業施設が一般的でしたが、物流施設などにも広がっています。

◆ スキーム図解説（本ケースでは、信託受益権売買を想定しています）

① オリジネーター（当初委託者）は、保有不動産を管理処分を目的に信託、当初信託受益者となります。
② オリジネーターは、SPVを設立。SPVは、匿名組合出資と不動産ノンリコースローンにより資金調達を行い、不動産信託受益権を譲り受けます。
③ SPVは、不動産の運用をAMに、信託銀行は、不動産の管理をPMに、それぞれ委託します。
④ テナントは、ML（マスターレッシー）や不動産保有者である信託に賃料を支払います。賃料は、まず不動産を維持するために必要な諸費用に充当され、次に不動産ノンリコースローンの元利払いに充当されます。
⑤ AMは、一定期間ごとに不動産および借入人であるSPVの状況を報告します。
⑥ 不動産ノンリコースローンは、不動産信託受益権の売却（譲渡）やリファイナンスにより終了します。

◘ スキーム図

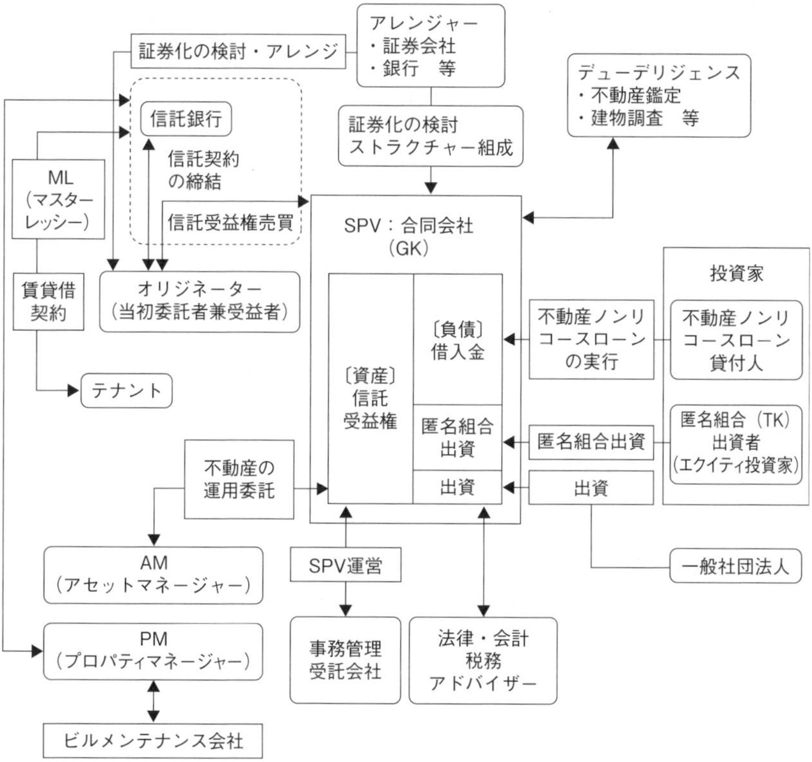
証券化の検討・アレンジ
アレンジャー
・証券会社
・銀行　等
デューデリジェンス
・不動産鑑定
・建物調査　等
信託銀行
信託契約
の締結
信託受益権売買
証券化の検討
ストラクチャー組成
ML
（マスター
レッシー）
SPV：合同会社
（GK）
賃貸借
契約
オリジネーター
（当初委託者兼受益者）
投資家
〔負債〕
借入金
不動産ノンリ
コースローン
の実行
不動産ノンリ
コースローン
貸付人
〔資産〕
信託
受益権
テナント
匿名組合
出資
匿名組合出資
匿名組合（TK）
出資者
（エクイティ投資家）
不動産の
運用委託
出資
出資
AM
（アセットマネージャー）
SPV運営
一般社団法人
PM
（プロパティマネージャー）
事務管理
受託会社
法律・会計
税務
アドバイザー
ビルメンテナンス会社

主なスキーム構成者

1 オリジネーター（当初委託者兼受益者）

不動産（現物もしくは信託受益権）を保有しており、不動産の流動化のためのSPV（Special Purpose Vehicle）に対して、不動産（不動産信託受益権）の譲渡を行う者をいいます。不動産管理処分信託を利用する場合には、当初委託者と呼ばれます。また、オリジネーターは後述するSPVのエクイティ投資家となる場合や、マスターレッシー、テナントとなる場合があります。

2 信託受託者

オリジネーターと不動産管理処分信託契約を締結して受託者となった、信託銀行や信託会社のことをいいます。信託受託者は、不動産（土地・建物）の所有者となるため、支出面では建物管理費等の支払を行います。また、固定資産税・都市計画税の納税義務者となります。なお、収入面では、不動産賃貸から生じる果実である賃料収入をテナントやMLから受領し、入金処理を行います。

信託受託者は、信託契約締結にあたり、不動産の遵法性や耐震性能など、資産査定を実施し、当該不動産が受託適格物件であるかを判断したうえで受託可否を決定します。

3 SPV（Special Purpose Vehicle）

不動産流動化のための器となる法人のことをいいます。具体的な法人としては、合同会社、特定目的会社（資産の流動化に関する法律）などがあります。

このうち、合同会社が最も一般的に使われるSPVとなります。合同会社のエクイティ出資に匿名組合出資を利用したスキームは、GK－TK（Godo－Kaisya、Tokumei－Kumiai）と呼ばれています。

なお、SPVのバランスシートの主要項目においては、資産の部は不動産信託受益権および現金、負債および純資産の部は不動産ノンリコースローン、匿名組合出資が大半を占めます。

4 エクイティ投資家（匿名組合出資者）

不動産流動化のためのSPVに出資する投資家のことをいいます。株式会社の株主と同様に、配当（インカムゲイン）、譲渡・売却益（キャピタルゲイン）を享受します。また、配当停止（無配）、譲渡・売却損（キャピタルロス）のリスクを負っています。

匿名組合を利用して出資する場合はTK出資者と呼ばれます。匿名組合は、商法第535条～第542条に規定されており、匿名組合の出資者は、出資額を限度とした損失負担義務を負います。また、匿名の名前のとおり、匿名性が保持されることなどの特徴があります。

5 一般社団法人

一般社団法人及び一般財団法人に関する法律に基づいて設立される法人をいいます。一般社団法人がSPVの資本金を提供することによって、一般社団法人の基金拠出者とSPVの議決権保有者を分離することが可能となります。このため、SPVの倒産隔離（bankruptcy remote、バンクラプシーリモート）の観点から利用されます。

6 不動産ノンリコースローン貸付人

SPVに対して、不動産（現物もしくは信託受益権）を主たる担保として、ローンにより資金提供を行う銀行などのことをいいます。

不動産ノンリコースローンの元利金返済原資は、SPVが保有する不動産から生じる賃料収入および譲渡・売却収入となります（返済時点のリザーブ（準備金）、余剰金も返済原資となります）。

なお、ローンの返済順位により、スキームによっては、シニアローン（スーパーシニアとシニアに分けられる場合もあります）、メザニンローンに区分（tranche、トランシェ）されることがあります。シニアローンとメザニンローンは、返済順位およびアモチゼーション（amortization）の有無などによりリスクが異なるため、「シニアローンの金利＜メザニンローンの金利」となります。

7　アセットマネージャー

Asset Managerの頭文字をとり、AMと呼ばれています。不動産を保有するSPVは器にすぎないため、SPVの運営を行う存在が必要となります。AMは、SPVの委託を受けてSPVの資産（Asset）である不動産の運営を主たる業務としますが、負債である不動産ノンリコースローンや匿名組合出資などについても、ALM（Asset Liability Management）の観点から総合的に把握しながら運営を行います。

8　プロパティマネージャー（ビルメンテナンス含む）

Property Managerの頭文字をとり、PMと呼ばれています。不動産の管理を行います。具体的には、テナントの管理（新規テナントの募集も含みます）や不動産そのものの管理（清掃、修繕、その他維持管理業務）を行います。BM（Building Maintenance）に、建物の清掃や簡易な修繕などを委託することもあります。

9　マスターレッシー

Master Lesseeの頭文字をとり、MLと呼ばれています。不動産を一括して賃借（マスターリース）する役割を担います。MLは賃借した不動産をテナントに転貸します。

MLが支払う賃料とテナントが支払う賃料が常に一定額となるマスターリースをパススルー（pass through）型、テナントが支払う賃料にかかわらずMLが支払う賃料を一定額とするマスターリースを固定型といいます。

なお、MLを使わず、テナントに直接賃貸（契約）する方式をダイレクトリースといいます。

10 テナント

不動産の賃借人でエンドテナントともいいます。不動産を実際に使用している、賃貸住宅（residential）であれば居住者、オフィスであれば事務所として利用している企業など、商業施設であれば店舗などとなります。

建物の賃貸借契約には定期借家契約（借地借家法第38条）と普通借家契約（民法第601条）があります。不動産の収入、つまり、不動産ノンリコースローンの元利金の返済原資の確保は、テナントの入居状況および賃貸借契約の内容などの影響を受けます。

主なリスクの所在

1 不動産賃貸運営によるキャッシュフローの変動リスク

主に、利息の支払および期中元本の支払に影響があります。

(1) リスク要因とその確認

不動産賃貸運営によるキャッシュフローを変動させるリスクには、以下のようなものがあります。それぞれの主たる確認点は以下のとおりです。

① 不動産賃貸市況（マクロ）の悪化

不動産賃貸市況の悪化は、空室率の上昇、賃料収入の低下につながり、不動産賃貸運営におけるキャッシュフローを低下させます。将来の市況がどのように推移するか、過去のトレンドや将来予測レポートなどをもとに確認を行います。

② 競合物件の出現、経年劣化等による物件競争力の低下

競合物件の出現などによる物件競争力の低下は、空室率の上昇、賃料収入の低下につながり、不動産賃貸運営におけるキャッシュフローを低下させます。不動産鑑定評価書やエンジニアリングレポート（ER、Engineering Report）などで不動産の周辺状況や不動産そのものの特性を確認します。

③　**大口テナントの退去**

大口テナントの退去は、後継テナントを確保するまで不動産賃貸運営におけるキャッシュフローを低下させます。また後継テナントとの契約条件（フリーレントなど）によっては、中期的にキャッシュフローを低下させることがあります。

レントロール（rent roll、不動産賃貸状況一覧表）で、テナントごとの賃貸割合や賃貸条件（坪単価、契約年数など）を確認するとともに、テナント退去が顕在化した場合の影響度合いやスキーム上の手当（現金準備、後継テナントの確保策など）を確認します。

④　**外部委託費用（PMへの支払など）の上昇、想定修繕費用などの積立不足**

外部委託費用の上昇などは、不動産賃貸運営におけるキャッシュフローを低下させます。キャッシュフローの余裕度をDSCR（Debt Service Coverage Ratio）の数値によって確認します。またPM契約を確認することでPMへの支払額の妥当性を検証するとともに、不動産鑑定評価書・ER記載の修繕費用などの諸費用が、期中、現金準備（cash reserve、キャッシュリザーブ）される計画かどうかを確認します。

⑤　**公租公課の上昇**

公租公課の上昇は、不動産賃貸運営におけるキャッシュフローを低下させます。キャッシュフローの余裕度をDSCRの数値によって確認します。

⑵　リスク要因への対応

①　**優先劣後構造、DSCRによるコベナンツ（covenants、借入人の誓約事項）**

不動産ノンリコースローンの借入人であるSPVのキャッシュフローのうち、不動産ノンリコースローンの元利金返済に優先するのは、通常、敷金・保証金返還債務、公租公課、保険料、修繕費用、PM（事務管理委託）費用、建物管理費用、信託報酬などとなります。これらを充当した後のキャッシュフローは不動産ノンリコースローンのシニアローンの元利金の返済、メザニンローンの元利金の返済に充当され、その後、AM報酬などの支払が行われ、エクイティ投資家に配当されます。

優先劣後構造のスキームにおいて、シニアローン（優先）貸付人となる場合、メザニンローン（劣後）貸付人より元利金の返済が優先されます。従って、すべてのローンがシニアローンとなる場合に比較して、不動産賃貸運営によるキャッシュフローの変動リスクを緩和することができます。

DSCRは、「一定期間の元利金支払前のキャッシュフロー÷同一定期間の元利金支払予定金額」を表します。DSCRが1を上回る場合は、元利金の支払に問題がないことになります。また、DSCRが大きいほど元利金の支払の余裕度が大きくなります。一般的には1を上回る計画が策定されるのは当然のことですので、余裕度がどの程度あるかを検証します。期中にDSCRが低下した場合に、エクイティ投資家への配当を行わず、SPVに現金準備として留保するなど、DSCRによるコベナンツを設定します。これにより、シニアローンのリスクがメザニンローンやエクイティ投資家のリスクに比較して小さくなるような契約となり、リスク軽減を図ることができます。

② 現金準備など

不動産ノンリコースローンの元利金やこれに優先する支払である運営費用等の支払を行うことができなくなる事態に備え、現金準備などを行います。一般的には、賃料（SPVの収入）の一定月数分や、SPVの諸費用および不動産ノンリコースローンの元利金の一定回数分などを賄うことができる金額の現金準備が行われます。これにより、大口テナントの退去など、テナントからの収入減少にかかわるリスクを軽減します。

2 譲渡・売却によるキャッシュフローの変動リスク

主に、不動産ノンリコースローン終了時の元本の支払に影響があります。

(1) リスク要因とその確認

譲渡・売却によるキャッシュフローを変動させるリスクには、以下のようなものがあります。

① 不動産売買市況の悪化

不動産売買市況の悪化は、売却金額の低下、売却期間の長期化などにつながり、譲渡・売却によるキャッシュフローを低下させます。将来の市況がどのように推移するか、過去のトレンドや将来予測レポートなどをもとに確認するとともに、リスクに見合った劣後部分が確保されていることをLTV（Loan to Value）の数値によって確認します。

② 金融環境の悪化

金融環境の悪化は、売却金額の低下、売却期間の長期化などにつながり、譲渡・売却によるキャッシュフローを低下させます。2008年のリーマンショック、2011年の東日本大震災時などの過去の事例や将来の金融規制の見通しを参考として確認するとともに、リスクに見合った劣後部分が確保されていることをLTVの数値によって確認します。

③ 投資家の要求利回りの上昇

投資家の要求利回りのことをキャップレート（Capitalization Rate）といいます。キャップレートは、「不動産から生み出される純収益÷不動産価格」を表します。従って、純収益が一定のもとでキャップレートが上昇すると、不動産価格が低下することとなります。

将来のキャップレートがどのように推移するか、過去のトレンドや将来予測レポートなどをもとに確認するとともに、リスクに見合った劣後部分が確保されていることをLTVの数値によって確認します。

④ 中期的にみた運営収益の減少および運営費用の上昇

中期的にみた運営収益の減少および運営費用の上昇は、売却金額の低下につながり、譲渡・売却によるキャッシュフローを低下させます。

賃料が相場と比較して高めとなっている場合、テナントの入替え時に賃料が低下する可能性があります。また、計画よりも修繕費などが多くかかった場合やPMのクオリティが低く交代した場合など、運営費用が上昇する可能性がありますので、PMの実績などについても確認を行います。

具体的には、レントロールで、テナントごとの賃貸割合や賃貸条件を確認します。また、PM契約でPMへの支払額の妥当性を確認するとともに、不動産鑑定評価書・ER記載の修繕費用などの諸費用が、期中、現金準備されるかどうかを確認します。さらに、リスクに見合った劣後部分が確保されていることをLTVの数値によって確認します。

⑤　売却が困難となる事象の発生

建物の滅失などがこれに当たります。不動産鑑定評価書・ER記載の建物の損失可能性や損害保険（地震保険を含む）の保険金支払範囲、都市計画などの規制について確認を行います。

なお、地震による建物の損失リスクを数値化したものをPML（Probable Maximum Loss、予想最大損失）値といいます。一般に、最大級の地震（475年に１度起こると想定、年間発生確率は0.21％（１/475)、50年間に10％以上の発生確率）発生時における「予想される建物損失額÷当該建物の再調達価格(新築する場合に必要となる工事費相当額)」で計算されます。建物の耐震能力を判断するうえで、国内ではPML15％程度が１つの目安とされることが多くみられます。

⑥　早期売却を志向した売却方法の採用

早期売却を志向した売却方法が採用されると、譲渡・売却によるキャッシュフローが低下する可能性があります。不動産ノンリコースローン貸付人の権利が守られ、適正価格で不動産を売却する仕組みであるか、不動産売却方法に関する契約内容の確認を行います。

⑵　リスク要因への対応

優先劣後構造、LTVによるコベナンツ

譲渡・売却の際のキャッシュフロー減少リスクに対応した劣後部分を設定することにより、不動産ノンリコースローンのシニア部分の元利金支払の確実性を高めることができます。

LTVは、「不動産ノンリコースローン残高÷不動産価格」を表します。従って、LTVが低いほど、不動産譲渡・売却による不動産ノンリコースローンの返済可能性は高まります。シニアローンの場合、一般的にはLTVが70％未満の水準となる計画が策定されています。不動産鑑定評価書記載の価格がLTV算出の不動産価格となるため、この価格の妥当性（実績のある鑑定評価会社かどうかなど）を検証するとともに、余裕度がどの程度あるかを確認します。期中にLTVが上昇した場合に、エクイティ投資家への配当を行わず、SPVに現金準備として留保するなど、LTVによるコベナンツを設定

します。これにより、シニアローンのリスクがメザニンローンやエクイティ投資家のリスクに比較して小さくなるような契約となり、リスク軽減を図ることができます。

3 リファイナンス（調達）リスク

不動産ノンリコースローン終了時の元本の支払に影響があります。SPVなどが金融機関から資金調達を行うことができなくなることによるリスクです。

(1) リスク要因とその確認

リファイナンス（調達）リスクには以下のようなものがあります。

① 金融環境の悪化

金融環境の悪化はリファイナンスを行う金融機関の態度を慎重なものとし、リファイナンスリスクを高めます。2008年のリーマンショック、2011年の東日本大震災時などの過去の事例や将来の金融規制の見通しを参考に確認を行います。

② 不動産市況（マクロ）の悪化

不動産市況の悪化はリファイナンスを行う金融機関の態度を慎重なものとし、リファイナンスリスクを高めます。将来の市況がどのように推移するか、過去のトレンドや将来予測レポートなどをもとに確認を行います。

③ 金利の上昇

金利の上昇は、リファイナンスを行う金融機関が要求する貸出金利の上昇を意味し、リファイナンスリスクを高めます。支払金利水準に一定のストレスを乗じてリファイナンス時に想定される金利水準の検証を行います。

④ 中期的にみた運営収益の減少および運営費用の上昇

中期的にみた運営収益の減少および運営費用の上昇は、キャッシュフローの低下につながり、リファイナンスリスクを高めます。

賃料が相場と比較して高めとなっている場合、テナントの入替え時に賃料が低下する可能性があります。また、計画よりも修繕費などが多くかかった場合やPMのクオリティが低く交代した場合など、運営費用が上昇する可能性があるため、PMの実績などについても確認を行います。

さらに、レントロールで、テナントごとの賃貸割合や賃貸条件を確認します。また、PM契約でPMへの支払額の妥当性を確認します。

⑤　リファイナンスが困難となる事象の発生

建物の滅失などがこれに当たります。不動産鑑定評価書・ER記載の建物の損失可能性や損害保険（地震保険を含む）の保険金支払範囲、都市計画などの規制について確認を行います。

⑵　リスク要因への対応

①　金利上昇に対するキャッシュフロー水準の余裕度（DSCR）

不動産ノンリコースローンのリファイナンスを行う金融機関は、元利金支払の余裕度を検証する際、DSCRをもとに判定を行います。リファイナンス時に金利上昇を想定して計算した場合でも、一定のDSCRが確保できる状況であれば、リファイナンスリスクは軽減されています。

②　リファイナンスの仕組みの設定

リファイナンス活動の十分な期間設定、リファイナンスアレンジャーの選任などの仕組みを定めることにより、リファイナンスの実現可能性を高めることができます。

③　不動産売却の仕組みの設定

リファイナンスが実現できない場合でも、SPVが適正価格で不動産を売却することができれば、元本の支払に必要な資金を確保することができます。不動産売却の際の仕組みおよび劣後部分による信用補完水準を確保することにより、リファイナンスリスクが表面化した場合でも、不動産譲渡・売却により、SPVは元本返済に必要な資金を調達することができます。

期間、金利、格付

1　期　　間

不動産ノンリコースローンの期間は５年間が最も一般的です。通常は、これに不動産譲渡・売却にかかる期間（tail、テール期間）1～2年間を加えた期間が最長期間となります。テール期間は延長オプション（option）であるため、当初設定した期間（一般的に5年間の場合が多い）の金利水準よりも、テール期間の金利水準は高く設定されます（step-up、ステップアップ金利）。これにより、譲渡・売却やリファイナンス活動を、当初確定した期間以内に完了させるインセンティブがSPVに働きます。これを受けてAMは、期間内に終了するよう適切な運営を行います。

2 金　利

不動産ノンリコースローンの金利は、リスクにより異なりますが、多くの場合、TIBORを基準金利とした変動金利となります。LTVが高い、DSCRが低い、流動性が低い（譲渡・売却相手が限られる）など、リスクの高い不動産ノンリコースローンはスプレッド（spread）が高くなります。

また、テナントが優良企業であり、解約ペナルティのある長期賃貸借契約を締結している場合などは、流動性が低いなどのネガティブ要因があったとしても、スプレッドが低くなる場合があります。

なお、不動産ノンリコースローン貸付人は、金利以外の収益として、アップフロントフィーを収受する場合があります。アップフロントフィーの水準は「ローン金額×％」と計算するのが一般的です。

金利の比較対象としては、J－REIT（借入金利などは公表されています）の公表情報があります。また、必ずしも一般的ではありませんが、解約禁止特約がついた長期定期借家契約による一括賃借テナントがいる場合は、そのテナントの発行する社債や借入金利なども比較対象となります。

金利は需給関係で決定しますので、金融危機の場合と長く金融緩和が続く場合とでは、同じリスク評価でもスプレッドに大きな違いが生じます。

3 格　付

不動産ノンリコースローンの格付が必要な場合は、格付機関に格付を依頼することになります。格付投資情報センター（R&I）では、格付付与にあた

図表Ⅰ－1　LTVにおける目標格付別の範囲

［目標格付別の範囲］　（単位：％）

目標格付	AAA	AA	A	BBB	BB
要求LTV	34～49	39～55	48～65	56～75	65～85

（参考）対象不動産が1物件、10物件超の場合の目安

	AAA	AA	A	BBB	BB
1物件	38前後	45前後	54前後	63前後	72前後
10物件超	44前後	50前後	59前後	69前後	78前後

（出典）　格付投資情報センター「ストラクチャードファイナンス商品　格付方法の概要」

図表Ⅰ－2　DSCRにおける目標格付別の範囲

（参考）対象不動産が10物件超の場合の目安　（単位：倍）

目標格付	AAA	AA	A	BBB	BB
要求DSCR	2.3前後	2.0前後	1.7前後	1.5前後	1.3前後

（出典）　格付投資情報センター「ストラクチャードファイナンス商品　格付方法の概要」

り、格付対象の元利払いの確実性の視点から信用補完水準を評価しています。信用補完水準の主な判断指標はLTVおよびDSCRとなります。R&Iが公表しているLTV、DSCRそれぞれの格付の目安は図表Ⅰ－1、Ⅰ－2のとおりです。

金融機関が評価を行う場合は、格付を参考に、不動産そのもののリスクをもとに行う場合や、不動産のテナントの信用リスクをもとに行う場合など、いくつかのリスク要因を加味して最終的に決定します。

主な契約書

1 信託契約（不動産管理処分信託契約）

オリジネーター（当初委託者）と信託銀行等との間で締結します。信託契約において、不動産から得られる収益を配当として享受する受益者が指定されます。当初の受益者はオリジネーターであり、受益権をSPVに譲渡することにより、不動産を流動化します。

2 プロジェクト契約

一般に、受益者（SPV）、信託受託者（信託銀行など）、不動産ノンリコースローン貸付人とAMとの間で締結します。通常、関連契約すべてに優先するように制定されます。

3 PM契約（建物管理業務委託契約）

一般に、PMと信託受託者との間で締結します。建物管理業務の内容および責任分担を規定します。

4 BM契約（建物管理業務再委託契約）

一般に、PMとBM、もしくは信託受託者とPMおよびBMとの間で締結します。建物の清掃、簡易な修繕などが再委託の内容となります。

5 金銭消費貸借契約（不動産ノンリコースローン契約）

SPVと不動産ノンリコースローン貸付人との間で締結します。実行前提条件（CP、Conditions Precedent）や各種コベナンツが規定されます。

6 質権設定契約

SPVと不動産ノンリコースローン貸付人との間で締結します。主に、信託受益権、預金や保険金が対象となります。

7 AM契約（アセットマネジメント契約）

SPVとAMとの間で締結します。SPVの主たる資産である不動産の運営について規定します。

8 ML契約（マスターリース契約）

MLと信託受託者との間で締結します。MLが賃借人、信託受託者が賃貸人となります。

9 テナント契約（建物賃貸借契約）

信託受託者とテナントもしくはMLとテナントとの間で締結します。テナントが賃借人となり、賃料、期間解約条件などを規定します。

10 契約書以外の必要書類

⑴ 不動産鑑定評価書

一般に、SPVが不動産鑑定業者に発注し、不動産ノンリコースローン貸付人などに提供、開示されます。不動産鑑定士による対象不動産の調査、分析および評価額などが記載されます。

⑵ ER（エンジニアリングレポート）

一般に、SPVがER業者に発注し、不動産ノンリコースローン貸付人などに提供、開示されます。建物の専門家（1級建築士等）による対象不動産に関する物的調査（構造、仕上、設備の状況、遵法性、耐震性能等）の結果が記載されます。

⑶ 法律意見書

一般に、SPVが弁護士事務所に発注し、不動産ノンリコースローン貸付人などに提供、開示されます。契約書をもとにした法律意見が記載されます。

⑷ 会計・税務意見書

一般に、SPVが会計事務所などに発注し、不動産ノンリコースローン貸付人などに提供、開示されます。契約書等をもとにした会計・税務意見が記載されます。

(5) レントロール

一般に、PM契約に基づいてPMが作成し、不動産ノンリコースローン貸付人などに提供、開示されます。テナントの明細など不動産の賃貸状況一覧が記載されます。

まとめ

不動産を担保とする融資および担保不動産を処分して融資を回収する行為などは、金融機関が従来から行ってきた伝統的な金融手法です。また、金融機関は、アパートの賃貸収入を主たる返済原資とするアパートローンの実績も豊富に有しています。

これらの実績を踏まえ、不動産ノンリコースローン貸付人となる場合は、以下の点に留意しながら、検討を行うこととなります。

1 検証方法の確立

不動産ノンリコースローン貸付人となる場合、検証すべき項目が多数存在します。従って、各項目に対する検証方法を確立させておくことが重要となります。

2 出口戦略

不動産ノンリコースローン貸付人は、最終返済期日における元利金の回収が最大の目的となります。実際の譲渡・売却価格が元利金の回収に直接影響を与えるため、目利き力（物件競争力の分析、判断力）の向上および金銭消費貸借契約など契約内容の精査により、出口戦略の確実性を検証することが重要となります。

リスク顕在化事例

①　不動産ノンリコースローンにおける借入人SPVが、倒産または倒産危機時期に陥ったときの対応

〈 事象！〉

不動産ノンリコースローンにおいて、借入人SPVの、倒産または倒産危機時期に陥った場面（借入人SPV自身の利払停止のみならず、建物一棟貸しのように、建物賃借人であるMLやテナントが倒産手続に陥ったために賃料収入が停止し、借入人SPVが連鎖的に倒産または倒産危機時期に陥った場面も含む）において、貸付人としては、いつの時点で、強制売却開始を発動させるのか、期限の利益を喪失させるのか等につき、むずかしい判断を求められます。また、貸付人がシニア、メザニンに分かれ、さらに、エクイティ投資家が複数存在する案件では、これらの判断にあたって、各利害関係者からの要請等があり、貸付人としては、さらにむずかしい意思決定を迫られる場面に遭遇します。

〈 生かす！〉

不動産ノンリコースローンにおける借入人SPVにおいても、事業会社と同じように、倒産または倒産危機時期に陥り、倒産手続に至る可能性があることに留意し、可能な限り、プロジェクト契約、ローン契約等において、疑義がないように契約文言を定めるようにします。また、各ステークホルダーにおいても、あらかじめどのように対応するのかを議論、想定しておくことが望ましいと考えられます。なお、実際に倒産または倒産危機時期が到来した場合には、借入人SPV、シニア・メザニン各貸付人、各エクイティ投資家の間で、密にコミュニケーションをとって対応を協議することが必要となってきます。

②　不動産ノンリコースローン対象不動産における施設自体の休業

〈 事象！〉

賃貸施設を対象資産とする私募ファンドスキームの案件で、コロナ禍による緊急事態宣言の発出から、テナントが賃料を支払えない状態となりまし

た。これを受け、賃貸人（＝借入人SPV）サイドで施設自体の休業（店舗閉鎖）・賃料不請求を決定しました。

〈 生かす！〉

ローン契約上このような事象への対応は不明確でした。本事例を生かし、今後は経験値のない不測の事態の場合に各貸付人間の調整がしやすいよう、案件組成時に協議しておくことで、想定の範囲内として対応が可能となります。

③　当初事業計画を下回る事業実績によるコベナンツ抵触

〈 事象！〉

事象Ａ：コベナンツ抵触したことから、ローンを毀損しない物件価格での貸付人による強制売却（任意売却）により、一部のローン債権を全額回収しました。

事象Ｂ：コベナンツ抵触後、期中配当停止、積立金額の増加等、不動産ノンリコースローンの条件を厳格にしたうえで、リファイナンスを行いました。

〈 生かす！〉

コロナ禍により当初事業計画を下回る事業実績が数多く発生したため、コベナンツ抵触の際の対応事例の経験が蓄積されてきました。当該経験を生かし、今後の案件は、各案件に応じた不測の事態における回収、リファイナンス案を組成時点で検討しておくことで、リスクの範囲の確定、不要な事後調整等の回避など、安定したスキーム構築が可能となります。

プラスα

▶不動産証券化のスキーム概要（代表的な5種類のスキーム）

〈J－REIT〉

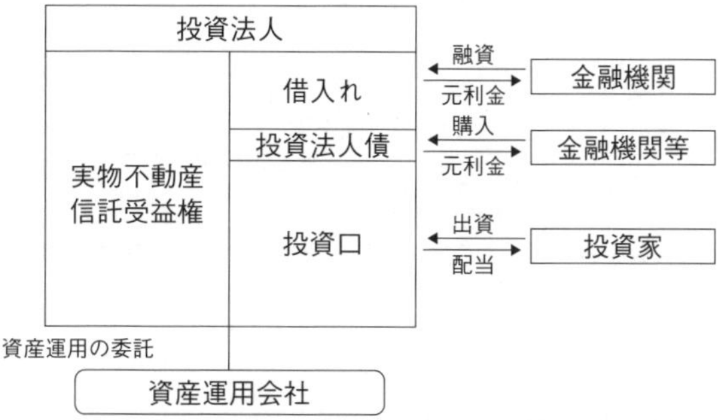

＊投資信託及び投資法人に関する法律に基づくスキーム。日本版Real Estate Investment Trustの頭文字の略称でJ－REITと呼ばれる。

＊投資口を上場する場合には、幅広い投資家からの資金調達が可能。

〈特定目的会社（TMK）〉

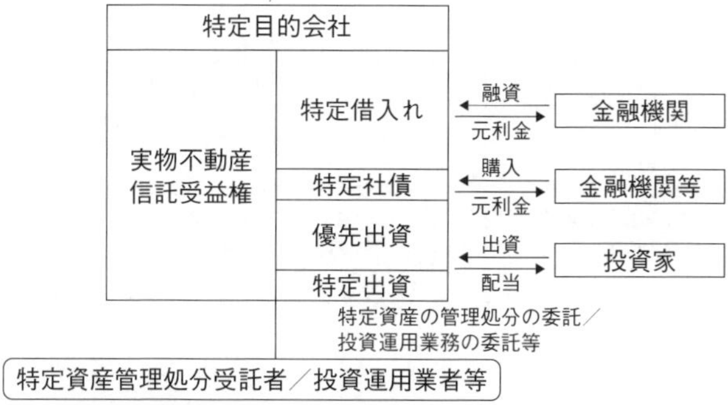

＊資産の流動化に関する法律に基づくスキーム。

＊特定目的会社は頭文字をとってTMKと呼ばれている。

＊資産流動化計画の作成が必要。

〈GK－TK〉

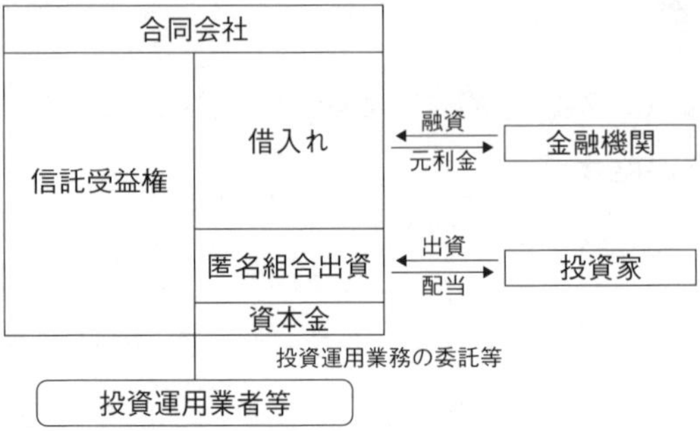

＊合同会社を利用し、投資家から匿名組合出資で資金を調達する仕組み。合同会社と匿名組合の組合せであり、頭文字をとってGK－TKスキームと呼ばれている。

＊運用資産は信託受益権のみ。

〈不動産特定共同事業〉（既存スキーム）

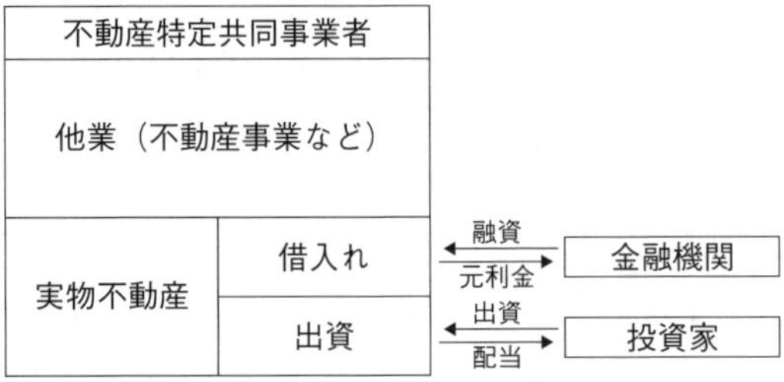

＊不動産会社等の許可を受けた業者が事業主体となって、投資家から出資を受けて実物不動産の取引を行い、その収益を投資家に分配するスキーム。

＊投資家保護の観点から不動産特定共同事業法の規制あり。

〈不動産特定共同事業〉（特例事業）

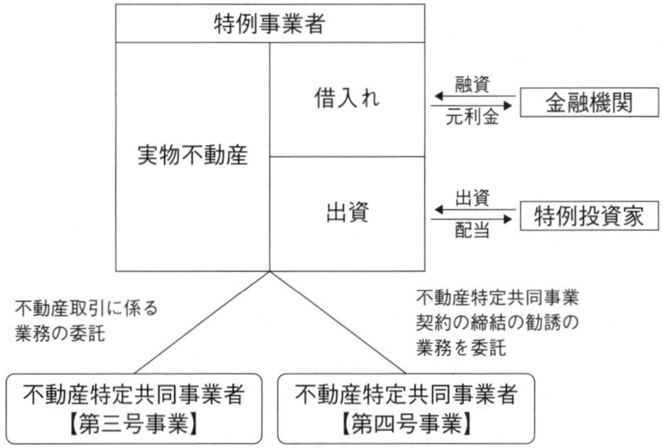

＊他の事業の影響を排除する（倒産隔離する）仕組みを導入。

（出典）　国土交通省「平成28年度不動産証券化の実態調査」

J－REIT向けローン

◘ 概　要

REIT（リート）とは、Real Estate Investment Trust（不動産投資信託）の略称です。

J－REIT（日本版REIT）とは投資信託及び投資法人に関する法律（投信法）により設立された、主として不動産を投資・運用対象とする投資法人です。J－REIT はいわゆる「外部運用型」であり、自身が従業員を雇用して実質的な業務を行うことはできず、実際の運用業務は資産運用会社に外部委託するよう法定されています。J－REIT は役員会および投資主総会という株式会社における株主総会に相当する機関において、法定されている一定の事項を決議します。

◘ スキーム図解説

① スポンサーは、投資法人および資産運用会社を設立、投資法人は、投資法人の事務などの役割を他者に委託します。主な委託業務は、資産運用、資産保管、会計税務などとなります。

② 投資法人は、投資を行う不動産の購入資金を、証券市場からの出資および金融市場からの借入れ（J－REIT向けローン）・投資法人債により調達します。

③ 資産運用会社は、投資方針に従って投資を行う不動産を検討、投資法人は、不動産を取得します。

④ テナントは、ML（マスターレッシー）や不動産保有者である投資法人／信託に賃料を支払います。賃料は、まず、不動産を維持するために必要な諸費用に充当され、次にJ－REIT向けローンの返済に充当されます。

⑤ 投資法人は、一般に、6カ月を一会計期間として決算を公表します。また、不動産取得時やJ－REIT向けローンによる資金調達時などにも、その内容について公表を行います。

⑥ J－REIT向けローンは、主としてリファイナンス、公募増資による資金が返済原資に充当され、終了します。

◆ スキーム図

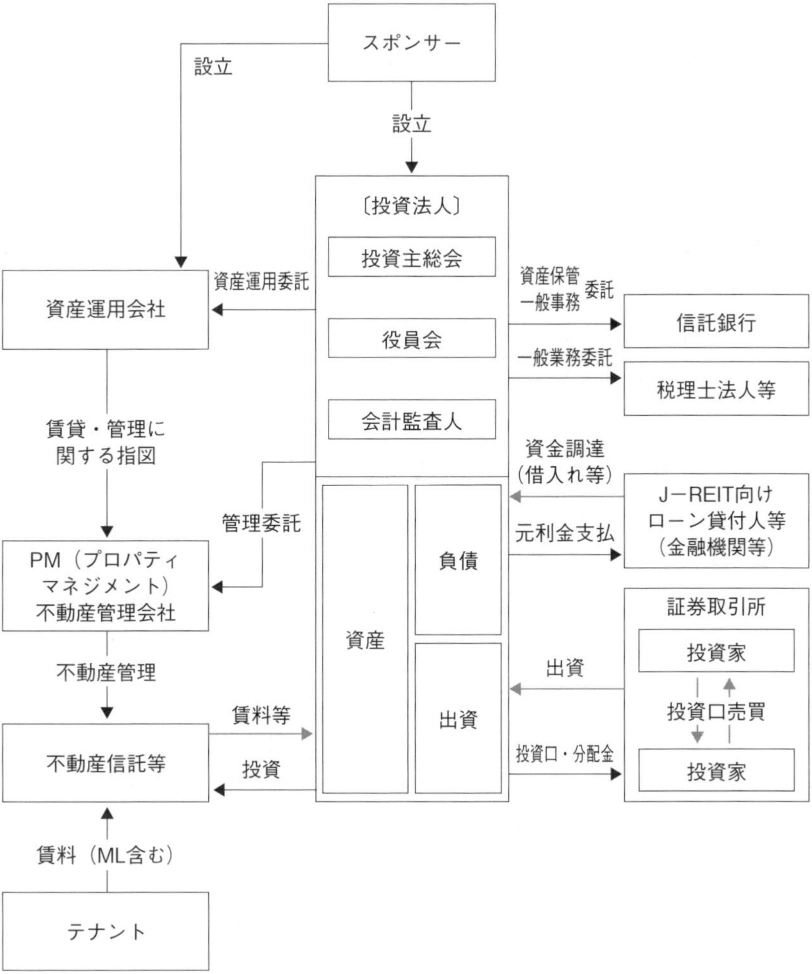
スポンサー
設立
設立
〔投資法人〕
投資主総会
役員会
会計監査人
資産運用委託
資産運用会社
資産保管
一般事務
委託
信託銀行
一般業務委託
税理士法人等
賃貸・管理に
関する指図
資金調達
(借入れ等)
J－REIT向け
ローン貸付人等
(金融機関等)
元利金支払
管理委託
負債
PM(プロパティ
マネジメント)
不動産管理会社
資産
証券取引所
投資家
出資
不動産管理
投資口売買
賃料等
出資
不動産信託等
投資
投資口・分配金
投資家
賃料(ML含む)
テナント

概要補足

不動産会社などと比較した、J－REIT の特性として以下の点をあげることができます。

① 不動産賃貸事業に事実上特化

不動産賃貸事業は、すでに稼働している不動産で、相応の競争力があれば長期的に安定したキャッシュフローを得ることができる、比較的低リスクの事業です。J－REIT は事実上賃貸事業に特化しているため、事業リスクが低減されています。

② 高い透明性

投信法、金融商品取引法、東証上場規程、投資信託協会ルールといった各種規制による情報開示が求められるほか、多くの場合、規制で要求されている以上のレベルでポートフォリオおよび財務状況に関する情報が詳細に開示されています。

③ 厚い自己資本（純資産）、比較的厳格な財務規律

一般に、通常時における負債比率（LTV）の目標値を公表しており、実際もおおむね55％以下の範囲に抑制されています。目標水準の遵守は強制力をもつものではないものの、経営陣がマーケットに向けて発した一種の公約であり、相応の拘束力はあると考えられます。

ここでは、日本の証券取引所に上場しているJ－REIT向けローンについて説明します。不動産ノンリコースローンと同様、複数の特定の不動産のもつキャッシュフロー（賃料収入、譲渡・売却収入）を裏付けとしたローンで、ほとんどの場合、無担保・無保証のローンとなります。

主なスキーム構成者

1　不動産投資法人

投資家から集めた資金をもとに、不動産を保有・運用することを目的として、投資信託及び投資法人に関する法律第三編に基づき設立された法人です。

2　資産運用会社

投資信託及び投資法人に関する法律第２条第21項に基づき、投資法人から資産の運用に係る業務の委託を受けた金融商品取引業者のことをいいます。通常の投資信託と同様に、投資法人からの委託に基づき、資産の運用業務を行います。

3　資産保管会社

投資信託及び投資法人に関する法律第２条第22項に基づき、投資法人から資産の保管に係る業務の委託を受けた信託会社等をいいます。

4　一般事務受託会社

投資信託及び投資法人に関する法律第２条第23項に基づき、投資法人から資産の運用および保管に係る業務以外の業務に係る事務の委託を受けた会社をいいます。投資法人の機関の運営に関する事務、投資主名簿の作成等に関する事務などがあります。

5　プロパティマネージャー（PM）

主に建物の管理と賃貸の管理を行います。具体的には、清掃、修繕、その他の維持管理業務、新規テナントの募集などを行います。

6　スポンサー

資産運用会社の親会社ないし株主をいいます。不動産開発業者（ディベロッパー）や金融機関が多く就任しています。

7　エクイティ投資家

投資口に投資することにより、物件から得られる収益を配当として享受します。上場株式と同様、個人、法人（主に金融機関やファンド）がエクイティ投資家になります。

8　J－REIT向けローン貸付人

投資法人に対して、不動産（主に信託受益権）を裏付資産としてローンにより資金提供を行う銀行などのことをいいます。

図表Ｉ－3　上場投資法人および運用会社一覧表

（2022年6月末時点）

証券コード	投資法人名	運用会社	運用資産
8951	日本ビルファンド投資法人	日本ビルファンドマネジメント	オフィス特化型
8952	ジャパンリアルエステイト投資法人	ジャパンリアルエステイトアセットマネジメント	オフィスビル特化型
8953	日本都市ファンド投資法人	ＫＪＲマネジメント	総合型
8594	オリックス不動産投資法人	オリックス・アセットマネジメント	総合型
8955	日本プライムリアルティ投資法人	東京リアルティ・インベストメント・マネジメント	オフィスと都市型施設等による複合型
8956	ＮＴＴ都市開発リート投資法人	ＮＴＴ都市開発投資顧問	オフィスとレジデンスの複合型

8957	東急リアル・エステート投資法人	東急リアル・エステート・インベストメント・マネジメント	首都圏特化型
8958	グローバル・ワン投資法人	グローバル・アライアンス・リアルティ	オフィスビル特化型
8960	ユナイテッド・アーバン投資法人	ジャパン・リート・アドバイザーズ	総合型
8961	森トラスト総合リート投資法人	森トラスト・アセットマネジメント	東京都心部のオフィスビル中心の総合型
8963	インヴィンシブル投資法人	コンソナント・インベストメント・マネジメント	ホテルおよび住居をコアアセットした総合型
8964	フロンティア不動産投資法人	三井不動産フロンティアリートマネジメント	商業施設特化型
8966	平和不動産リート投資法人	平和不動産アセットマネジメント	東京都区部中心のオフィス・レジデンス複合型
8967	日本ロジスティクスファンド投資法人	三井物産ロジスティクス・パートナーズ	物流施設特化型
8968	福岡リート投資法人	福岡リアルティ	地域特化型
8972	ケネディクス・オフィス投資法人	ケネディクス不動産投資顧問	中規模オフィスビル特化型
8975	いちごオフィスリート投資法人	いちご投資顧問	中規模オフィスビル特化型
8976	大和証券オフィス投資法人	大和リアル・エステート・アセット・マネジメント	オフィス特化型
8977	阪急阪神リート投資法人	阪急阪神リート投信	商業用施設、事務所用施設中心の総合型
8979	スターツプロシード投資法人	スターツアセットマネジメント	賃貸住宅を主とする総合型
8984	大和ハウスリート投資法人	大和ハウス・アセットマネジメント	物流施設、居住施設、商業施設、ホテルを中核資産とする総合型

8985	ジャパン・ホテル・リート投資法人	ジャパン・ホテル・リート・アドバイザーズ	ホテル特化型
8986	大和証券リビング投資法人	大和リアル・エステート・アセット・マネジメント	住居、ヘルスケア施設の複合型
8987	ジャパンエクセレント投資法人	ジャパンエクセレントアセットマネジメント	大都市圏、東京圏のオフィスビル中心の総合型
3276	日本アコモデーションファンド投資法人	三井不動産アコモデーションファンドマネジメント	賃貸住宅とホスピタリティ施設の複合型
3234	森ヒルズリート投資法人	森ビル・インベストメントマネジメント	東京都心５区およびその周辺地区に所在する物件を中心とした総合型
3249	産業ファンド投資法人	ＫＪＲマネジメント	産業用不動産特化型
3269	アドバンス・レジデンス投資法人	伊藤忠リートマネジメント	賃貸住宅特化型
3278	ケネディクス・レジデンシャル・ネクスト投資法人	ケネディクス不動産投資顧問	居住用施設とヘルスケア施設の複合型
3279	アクティビア・プロパティーズ投資法人	東急不動産リート・マネジメント	都市型商業施設、東京オフィスを中心とした総合型
3281	ＧＬＰ投資法人	ＧＬＰジャパン・アドバイザーズ	物流施設特化型
3282	コンフォリア・レジデンシャル投資法人	東急不動産リート・マネジメント	居住用不動産特化型
3283	日本プロロジス投資法人	プロロジス・リート・マネジメント	物流施設特化型
3287	星野リゾート・リート投資法人	星野リゾート・アセットマネジメント	観光施設特化型
3290	Ｏｎｅリート投資法人	みずほリートマネジメント	ミドルサイズのオフィスビルを重点投資対象とする総合型

3292	イオンリート投資法人	イオン・リートマネジメント	商業施設特化型
3295	ヒューリックリート投資法人	ヒューリックリートマネジメント	東京コマーシャル・プロパティ、次世代アセット・プラスに投資する総合型
3296	日本リート投資法人	双日リートアドバイザーズ	オフィス、住宅、商業施設を中心とする総合型
3451	トーセイ・リート投資法人	トーセイ・アセット・アドバイザーズ	総合型
3309	積水ハウス・リート投資法人	積水ハウス・アセットマネジメント	住居、オフィスビルを中核資産とする総合型
3453	ケネディクス商業投資法人	ケネディクス不動産投資顧問	商業施設と物流施設の複合型
3455	ヘルスケア＆メディカル投資法人	ヘルスケアアセットマネジメント	ヘルスケア施設特化型
3459	サムティ・レジデンシャル投資法人	サムティアセットプラス	レジデンス特化型
3462	野村不動産マスターファンド投資法人	野村不動産投資顧問	総合型
3463	いちごホテルリート投資法人	いちご投資顧問	ホテル特化型
3466	ラサールロジポート投資法人	ラサールＲＥＩＴアドバイザーズ	物流施設特化型
3468	スターアジア不動産投資法人	スターアジア投資顧問	東京圏を中心とした総合型
3470	マリモ地方創生投資法人	マリモ・アセットマネジメント	東京圏以外を中心とした総合型
3471	三井不動産ロジスティクスパーク投資法人	三井不動産ロジスティクスリートマネジメント	物流不動産特化型
3472	大江戸温泉リート投資法人	大江戸温泉アセットマネジメント	温泉・温浴施設特化型
3476	投資法人みらい	三井不動産・イデラパートナーズ	総合型

3478	森トラスト・ホテルリート投資法人	森トラスト・アセットマネジメント	ホテル・旅館等特化型
3481	三菱地所物流リート投資法人	三菱地所投資顧問	物流施設特化型
3487	ＣＲＥロジスティクスファンド投資法人	ＣＲＥリートアドバイザーズ	物流関連施設特化型
3488	ザイマックス・リート投資法人	ザイマックス不動産投資顧問	オフィス、商業施設、ホテルをメインアセットとする総合型
3492	タカラレーベン不動産投資法人	タカラＰＡＧ不動産投資顧問	総合型
3493	アドバンス・ロジスティクス投資法人	伊藤忠リート・マネジメント	物流不動産を中心とした総合型
2971	エスコンジャパンリート投資法人	エスコンアセットマネジメント	暮らし密着型商業施設を中心とする総合型
2972	サンケイリアルエステート投資法人	サンケイビル・アセットマネジメント	オフィスビルを中心とした総合型
2979	SOSiLA物流リート投資法人	住商リアルティ・マネジメント	物流不動産とインダストリアル不動産の複合型
2989	東海道リート投資法人	東海道リート・マネジメント	静岡を核とする産業地域を中心とした総合型

（出典） 不動産証券化協会のHPより筆者作成

主なリスクの所在

1　資産運用のリスクとその確認

Ｊ－REITは不動産賃貸業を営む法人であることから、保有不動産の資産価値やキャッシュフローが低下するリスク、あるいは、資産運用会社が適切なマネジメントを行わないためにポートフォリオの質が劣化してしまうリスクがあります。

これらのリスクに対する主たる確認点は以下のとおりです。

①　保有物件の質・安定性

a　地域……保有物件の地域が需要の強いエリアであるかどうか、また、そのエリアにおいて相対的に優れた立地条件かどうか確認を行います。

b　用途……保有物件の用途におけるテナントの代替性、取引市場の流動性、運営リスクについて確認を行います。

c　築年数……築浅であること、リノベーション後であることなど築年数と設備水準の確認を行います。

d　権利関係……保有物件において、一般的に流動性が高くない区分所有権や共有持分の状況の確認を行います。

e　耐震性……保有物件のPML値（個別およびポートフォリオ）の確認を行います。

f　稼働率……保有物件の稼働状況およびテナントの分散状況について確認を行います。

②　ポートフォリオの分散

a　物件の分散……上位物件への集中度の確認を行います。

b　テナントの分散……テナントが集中している場合、上位テナントの信用力と退去可能性について確認を行います。

c　地域分散……特定の地域に保有物件が集中していないか確認を行います。ただし、一般に、経済規模の大きい東京圏への集中は大きな問題とされていません。

③　外部成長方針（新規物件への投資）

投資基準およびこれに基づく投資実績、物件ソーシング（sourcing、調達）能力、スポンサーの不動産分野における事業展開力などの確認を行います。

④　内部成長方針（保有物件の運営）

PMと連携した効率的かつ効果的な運営体制、商業施設やホテルなどにおけるオペレーターの運営能力と代替可能性、スポンサーの不動産分野における事業展開力などの確認を行います。

⑤　スポンサーとの利益相反

利益相反防止に関するルール、資産運用会社の株主構成、スポンサーの

J－REITへの出資比率、資産運用報酬の体系などの確認を行います。

⑥　ESGへの取組み

ESGに関する重要性が高まるなかで、J－REITは、ESGを構成する３つの要因（環境要因・社会要因・ガバナンス要因）への取組みを積極化しています。J－REITおよび資産運用会社のESGへの取組内容や方針などの確認を行っておくことで、今後のESGに関するプラスマイナスの影響について想定しておくことができます。

2　資金調達のリスク要因とその確認

J－REITは、非課税メリットを享受するために配当可能利益の90％超を配当する必要がある（租税特別措置法第67条の15第１項第２号ホ）ことから、利益を留保して資本蓄積を進めることが困難です。一方で、借入れにより物件取得を進める過程においてLTV が上昇していくことから、適切な時期に増資を行ってLTV を引き下げるという運営が重要となります。同時に、ポートフォリオのリスクに見合った適切なキャッシュフローを確保しつつ、金利上昇やファイナンス環境の悪化に備えた資金調達基盤を築くことが必要となります。

これらのリスクに対する主たる確認点は以下のとおりです。

①　LTVの水準

J－REITの中期的なLTVの目標水準を確認します。また、エクイティファイナンス（増資）実績、マーケット環境などの確認を行います。

②　キャッシュフローの水準

NOI（Net Operating Income）およびNCF（Net Cash Flow）について確認を行います。NOIとは、年間賃料等の総収入から総費用（公租公課、維持管理費、保険料など）を差し引いた金額となります。また、NCFは、NOIから資本的支出（CAPEX、Capital Expenditure、大規模修繕費や修繕積立金など）を差し引いた金額となります。なお、キャップレート（Cap Rate、投資期待利回り）といった場合、NOIを前提（NOI÷取得価格）としているか、NCFを前提（NCF÷取得価格）としているか、確認を要します。

③　調達デュレーション

長期・固定の安定した調達がどの程度あるか確認を行います。短期もしくは変動金利の調達は、金利感応度が高く、金利上昇の影響を受けやすいためです。

④　担保余力、調達先の分散、マチュリティ（maturity、期限）の分散

J－REIT向けローンの主たる返済原資はリファイナンスとなります。金融機関としては、実質的に担保余力が高いJ－REITのリファイナンスには応じやすくなります。また、調達先の金融機関や返済期日の分散は、リファイナンスの可能性を高めるものであり、これらの点について確認を行います。

3　リスク要因への対応

資産運用のリスクおよび資金調達のリスクについての確認結果を判断します。以下のような結果であれば、リスクは相当程度抑えられていると考えられます。

・保有する多くの物件の競争力が高く、中長期的に安定したキャッシュフローを創出することが見込まれること。
・特定の物件やテナントへの集中が比較的少なく、ポートフォリオが適度に分散していること。
・投資基準が明確であり、物件取得能力に優れているため、ポートフォリオの質の維持向上や分散が進むことが見込まれること。
・物件を効率的に管理し、新規テナントを誘致し、必要に応じて大規模なリノベーション（renovation、改装）を計画的に実施し、既存物件の価値を維持・向上させる態勢が整っていること。
・スポンサーとの利益相反対策が十分に講じられていること。
・中期的なLTVの目標水準が明確に示され、レバレッジコントロール（leverage control、継続的な増資の実行可能性）の実績をもち、投資口価格、時価総額などから投資口市場へのアクセスも容易と考えられること。
・リスクに見合う適正なキャッシュフロー水準を確保していること。
・金利上昇リスクに対する影響を吸収することができること。

・調達先の金融機関や返済期日の分散が進んでいること。ただし、メインバンクの支援が明確な場合はこれを考慮します。

既存のローンとの関係で、契約内容を変更することは困難ですが、経済条件（金利（アップフロントフィー含む）、期間など）でリスクリターンの調整を行い対応します。

また、格付機関の格付がある場合は、格付レポートなどを参考にリスク対応状況について判断します。

期間、金利、格付

1 期　　間

J－REIT向けローンの期間は幅が広く、1～10年程度となります。マチュリティ（maturity、期限）の分散が安定調達につながるため、リファイナンス時の金額は、異なるマチュリティに分割される場合があります。なお、返済方法は期限一括（bullet、ブレット）返済が一般的ですが、建物償却期間や耐用年数などにあわせた長期のペースでの分割返済（amortization、アモチ）、バルーン返済（balloon、最終回の支払が大きい返済）などの場合もあります。

2 金　　利

J－REIT向けローンの金利は、投資法人の信用力により異なりますが、TIBORを基準金利とした変動金利および個々に定義するスワップレートを基準とした固定金利が一般的です。

なお、J－REIT向けローン貸付人は、金利以外の収益として、アップフロントフィーを収受する場合があります。アップフロントフィーの水準は「ローン金額×％」と計算するのが一般的です。

金利の比較対象としては、格付機関が付与する格付が同等もしくは同等に近いほかのJ－REIT（借入金利などは公表されていますが、アップフロントフィーは公表されていません）などがあります。

金利は需給関係で決定しますので、金融危機の場合と長く金融緩和が続く場合とでは、同じリスク評価でもスプレッドに大きな違いが生じます。

3 格　付

J－REIT向けローンについて、J－REITに発行体格付が付与されている場合は、リスクの判断基準として参考とすることができます。R&Iが付与している発行体格付25社はAA～A－の範囲（2022年7月1日時点）にあり、安全性は高い水準にあるといえます。なお、過去、金融危機により業績の悪化したJ－REITでは格付が大きく低下したこともあり、不動産ならびに金融マーケット（リファイナンスリスク）の影響を少なからず受けることとなるため、これを回避するための戦略（金融機関・マチュリティの分散など）の確認が必要となります。

主な契約書

J－REIT向けローンの借入人である投資法人が締結している各種契約の内容については、有価証券報告書などに記載されています。従って、基本事項は有価証券報告書で確認を行います。

1 金銭消費貸借契約

投資法人とJ－REIT向けローン貸付人との間で締結します。各種コベナンツなどが規定されます。

2 契約書以外の必要書類

⑴ 目論見書

当初（1回目)、エクイティ投資家を募集する際に作成されます。2回目以降の公募増資の際は、有価証券報告書で代用される場合があります。

⑵ 有価証券報告書

投資法人の決算期ごとに発行されます。EDINET（Electronic Disclosure

for Investors' NETwork)、投資法人のHPで入手可能です。

⑶ 資産運用報告書

投資法人の決算期ごとに発行されます。投資法人のHPで入手可能です。分配金や投資法人のポートフォリオの状況が記載されます。

⑷ 格付レポート

格付機関が発行しているレポートです。格付機関のHPで入手可能です。格付および格付理由について記載されます。

まとめ

J－REIT向けローンについては、不動産賃貸業（専業）向け無担保融資に類似すると考えることができ、金融機関が従来から行っている伝統的な金融の延長線上であるともいえます。しかしながら、担保設定がされていないこと、個別物件と融資が一対一で対応していないこと、ブレットやバルーンの貸出が主流であることは、従来型の融資と大きく異なる点となります。

また、J－REITには、開示対象が広く経営の透明性が高いこと、自己資本（純資産）が厚く比較的厳格な財務規律があることなど、J－REIT向けローン貸付人にとってプラスの判断材料となる特徴もあります。J－REIT向けローン貸付人となる場合、これらの特徴を踏まえたうえで、検証すべき多くの項目（格付機関が提示している分析項目など）に対する確認方法を確立させておくことが重要となります。

参考

J－REIT.jp（不動産証券化協会）HP
投資信託協会HP

リスク顕在化事例

J－REIT投資法人の民事再生手続開始

〈 事象！〉

ニューシティ・レジデンス投資法人の民事再生手続（2008年10月９日申立て）があります。民事再生手続は破産手続と異なり、直ちに事業を清算するものではなく、事業再生を行うものです。デフォルト要因として、サブプライムローン問題に端を発した世界的な金融市場の混乱および信用収縮がトリガーとなったと考えられます。

不動産市場への資金流入が停滞するなか、金融機関や金融市場からの取得予定不動産の決済資金および借入金の返済資金（リファイナンス資金）の調達が困難となりました。また、不動産市場の低迷により、保有資産の売却も想定した価格では円滑に進まず、資産売却による資金調達の見通しが立たない状況となりました。格付機関も格付の引下げ、もしくは取下げを行いました。

〈 生かす！〉

REITにおける資金調達は、資産となる不動産の購入資金に充当されます。借入れと増資での調達が一般的であり、REIT向けローンについてはほとんどの場合、アモチゼーションではなくブレット返済が主体となります。

これらの特徴を念頭に置き、REIT向けローンのマチュリティが分散しているか（マチュリティラダーが偏っていないか）確認を行うとともに、メインバンクのコミット度合いや信用収縮の際の資金調達がファイナンススキームに組み込まれているかについて確認を行うことでリスクの軽減を図ることができます。

私募REIT向けローン

◇ 概　　要

「私募REIT」とは投信法により設立された、主として不動産を投資・運用対象とする投資法人のうち、投資口の上場を予定しないものが対象となります。運用期間が無期限でゴーイング・コンサーン（going concern、事業継続の前提）性を有することが前提となります。

◇ スキーム図解説

① スポンサーは、投資法人および資産運用会社を設立、投資法人は事務などの役割を他者に委託します。主な委託業務は、資産運用、資産保管、会計税務などとなります。

② 投資法人は、投資を行う不動産の購入資金を、私募による出資および金融市場からの借入れ（私募REIT向けローン）により調達します。

③ 資産運用会社は、投資方針に従って投資を行う不動産を検討、投資法人は、不動産を取得します。

④ テナントは、ML（マスターレッシー）や不動産保有者である投資法人／信託に賃料を支払います。賃料は、まず、不動産を維持するために必要な諸費用に充当され、次に私募REIT向けローンの返済に充当されます。

⑤ 投資法人は、一定期間ごとに決算を報告します。また、不動産取得時などには、その内容について報告を行います。

⑥ 私募REIT向けローンは、主としてリファイナンス、私募増資による資金が返済原資に充当され、終了します。

◘　スキーム図

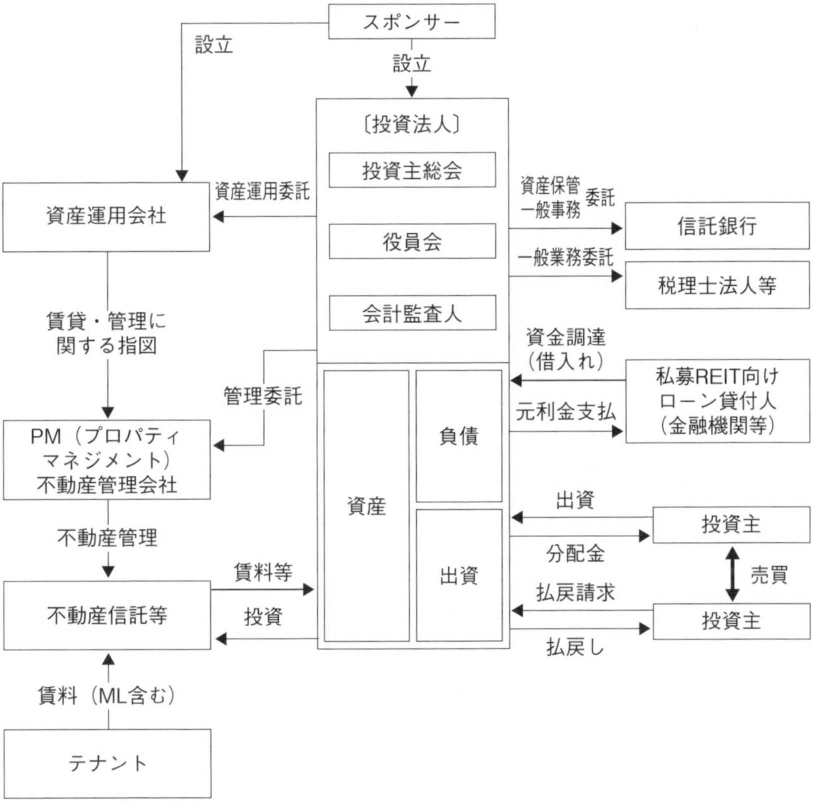
スポンサー
設立
設立
〔投資法人〕
投資主総会
役員会
会計監査人
資産運用会社
資産運用委託
資産保管
一般事務
委託
信託銀行
一般業務委託
税理士法人等
賃貸・管理に
関する指図
管理委託
資金調達
（借入れ）
私募REIT向け
ローン貸付人
（金融機関等）
元利金支払
PM（プロパティ
マネジメント）
不動産管理会社
負債
資産
出資
出資
投資主
分配金
売買
不動産管理
賃料等
不動産信託等
投資
払戻請求
投資主
払戻し
賃料（ML含む）
テナント

概要補足

私募REITは前記J－REITと法的な性質や基本的な枠組みにおいて共通しており、多くの部分で前記J－REIT向けローンで述べた内容を適用できます。しかし、私募REIT固有の論点もいくつか存在します。私募REITの信用力を考えるうえで、重要なポイントとして以下の点をあげることができます。

① 不動産賃貸事業にほぼ特化

この点はJ－REITと同様です。

② オープンエンドによる流動性リスク

投資家はJ－REITと異なり、市場で投資口を換金することができません。このため、投資家の換金手段を確保する目的で、一般的に投資口の払戻しを認める仕組み（オープンエンド型）が採用されると考えられます。オープンエンド型の場合、仮に大量の払戻請求があった場合には、流動性リスクが顕在化する可能性があります。

③ レバレッジコントロール／継続的な増資の実行可能性

私募REITの場合、募集対象となる投資家が限定されるという点で資本調達が制約され、投資口の払戻しにより自己資本が減少する可能性もあります。ただし、J－REITでは、金融環境の影響や投資口の需給要因によって投資口価格が大きく下落した場合には公募増資が極めて困難となるのに対し、私募REITの投資口の基準価額は保有不動産の価格に基づいて算定されるため、一概にJ－REITと比べて資本調達の実効性に劣るということはありません。

④ 情報開示レベル・透明性

私募であるため、適時に公にされる情報は限定的ですが、J－REITと同じ枠組み（簡明なガバナンス（governance、統治）構造）を採用していて相応の透明性が確保されているほか、投資信託及び投資法人に関する法律（投信法）で資産運用報告書、財務諸表等の作成・投資主への開示や会計監査が義務づけられています。加えて、投資家募集を円滑にするために、投資主に対して積極的に情報開示を行うインセンティブもあり、J－REITに比べて情報開示レベルや透明性が大きく見劣りするものではないと考えられます。ただし、相互比較が容易なJ－REITと比べると、開示内容などは各社ごとに差異が生じる可能性があります。

⑤　内部留保の制約

J－REITと同様、私募REITも税務上の導管性要件を満たすために配当可能利益の90％超を投資家に分配する必要があり（租税特別措置法第67条の15第1項第2号ホ）、内部留保は大きく制約されます。

ここでは私募REIT向けローンについて説明します。J－REIT向けローンと同様、複数の特定の不動産が生み出すキャッシュフロー（賃料収入、売却収入）を裏付けとしたローンで、ほとんどの場合、無担保・無保証のローンとなります。

主なスキーム構成者

1　不動産投資法人

投資家からの資金をもとに、不動産を保有・運用することを目的として、投資信託及び投資法人に関する法律第三編に基づき設立された法人です。

2　資産運用会社

投資信託及び投資法人に関する法律第2条第21項に基づき、投資法人から資産の運用に係る業務の委託を受けた金融商品取引業者のことをいいます。通常の投資信託と同様に、投資法人からの委託に基づき、資産の運用業務を行います。

3　資産保管会社

投資信託及び投資法人に関する法律第2条第22項に基づき、投資法人から資産の保管に係る業務の委託を受けた信託会社等をいいます。

4 一般事務受託会社

投資信託及び投資法人に関する法律第2条第23項に基づき、投資法人から資産の運用および保管に係る業務以外の業務に係る事務の委託を受けた会社をいいます。投資法人の機関の運営に関する事務、投資主名簿の作成等に関する事務などがあります。

5 プロパティマネージャー（PM）

主に建物の管理と賃貸の管理を行います。具体的には、清掃、修繕、その他の維持管理業務、新規テナントの募集などを行います。

6 スポンサー

資産運用会社の親会社ないし株主をいいます。不動産開発業者（ディベロッパー）や金融機関が多く就任しています。

7 エクイティ投資家

投資口に投資することにより、物件から得られる収益を配当として享受します。主に金融機関、年金、ファンドなどがエクイティ投資家になります。

8 私募REIT向けローン貸付人

投資法人に対して、不動産（主に信託受益権）を裏付資産としてローンにより資金提供を行う銀行などのことをいいます。

主なリスクの所在

1 資産運用のリスクとその確認

私募REITは不動産賃貸業を営む法人であることから、保有不動産の資産価値やキャッシュフローが低下するリスク、あるいは、資産運用会社が適切なマネジメントを行わないためにポートフォリオの質が劣化してしまうリスクがあります。

これらのリスクに対する主たる確認点は以下のとおりです。

① 保有物件の質・安定性

a　地域……保有物件の地域が需要の強いエリアであるかどうか、また、そのエリアにおいて相対的に優れた立地条件かどうか確認を行います。

b　用途……保有物件の用途におけるテナントの代替性、取引市場の流動性、運営リスクについて確認を行います。

c　築年数……築浅であること、リノベーション後であることなど築年数と設備水準の確認を行います。

d　権利関係……保有物件において、一般的に流動性が高くない区分所有権や共有持分の状況の確認を行います。

e　耐震性……保有物件のPML値（個別およびポートフォリオ）の確認を行います。

f　稼働率……保有物件の稼働状況およびテナントの分散状況について確認を行います。

② ポートフォリオの分散

a　物件の分散……上位物件への集中度の確認を行います。

b　テナントの分散……テナントが集中している場合、上位テナントの信用力と退去可能性について確認を行います。

c　地域分散……特定の地域に保有物件が集中していないか確認を行います。ただし、一般に、経済規模の大きい東京圏への集中は大きな問題とされていません。

③ 外部成長方針（新規物件への投資）

投資基準およびこれに基づく投資実績、物件ソーシング（sourcing、調達）能力、スポンサーの不動産分野における事業展開力などの確認を行います。

④ 内部成長方針（保有物件の運営）

PMと連携した効率的かつ効果的な運営体制、商業施設やホテルなどにおけるオペレーターの運営能力と代替可能性、スポンサーの不動産分野における事業展開力などの確認を行います。

⑤　スポンサーとの利益相反

利益相反防止に関するルール、資産運用会社の株主構成、スポンサーの私募REITへの出資比率、資産運用報酬の体系などの確認を行います。

⑥　ESGへの取組み

ESGに関する重要性が高まるなかで、私募REITは、ESGを構成する3つの要因（環境要因・社会要因・ガバナンス要因）への取組みを積極化しています。私募REITおよび資産運用会社のESGへの取組内容や方針などの確認を行っておくことで、今後のESGに関するプラスマイナスの影響について想定しておくことができます。

2　資金調達のリスクとその確認

私募REITは、非課税メリットを享受するために配当可能利益の90％超を配当する必要（租税特別措置法第67条の15第1項第2号ホ）があることから、利益を留保して資本蓄積を進めることが困難です。一方で、借入れにより物件取得を進める過程においてLTVが上昇していくことから、適切な時期に増資を行ってLTVを引き下げるという運営が重要となります。同時にポートフォリオのリスクに見合った適切なキャッシュフローを確保しつつ、金利上昇やファイナンス環境の悪化に備えた資金調達基盤を築くことが必要となります。

これらのリスクに対する主たる確認点は以下のとおりです。

①　LTVの水準

私募REITの中期的なLTVの目標水準を確認します。また、スポンサーおよび資産運用会社の信用力、投資家への営業基盤、エクイティファイナンス（増資）実績などの確認を行います。

②　キャッシュフローの水準

NOI（Net Operating Income）およびNCF（Net Cash Flow）について確認を行います。NOIとは、年間賃料等の総収入から総費用（公租公課、維持管理費、保険料など）を差し引いた金額となります。また、NCFは、NOIから資本的支出（CAPEX、Capital Expenditure、大規模修繕費や修繕積立金など）を差し引いた金額となります。なお、キャップレート（Cap Rate、投資期待利回り）といった場合、NOIを前提（NOI÷取得価格）としているか、NCFを前提（NCF÷取得価格）としているか、確認を要します。

③　調達デュレーション

長期・固定の安定した調達がどの程度あるか確認を行います。短期もしくは変動金利の調達は、金利感応度が高く、金利上昇の影響を受けやすいためです。

④　担保余力、調達先の分散、マチュリティ（maturity、期限）の分散

私募REIT向けローンの主たる返済原資はリファイナンスとなります。金融機関としては、実質的に担保余力が高い私募REITのリファイナンスには応じやすくなります。調達先の金融機関や返済期日の分散は、リファイナンスの可能性を高めるものであり、これらの点について確認を行います。また、仮に大量の投資口払戻請求があった場合の流動性リスク対策がとられているかどうか確認を行います。

3　リスク要因への対応

資産運用のリスクおよび資金調達のリスクについての確認結果を判断します。以下のような結果であれば、リスクは相当程度抑えられていると考えられます。

・保有する多くの物件の競争力が高く、中長期的に安定したキャッシュフローを創出することが見込まれること。
・特定の物件やテナントへの集中が比較的少なく、ポートフォリオが適度に分散していること。
・投資基準が明確であり、物件取得能力に優れているため、ポートフォリオの質の維持向上や分散が進むことが見込まれること。
・物件を効率的に管理し、新規テナントを誘致し、必要に応じて大規模なリノベーション（renovation、改装）を計画的に実施し、既存物件の価値を維持・向上させる態勢が整っていること。

・スポンサーとの利益相反対策が十分に講じられていること。

・スポンサーおよび資産運用会社の信用力、ブランド力、運営実績が高く、増資の実績があり、投資家への営業基盤を構築していること。

・払戻上限額の設定、払戻しまでの十分な期間の設定などの投資口払戻請求リスクに対する仕組み、および現預金・流動性の高い物件の保有などの有効な流動性対策がとられていること。

・リスクに見合う適正なキャッシュフロー水準を確保していること。

・金利上昇リスクに対する影響を吸収することができること。

・調達先の金融機関や返済期日の分散が進んでいること。ただし、メインバンクの支援が明確な場合はこれを考慮します。

既存のローンとの関係で、契約内容を変更することは困難ですが、経済条件（金利（アップフロントフィー含む)、期間など）でリスクリターンの調整を行い対応します。

期間、金利、格付

1 期　間

私募REIT向けローンの期間は、１～７年程度となります。マチュリティの分散が安定調達につながるため、リファイナンス時の金額は、異なるマチュリティに分割される場合があります。なお、返済方法は期限一括（bullet、ブレット）返済が一般的ですが、建物償却期間や耐用年数などにあわせた長期のペースでの分割返済（amortization、アモチ)、バルーン返済（balloon、最終回の支払が大きい返済）などの場合もあります。

2 金　利

私募REIT向けローンの金利は、投資法人の信用力により異なりますが、TIBORを基準金利とした変動金利および個々に定義するスワップレートを基準とした固定金利が一般的です。

なお、私募REIT向けローン貸付人は、金利以外の収益として、アップフロントフィーを収受する場合があります。アップフロントフィーの水準は「ローン金額×%」と計算するのが一般的です。

金利の比較対象としては、J－REIT（借入金利などは公表されていますがアップフロントフィーは公表されていません）などがあります。

金利は需給関係で決定しますので、金融危機の場合と長く金融緩和が続く場合とでは、同じリスク評価でもスプレッドに大きな違いが生じます。

3 格　　付

私募REITが発行体格付を取得した事例はJ－REITほど多くありません。J－REIT同様、不動産ならびに金融マーケット（リファイナンスリスク）の影響を少なからず受けることとなるため、これを回避するための戦略（金融機関・マチュリティの分散、メインバンクやスポンサーの関与度合いなど）の確認が必要となります。

主な契約書

私募REIT向けローンの借入人である投資法人が締結している各種契約の内容については、タームシート（Term Sheet、条件規定書）に記載されています。従って、基本事項はタームシートで確認を行います。

1 金銭消費貸借契約

投資法人と私募REIT向けローン貸付人との間で締結します。各種コベナンツなどが規定されます。

2 契約書以外の必要書類

(1) 目論見書

エクイティ投資家を募集する際に作成されます。投資法人の運用方針やポートフォリオの状況が記載されます。

⑵　資産運用報告書

投資法人の決算期ごとに発行されます。分配金や投資法人のポートフォリオの状況が記載されます。

まとめ

私募REIT向けローンについては、不動産賃貸業（専業）向け無担保融資に類似すると考えることができます。しかしながら、ほとんどの場合、個別物件と融資が１対１で対応していないこと、ブレットやバルーンの貸出が主流であることは、従来型の融資と大きく異なる点となります。

また、私募REITには、J－REITと同様に不動産賃貸事業に特化していること、J－REITと異なる点としてオープンエンドによる流動性リスクがあることなどの特徴があります。私募REIT向けローン貸付人となる場合、これらの特徴を踏まえたうえで、検証すべき多くの項目（J－REITにおいて格付機関が提示している分析項目など）に対する確認方法を確立させておくことが重要となります。

プラスα

▶証券化の対象不動産の取得・譲渡実績の推移

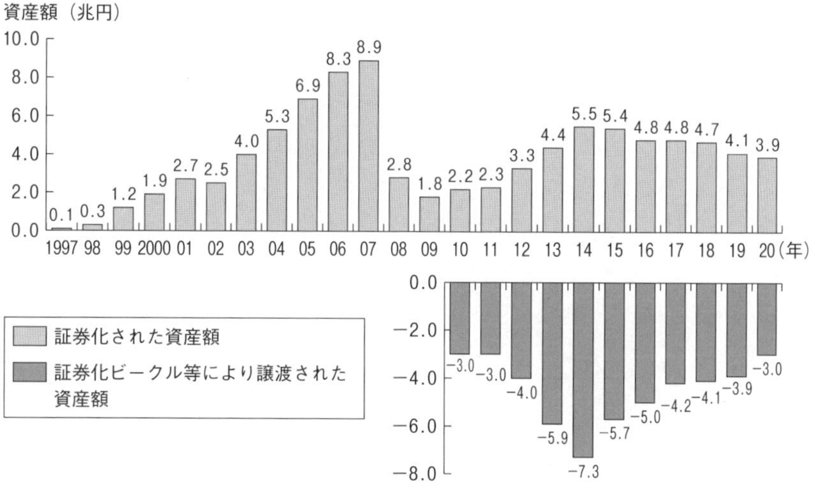

（注１） 2018年度以降において、その他私募ファンド（TMKおよびGK－TKスキーム）が取得・譲渡した資産額は推計値である。

（注２） 2010～2017年度において、リートの取得額は匿名組合出資分等（2010年度約150億円、2011年度約30億円、2012年度約30億円、2013年度約100億円、2014年度約26億円、2015年度約１億円、2016年度約101億円、2017年度約188億円）を含まない。

（注３） 2003～2009年度調査までの資産額には資産の取得・譲渡を伴わないリファイナンスを含む。

（出典） 国土交通省「令和２年度不動産証券化の実態調査」

II

証　券　化

Ⅱ－1

住宅ローン流動化

◆ 概　　要

住宅ローン流動化は、金融機関等が保有する住宅ローン債権をSPVに譲渡し、住宅ローン流動化ローン貸付人がSPVに対して住宅ローン債権譲受資金を融資するスキームです。住宅ローンの返済から生じるキャッシュフローをもとに、流動化ローンの返済が行われます。流動化ローンは、通常、格付機関から高い格付を取得しており、2001年の住宅金融公庫（現住宅金融支援機構）の住宅ローン流動化実施からマーケットが拡大しています。

◆ スキーム図（本ケースではSPVは信託を想定しています）

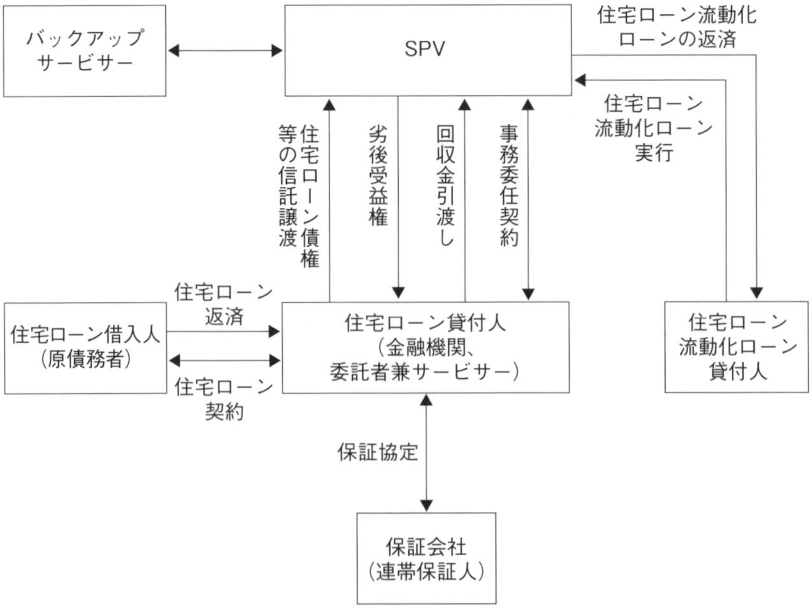

◆ スキーム図解説

① 住宅ローン貸付人である金融機関は、保有する住宅ローンをSPV（受託者）に金銭債権として信託譲渡します。

② SPVは、優先受益権と劣後受益権を設定し、金融機関に引き渡します。

③ SPVは、住宅ローン流動化ローン貸付人から資金調達を行い、これを原資に優先受益権を償還します。

④ 金融機関は、優先受益権の償還金を受け取ります。

⑤ 金融機関は、サービサーとして住宅ローン借入人である原債務者から住宅ローンの元利金返済を受け、当該回収金をSPVへ支払います。SPVは、回収金を住宅ローン流動化スキーム維持費用に充当した後、住宅ローン流動化ローンの返済を行います。

⑥ SPVは、一定期間ごとに決算を報告するとともに、流動化されている住宅ローンのパフォーマンス（期限前返済、延滞やデフォルトおよび保証履行や担保処分による回収などの回収状況）について報告を行います。

⑦ 住宅ローン流動化ローンの返済は、流動化されている住宅ローンの回収により行われます。

主なスキーム構成者

1 住宅ローン借入人（原債務者）

銀行や住宅ローン会社などから住宅購入資金を借り入れている、主に個人のことをいいます。住宅ローンの返済は、口座引落しにより行われることが一般的です。

2 住宅ローン貸付人（原債権者、オリジネーター（originator））

住宅購入資金の貸付を行う、銀行や住宅ローン会社などの金融機関等のことをいいます。

3 住宅ローン保証会社

金融機関等が住宅ローンの貸付を行う際に保証を行う会社です。住宅ローン借入人となる個人が購入住宅に抵当権を設定します。住宅ローンがデフォルトした場合、金融機関等に対して保証履行を行うことにより求償権を取得し、抵当権の実行などの方法により求償権の回収を図ります。

4 生命保険会社（団体信用生命保険）

住宅ローン借入人が死亡などの事象に該当した際、保険金支払により、住宅ローン残高を返済します。一般的に、保険料は住宅ローン貸付人である金融機関等が支払います。

5 損害保険会社（建物損害保険）

住宅ローン借入人と損害保険契約を締結します。住宅ローンの対象である建物が火災などの事故により損害を受けた場合、保険金を支払います。なお、保険金には住宅ローン貸付人である金融機関等が質権設定を行うことがあります。

6 SPV

住宅ローン流動化のための器のことをいいます。住宅ローンは長期にわたり、事務負担も相応にあるため、多くの場合、信託がSPVとなり管理を行います。

7 サービサー（servicer、債権回収会社）

通常は、住宅ローン貸付人（原債権者）がサービサーに就任します。住宅ローン借入人が、住宅ローン流動化により住宅ローンの返済先を変更することで発生するコスト負担（風評などを含む）を回避することが最大の理由です。なお、原債権者がデフォルトした場合、SPVもしくはバックアップサービサーがサービサーの役割を担います。

8 格付機関

金融商品または法人の信用状態に関する評価の結果について、記号または数字を用いて表示した等級を付与する会社です。日本の信用格付業者は、格付投資情報センター（R&I）、日本格付研究所（JCR）、ムーディーズ・ジャパン（Moody's）、ムーディーズSFジャパン（Moody's）、スタンダード&プアーズ・レーティング・ジャパン（S&P）、フィッチ・レーティングス・ジャパン（Fitch）、日本スタンダード&プアーズ（S&P）の7社があります。

9 アレンジャー（arranger）

流動化のスキームを構築し、オリジネーター、格付機関などのスキーム関係者との折衝を行いながら、案件の組成を行います。通常、証券会社や銀行が就任します。

10 住宅ローン流動化ローン貸付人

SPVに対して、住宅ローンを裏付資産として、ローンにより資金提供を行う銀行などのことをいいます。

主なリスクの所在

住宅ローン流動化のリスクへの対応は、優先劣後構造により対応します。優先部分がシニア、メザニンなどのトランシェ（tranche、区分）の場合、シーケンシャル償還（sequential、順次償還）が採用されていることが多く、シニア貸付人にとっては、シニアより返済順位の低いメザニン以下は、劣後部分とみることができます。

1　原債務者のデフォルトリスク

⑴　リスク要因とその確認

住宅ローン契約（原契約）における債務者（原債務者）が支払不能となる場合、住宅ローン債権の回収元本および利息が減少します。支払不能となる状況の要因については、以下の事項の確認を行います。

①　住宅ローン債権のLTV、DTI

LTV（Loan to Value、担保掛目率）、DTI（Debt to Income、年収比率）ともに低いほど安全性が高くなります。不動産（住宅）価格の下落や年収の減少などに対する余裕度が高いためです。

②　原債務者の年収、職業

一般的に、原債務者の年収が高ければ、住宅ローン債権の支払余力は高くなります。ただし、より高額のローンを借り入れる可能性があるため、LTV、DTI等を確認する必要があります。また、安定的な収入が見込まれる職業であるかどうか確認します。

③　融資実行からの経過期間、融資実行時期

経過期間が長いほど、債権プール（pool）全体の傾向が正確に把握できます。また、融資実行時期などにより、貸倒れ等のパフォーマンスが異なる場合があります。

④　**その他**

抵当権先順位の有無、物件所在地、物件種別、金利条件などを確認します。

⑵　リスク要因への対応

住宅ローン債権から生じる貸倒損失など、キャッシュフローが減少するリスクに対応するため、劣後部分の補完が十分に行われているか、格付機関やアレンジャー作成のレポートを参考に検証を行います。なお、住宅ローン債権についてオリジネーターによる一定の買戻し条項（原債権の条件緩和の場合など）が存在する場合があります。

2　プリペイ（prepayment、繰上返済、期限前償還）リスク

⑴　リスク要因とその確認

住宅ローン契約における債務者が、住宅ローン債権の全部または一部を繰上返済した場合、元本回収は早期に図られるものの、利息のキャッシュフローが減少します。キャッシュフロー減少要因となる繰上返済の可能性について以下の事項の確認を行います。

①　住宅ローン債権のLTV、DTI

②　原債務者の年収、職業

③　融資実行からの経過期間、融資実行時期

④　流動化時の住宅ローン債権残高

⑤　金利条件など

⑵　リスク要因への対応

①　**優先劣後構造**

住宅ローン債権の繰上返済による回収利息減少リスク（negative carry、ネガティブキャリーリスク）に対し、劣後部分の補完が十分に行われているか、格付機関やアレンジャー作成のレポートを参考に検証を行います。

なお、ネガティブキャリーとは、SPVからみた調達コスト（住宅ローン流動化ローンの利息および諸費用）が運用収益（住宅ローン債権の利息）を上回っている状態を示します。

② パススルー

住宅ローン流動化ローン貸付人からみると、利息の減少リスクはある一方で、多くの場合、パススルー（pass through、発生したキャッシュフローから手数料などを差し引き、そのまま投資家に支払う仕組み）の構造となっているため、早期の投資回収を図ることができます。

3 デフォルト後の回収リスク（保証会社）

(1) リスク要因とその確認

デフォルトした保証付きの住宅ローン債権からの回収を図る場合、保証会社に保証履行を請求します。この際、保証会社の信用力が悪化すると、保証履行を受けることができなくなる可能性があります。従って、保証会社の信用力、保証契約について確認を行います。

(2) リスク要因への対応

保証会社のデフォルトにより保証履行が行われない場合に対し、劣後部分の補完が十分に行われているか、格付機関やアレンジャー作成のレポートを参考に検証を行います。

4 デフォルト後の回収リスク（担保）

(1) リスク要因とその確認

デフォルトした住宅ローン債権から回収を行う際、保証会社がデフォルトしている場合やそもそも保証付きでない場合は、担保物件である不動産（住宅）の処分により回収を行います。抵当権者がオリジネーターである金融機関等の場合は、抵当権は住宅ローン債権の譲渡に随伴するため、担保物件の処分を回収として見込むことができます。

一般的な住宅ローン債権は、保証会社の連帯保証がついているため、保証会社の保証債務に対する求償権を被担保債権として、抵当権が設定されています。つまり、保証会社のデフォルトにより、当然に抵当権がSPVに移転する仕組みにはなっていません。従って、保証会社の連帯保証がついた住宅ローン債権の場合、格付機関は、金融機関（オリジネーター、保証会社）デフォルト時の回収実行の可能性を検証したうえで、回収を格付に織り込むかどうか検討しています。

(2) リスク要因への対応

デフォルトした住宅ローン債権から回収を行う際のリスクに対し、想定されている回収が行われるかどうか、格付機関やアレンジャー作成のレポートを参考に検証を行います。また、抵当権の随伴性の有無について、確認を行います。

5 希薄化（dilution、ダイリューション）リスク

(1) リスク要因とその確認

希薄化リスクとは、相殺リスクのことをいいます。オリジネーターである金融機関がデフォルトした際、住宅ローン契約における債務者が、オリジネーターである金融機関に対し反対債権である預金などを有している場合、相殺により住宅ローン債権の元本が減少する可能性があります。キャッシュフロー減少要因となる希薄化の可能性について以下の事項の確認を行います。

① 相殺適状債権の存在

② オリジネーターの信用力

(2) リスク要因への対応

① 格付トリガー（trigger）による対応

オリジネーターの信用力が低下した場合に、相殺可能金額の現金準備を設定することで、補完を行います。

② 相殺可能金額の現金準備

預金保険法で保護されない決済性のない預金のうち、1,000万円超の預金額に対して相殺が起こりえます。この金額を想定し、現金準備として留保します。

③ 移転時の債務者対抗要件具備

住宅ローン契約における債務者から、確定日付のある譲渡承諾および抗弁権放棄を得る、もしくは、債権譲渡通知（登記事項証明書の送付を含む）により債務者対抗要件を具備します（民法第467・468条、動産及び債権の譲渡の対

抗要件に関する民法の特例等に関する法律第4条参照)。これにより、相殺の抗弁権を切断します。後者の通知による対抗要件具備は、通知時点の反対債権による希薄化リスクは残りますが、リスクを限定することができるので、実務対応としては現実的なものとなります。

6 住宅ローン債権の金利変動リスク

(1) リスク要因とその確認

住宅ローン契約の金利が変動金利であった場合、市場金利の低下にあわせて回収利息が減少します。エクセススプレッド(excess spread、超過収益)の低下により、ネガティブキャリーリスクが発生します。住宅ローン契約の金利が選択型である場合も、固定期間終了後の金利選択結果により、回収利息が減少する可能性があるため、その確認が必要です。

なお、エクセススプレッドとは、原債権である住宅ローン金利と住宅ローン流動化ローン金利および諸費用との差をいいます。

(2) リスク要因への対応

住宅ローン債権の金利低下による回収利息減少リスクに対し、劣後部分の補完が十分に行われているか、格付機関やアレンジャー作成のレポートを参考に検証を行います。

7 サービサーデフォルトに関するリスク(コミングリングリスク)

通常、SPVは住宅ローン債権の債権回収業務(サービシング)をサービサーに委託します。サービサーは一定の回収期間を設け、その期間に原債務者から回収した資金(回収金)を一旦預り、定められた引渡日にSPVへ引き渡します。サービサーが、回収金をSPVに引き渡す前にデフォルトすると、回収金がサービサーの固有財産と分別されていない場合には、サービサーの固有財産として、倒産処理のなかでSPVがほかの債権者と同様に扱われるおそれがあり、住宅ローン債権の回収金を喪失する可能性があります。このリスクのことをコミングリング(commingling、混同)リスクといいます。

⑴ リスク要因とその確認

コミングリングリスクが発生した場合、住宅ローン債権の回収元本が減少しますので、回収金の回収方法の確認が必要です。

⑵ リスク要因への対応

① 優先劣後構造

一般的な住宅ローン債権の流動化では、優先劣後構造（超過担保）によってコミングリングリスク相当額（保守的に想定する繰上返済相当額を含む）が信用補完されていることを確認します。

② コミングリングリスク相当額の前払い

サービサーが、回収金引渡日前に、コミングリングリスク相当額をSPVへ前払いする方法です。

③ 格付トリガーによるコミングリングリスク相当額の対応

サービサーの信用力が相応に高い場合において、格付トリガー抵触後、追加的にコミングリングリスク相当額について対応する方法です。

④ 預金保険制度加入銀行での取組み

サービサーが預金保険制度に加入している金融機関であり、回収金を処理する勘定が「決済用預金」、あるいは、回収金引渡債務が「特定決済債務」に該当し、かつ回収金が別段預金や仮受金などで処理されている場合は、預金保険制度によって預金保険の全額保護の対象となる可能性が高いと考えられます。預金保険制度によって預金保険の全額保護の対象となる可能性が高いこと、回収金のサービサーにおける滞留期間を限定することなどの手当を確認します。

8 サービサーデフォルトに関するリスク（流動性リスク）

SPVから住宅ローン債権のサービシングを委託されたサービサーがデフォルトした場合、サービシングが継続できない可能性があります。

⑴ リスク要因とその確認

流動性リスクが発生した場合、一時的に流動化ローンの利息の支払やスキーム維持に必要となる諸費用等の支払に遅延が発生することがあるため、その確認が必要です。

(2) **リスク要因への対応**

一般的な住宅ローン債権の流動化では、流動性補完として必要となる利息やスキーム維持に必要となる諸費用等が、現金準備金等として確保されていることについて確認を行います。

期間、金利、格付

1 期　　間

一般的に住宅ローン流動化ローンの期間は、5～35年程度となります。原債権である住宅ローンの最終期日に一定の事務処理期間を加えたリーガルマチュリティ（legal maturity、法定償還期間）が契約上の期間となります。

実際は、手元流動性の向上や借換えにより、一定比率の繰上返済が生じるため、一般的にこれを加味した予定償還期間が、別途アレンジャーより提示されています。

2 金　　利

住宅ローン流動化ローンの金利は、リスクにより異なりますが、TIBORを基準金利とした変動金利または個々に定義するスワップレートを基準とした固定金利が一般的です。AAA格の最上位トランシェに対するローン貸付人となる場合は、安全性は高いものとなります。

金利の比較対象としては、ほかの同格付の流動化ローンや証券化ノート（note、債券）などがあります。

金利は需給関係で決定しますので、金融危機の場合と長く金融緩和が続く場合とでは、同じリスク評価でもスプレッドに大きな違いが生じます。

3 格　　付

一般的に住宅ローン流動化ローンの格付は、AAA格が基準となります。

オリジネーターである金融機関等の資金効率向上などを目的にメザニン受益権を設定し、AA～BBB格などの格付を取得する場合があります。なお、2008年のリーマンショック時の前後またそれ以降において、R&Iで格下げとなった住宅ローン流動化案件はありません。

主な契約書

1 金銭消費貸借契約（住宅ローン契約）

住宅ローン借入人（原債務者）と住宅ローン貸付人（原債権者）との間で締結します。住宅ローンの条件が規定されます。

2 団体信用生命保険契約

一般的な住宅ローンは、原債務者が死亡した場合に、残された家族が債務の支払を負担することがないよう原債務者が被保険者となり、住宅ローン残高が保険金額となる団体信用生命保険（団信保険）への加入が原則となります。

3 保証委託契約書

一般的な住宅ローンでは、原債務者に連帯保証人を要求しないかわりに、保証会社の保証をつけるケースが多くみられます。保証料の支払には、債務者が直接支払う場合と金融機関等が支払う場合があります。

4 抵当権設定契約書

一般の金融機関等の住宅ローン債権には、保証会社の連帯保証が付与されています。保証会社の保証債務に係る原債務者に対する求償権を被担保債権として、原債務者の物件（不動産）に抵当権を設定するケースが一般的です。

5　金銭債権信託契約

住宅ローン債権のSPVへの債権譲渡契約であり、適格債権基準、関係者の表明保証事項、債権の真正売買性、回収金のウォーターフォール（waterfall、支払順序）などを規定します。

6　事務委任契約（サービサー契約）

一般的にSPVはオリジネーターである金融機関等にサービシングを事務委任します。住宅ローンの回収方法や回収金の引渡しについて規定します。

7　バックアップサービシング契約

委託者兼サービサーである金融機関等がデフォルトした場合に、新たなサービサーに住宅ローン債権のサービシングを委託する契約です。バックアップサービシング開始の条件などが規定されます。

8　金銭消費貸借契約（住宅ローン流動化）

SPVと住宅ローン流動化ローン貸付人との間で締結される契約です。各種コベナンツなどが規定されます。

9　契約書以外の必要書類

(1)　法律意見書

住宅ローン債権の債権譲渡における真正売買性およびその他各種契約の有効性などが記載されます。

(2)　AUP（Agreed Upon Procedures、合意された手続の確認）

サンプル調査により、住宅ローン債権の実在性、データの正確性等、目視確認できない債権について、エビデンス（evidence、証拠）により確認を行った事項が記載されます。

まとめ

住宅ローン流動化は、原債権の住宅ローンについて、金融機関等が従来から取り扱っている伝統的な金融であり、原債権の内容構成は比較的理解しやすいものとなっています。留意点としては、長期にわたる投資であることを考慮する必要があることがあげられます。一般的に格付はAAA格が基準となっているため、安全性は極めて高く、また、原則、月ごとのアモチ（amortization）返済となっており、返済にあわせて原債権のパフォーマンスも月ごとに報告されるため、常に住宅ローン債権プールの状況を把握することができます。金融機関ごとの住宅ローンの商品特性が流動化スキームに反映されているか、格付機関やアレンジャー作成のレポートを参考に確認を行うことが、検討に際しての重要なポイントとなります。

Ⅱ－2

アパートローン流動化

◘ 概　要

アパートローン流動化は、金融機関等が保有するアパートローン（居住用賃貸不動産向けローン）をSPVに譲渡し、アパートローン流動化ローン貸付人はSPVに対してアパートローン債権譲受資金を融資するスキームです。アパートローンの返済から生じるキャッシュフローをもとに、アパートローン流動化ローンの返済が行われます。アパートローン流動化ローンは、通常、格付機関から高い格付を取得しています。

◘ スキーム図（本ケースではSPVは信託を想定しています）

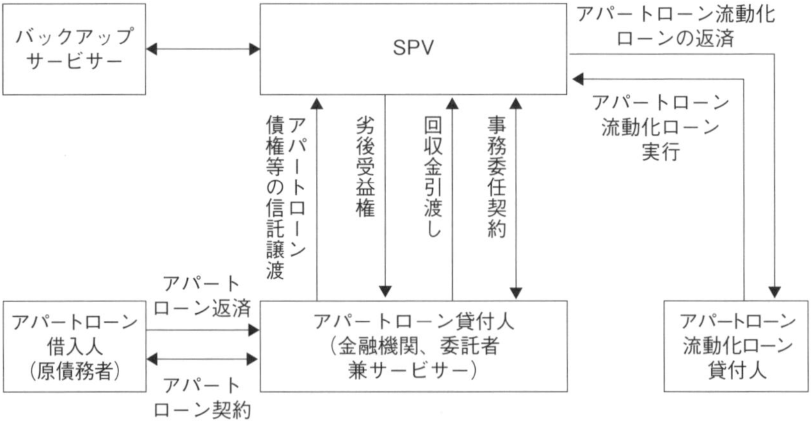

◆ スキーム図解説

① アパートローン貸付人である金融機関は、保有するアパートローンをSPV（受託者）に金銭債権として信託譲渡します。

② SPVは、優先受益権と劣後受益権を設定し、金融機関に引き渡します。

③ SPVは、アパートローン流動化ローン貸付人から資金調達を行い、これを原資に優先受益権を償還します。

④ 金融機関は、優先受益権の償還金を受け取ります。

⑤ 金融機関は、サービサーとしてアパートローン借入人である原債務者からアパートローンの元利金返済を受け、当該回収金をSPVへ支払います。SPVは、回収金をアパートローン流動化スキーム維持費用に充当した後、アパートローン流動化ローンの返済を行います。

⑥ SPVは、一定期間ごとに決算を報告するとともに、流動化されているアパートローンのパフォーマンス（期限前返済、延滞やデフォルトおよび保証履行や担保処分による回収などの回収状況）について報告を行います。

⑦ アパートローン流動化ローンの返済は、流動化されているアパートローンの回収により行われます。

主なスキーム構成者

1 アパートローン借入人（原債務者）

一般的なアパートローンの借り手は土地の有効活用や相続税対策を検討する地主ですが、土地を保有していない給与所得者などもアパートローン借入人となることがあります。

2 アパートローン貸付人（原債権者、オリジネーター）

アパート購入・建設資金の貸付を行う銀行やファイナンス会社などの金融機関等のことをいいます。

3 損害保険会社（建物損害保険）

アパートローン借入人と損害保険契約を締結します。アパートローンの対象である建物が火災、地震などの事故により損害を受けた場合、保険金を支払います。なお、保険金にはアパートローン貸付人である金融機関等が質権設定を行うことがあります。

4 SPV

アパートローン流動化のための器のことをいいます。アパートローンは長期にわたり、事務負担も相応にあるため、多くの場合、信託がSPVとなり管理を行います。

5 サービサー

通常は、アパートローン貸付人（原債権者）がサービサーに就任します。アパートローン借入人が、アパートローン流動化によりアパートローンの返済先を変更することで発生するコスト負担（風評などを含む）を回避することが最大の理由です。なお、原債権者がデフォルトした場合、SPVもしくはバックアップサービサーがサービサーの役割を担います。

6 格付機関

金融商品または法人の信用状態に関する評価の結果について、記号または数字を用いて表示した等級を付与する会社です。日本の信用格付業者は、格付投資情報センター（R&I）など7社があります。

7 アレンジャー

流動化のスキームを構築し、オリジネーター、格付機関などのスキーム関係者との折衝を行いながら、案件の組成を行います。通常、証券会社や銀行が就任します。

8 アパートローン流動化ローン貸付人

SPVに対して、アパートローンを裏付資産として、ローンにより資金提供を行う銀行などのことをいいます。

主なリスクの所在

アパートローン流動化のリスクへの対応は、優先劣後構造により対応します。優先部分がシニア、メザニンなどのトランシェ（tranche、区分）の場合、シーケンシャル償還（sequential、順次償還）が採用されていることが多く、シニア貸付人にとっては、シニアより返済順位の低いメザニン以下は、劣後部分とみることができます。

1 原債務者のデフォルトリスク

(1) リスク要因とその確認

アパートローン契約（原契約）における債務者（原債務者）が支払不能となる場合、アパートローン債権の回収元本および利息が減少します。支払不能となる状況の要因については、アパートローン貸付人がどのような債務者に貸出を行っているかなど、以下の事項の確認を行います。

① アパートローン債権のLTV、DTI

LTV（Loan to Value、担保掛目率）、DTI（Debt to Income、年収比率）ともに低いほど安全性が高くなります。年収の減少や不動産（アパート）価格の下落などに対する余裕度が高いためです。

② 原債務者の年収、職業

原債務者のアパート経営収入およびその他収入がアパートローンの返済原資となります。一般的にアパート経営では、空室リスクを回避するために賃貸業者等が一括借上げを行っています。賃貸業者等の一括借上げがなくなった場合を想定し、アパート経営以外の収入を確認します。

③ 融資実行からの経過期間、融資実行時期

経過期間が長いほど、債権プール全体の傾向が正確に把握できます。また、融資実行時期により、貸倒れ等のパフォーマンスが異なる場合があります。

④ アパートの稼働率状況

賃貸業者等が一括借上げを行っていると稼働率が高くなります。一括借上げがなくなった場合には、現状の稼働率を維持することができなくなる可能性があります。

⑤ そ の 他

抵当権先順位の有無、物件所在地、物件種別、金利条件などを確認します。

⑵ リスク要因への対応

アパートローン債権から生じる貸倒損失等、キャッシュフローが減少するリスクに対応するため、劣後部分の補完が十分に行われているか、格付機関やアレンジャー作成のレポートを参考に検証を行います。なお、アパートローン債権についてオリジネーターによる一定の買戻し条項（原債権の条件緩和の場合など）が存在する場合があります。

2　プリペイ（prepayment、繰上返済、期限前償還）リスク

⑴　リスク要因とその確認

アパートローン契約における債務者が、アパートローン債権の全部または一部を繰上返済した場合、元本回収は早期に図られるものの、利息のキャッシュフローが減少します。キャッシュフロー減少要因となる繰上返済の可能性について、以下の事項の確認を行います。

① アパートローン債権のLTV、DTI
② 原債務者の年収、職業
③ 融資実行からの経過期間、融資実行時期
④ 流動化時のアパートローン債権残高
⑤ アパートの稼働率、収入状況
⑥ 金利条件など

⑵　リスク要因への対応

①　優先劣後構造

アパートローン債権の繰上返済による回収利息減少リスク（negative carry、ネガティブキャリーリスク）に対し、劣後部分の補完が十分に行われているか、格付機関やアレンジャー作成のレポートを参考に検証を行います。

なお、ネガティブキャリーとは、SPVからみた調達コスト（アパートローン流動化ローンの利息および諸費用）が運用収益（アパートローン債権の利息）を上回っている状態を示します。

②　パススルー

アパートローン流動化ローン貸付人からみると、利息の減少リスクはあるものの、多くの場合、パススルー（pass through、発生したキャッシュフローから手数料などを差し引き、そのまま投資家に支払う仕組み）の構造となっているため、早期の投資回収を図ることができます。

3　デフォルト後の回収リスク（担保）

(1)　リスク要因とその確認

デフォルトしたアパートローン債権から回収を行う際、担保物件の処分を行います。抵当権はアパートローン債権の譲渡に随伴するため、担保物件の処分を回収として見込むことができます。

(2)　リスク要因への対応

デフォルトしたアパートローン債権から回収を行う際のリスクに対し、想定されている回収が行われるかどうか、格付機関やアレンジャー作成のレポートを参考に検証を行います。また、抵当権の随伴性の有無について、確認を行います。

4　希薄化（dilution、ダイリューション）リスク

(1)　リスク要因とその確認

希薄化リスクとは、相殺リスクのことをいいます。オリジネーターである金融機関等がデフォルトした際、アパートローン契約における債務者が、金融機関等に対し反対債権である預金などを有している場合、相殺によりアパートローン債権の元本が減少する可能性があります。キャッシュフロー減少要因となる希薄化の可能性について、以下の事項の確認を行います。

①　相殺適状債権の存在

②　オリジネーターの信用力

(2)　リスク要因への対応

①　格付トリガー（trigger）による対応

オリジネーターの信用力が低下した場合に、相殺可能金額の現金準備を設定することで、補完を行います。

②　相殺可能金額の現金準備

預金保険法で保護されない決済性のない預金のうち、1,000万円超の預金額に対して相殺が起こりえます。この金額を想定し、現金準備として留保します。

③ 移転時の債務者対抗要件具備

アパートローン契約における債務者から、確定日付のある譲渡承諾および抗弁権放棄を得る、もしくは、債権譲渡通知（登記事項証明書の送付を含む）により債務者対抗要件を具備します（民法第467・468条、動産及び債権の譲渡の対抗要件に関する民法の特例等に関する法律第4条参照）。これにより、相殺の抗弁権を切断します。後者の通知による対抗要件具備は、通知時点の反対債権による希薄化リスクは残りますが、リスクを限定することができるので、実務対応としては現実的なものとなります。

5 アパートローン債権の金利変動リスク

(1) リスク要因とその確認

アパートローン契約の金利が変動金利であった場合、市場金利の低下にあわせて回収利息が減少します。エクセススプレッド（excess spread、超過収益）の低下により、ネガティブキャリーリスクが発生します。アパートローン契約の金利が選択型である場合も、固定期間終了後の金利選択結果により回収利息が減少する可能性があります。

なお、エクセススプレッドとは、原債権であるアパートローン金利とアパートローン債権流動化ローン金利および諸費用との差をいいます。

(2) リスク要因への対応

アパートローン債権の金利低下による回収利息減少リスクに対し、劣後部分の補完が十分に行われているか、格付機関やアレンジャー作成のレポートを参考に検証を行います。

6 サービサーデフォルトに関するリスク（コミングリングリスク）

通常、SPVはアパートローン債権の債権回収業務（サービシング）をサービサーに委託します。サービサーは一定の回収期間を設け、その期間に原債務者から回収した資金（回収金）を一旦預り、定められた引渡日にSPVへ引き渡します。サービサーが回収金をSPVに引き渡す前にデフォルトすると、回収金がサービサーの固有財産と分別されていない場合には、サービサーの固有財産として、倒産処理のなかでSPVがほかの債権者と同様に扱われるおそれがあり、アパートローン債権の回収金を喪失する可能性があります。このリスクのことをコミングリング（commingling、混同）リスクといいます。

⑴ リスク要因とその確認

コミングリングリスクが発生した場合、アパートローン債権の回収元本が減少しますので、回収金の回収方法の確認が必要です。

⑵ リスク要因への対応

① 優先劣後構造

一般的なアパートローン債権の流動化では、優先劣後構造（超過担保）によってコミングリングリスク相当額（保守的に想定する繰上返済相当額を含む）が信用補完されていることを確認します。

② コミングリングリスク相当額の前払い

サービサーが、回収金引渡日前に、コミングリングリスク相当額をSPVへ前払いする方法です。

③ 格付トリガーによるコミングリングリスク相当額の対応

サービサーの信用力が相応に高い場合において、格付トリガー抵触後、追加的にコミングリングリスク相当額について対応する方法です。

④ 預金保険制度加入銀行での取組み

サービサーが預金保険制度に加入している金融機関であり、回収金を処理する勘定が「決済用預金」あるいは、回収金引渡債務が「特定決済債務」に該当し、かつ回収金が別段預金や仮受金などで処理されている場合は、預金保険制度によって預金保険の全額保護の対象となる可能性が高いと考えられます。預金保険制度によって預金保険の全額保護の対象となる可能性が高いこと、回収金のサービサーにおける滞留期間を限定することなどの手当を確認します。

7 サービサーデフォルトに関するリスク（流動性リスク）

SPVからアパートローン債権のサービシングを委託されたサービサーがデフォルトした場合、サービシングが継続できない可能性があります。

⑴ リスク要因とその確認

流動性リスクが発生した場合、一時的に流動化ローンの利息の支払やスキーム維持に必要となる諸費用等の支払に遅延が発生することがあるため、その確認が必要です。

⑵ リスク要因への対応

一般的なアパートローン債権流動化では、流動性補完として必要となる利息やスキーム維持に必要となる諸費用等が、現金準備金等として確保されていることについて確認を行います。

期間、金利、格付

1 期　　間

アパートローン流動化ローンの期間は、5～30年程度となります。原債権であるアパートローンの最終期日に一定の事務処理期間を加えたリーガルマチュリティ（legal maturity、法定償還期間）が契約上の期間となります。実際は、借換えなどにより、一定比率の繰上返済が生じるため、一般的にこれを加味した予定償還期間が、別途アレンジャーより提示されています。

2 金　　利

アパートローン流動化ローンの金利は、リスクにより異なりますが、TIBORを基準金利とした変動金利または個々に定義するスワップレートを基準とした固定金利が一般的です。AAA格の最上位トランシェに対するローン貸付人となる場合は、安全性は高いものとなります。

金利の比較対象としては、他の同格付の流動化ローンや証券化ノート（note、債券）などがあります。

金利は需給関係で決定しますので、金融危機の場合と長く金融緩和が続く場合とでは、同じリスク評価でもスプレッドに大きな違いが生じます。

3 格　付

一般的にアパートローン流動化ローンの格付は、AAA格が基準となります。オリジネーターである金融機関等の資金効率向上などを目的にメザニン受益権を設定し、AA～BBB格などの格付を取得する場合があります。なお、2008年のリーマンショック時の前後またそれ以降において、R&Iで格下げとなったアパートローン流動化案件はありません。

主な契約書

1 金銭消費貸借契約（アパートローン）

アパートローン借入人（原債務者）とアパートローン貸付人（原債権者）との間で締結します。アパートローンの条件が規定されます。

2 抵当権設定契約書

一般的なアパートローン債権は、当該債権を被担保債権として原債務者の物件（不動産）に抵当権を設定します。

3 金銭債権信託契約

アパートローン債権のSPVへの債権譲渡契約であり、適格債権基準、関係者の表明保証事項、債権の真正売買性、回収金のウォーターフォール（waterfall、支払順序）などを規定します。

4 事務委任契約（サービサー契約）

一般的にSPVはオリジネーターである金融機関等にサービシングを事務委任します。アパートローンの回収方法や引渡しについて規定します。

5　バックアップサービシング契約

委託者兼サービサーである金融機関等がデフォルトした場合に、新たなサービサーにアパートローン債権のサービシングを委託する契約です。バックアップサービシング開始の条件などが規定されます。

6　金銭消費貸借契約（アパートローン流動化）

SPVとアパートローン流動化ローン貸付人との間で締結される契約です。各種コベナンツなどが規定されます。

7　契約書以外の必要書類

⑴　法律意見書

アパートローン債権の債権譲渡における真正売買性およびその他各種契約の有効性などが記載されます。

⑵　AUP（Agreed Upon Procedures、合意された手続の確認）

サンプル調査により、アパートローン債権の実在性、データの正確性等、目視確認できない債権について、エビデンス（evidence、証拠）により確認を行った事項が記載されます。

まとめ

アパートローン流動化は、原債権のアパートローンについて、金融機関等が従来から取り扱っている伝統的金融であり、原債権の内容構成は比較的理解しやすいものとなっています。考慮すべき点としては、長期にわたる投資であることや、住宅ローンと異なり物件が大型化すると不動産流動化に近い要素が数多く出てくることです。一般的に格付はAAA格が基準となっており、安全性は極めて高く、また、原則、月ごとのアモチ（amortization）返済となっており、返済にあわせて原債権のパフォーマンスも月ごとに報告されるため、アパートローン債権プールの状況を常に把握することができます。金融機関ごとのアパートローンの商品特性（例：ハウスメーカー提携ローンにおけるハウスメーカーによるマスターリースの状況など）を格付機関やアレンジャー作成のレポートを参考に把握すること、流動化スキームに講じられた信用補完などの安全性の確認を行うことが、検討に際しての重要なポイントとなります。

プラスα

▶証券化商品の平均累積信用格付別デフォルト率

（単位：％）

	1年後	2年後	3年後	4年後	5年後	6年後	7年後	8年後	9年後	10年後
AAA	0.00	0.00	0.00	0.00	0.00	0.00	0.00	0.00	0.00	0.00
AA	0.00	0.00	0.00	0.00	0.00	0.00	0.00	0.00	0.00	0.00
A	0.05	0.06	0.07	0.09	0.12	0.12	0.12	0.12	0.12	0.12
BBB	0.00	0.40	0.90	1.55	2.11	2.11	2.11	2.11	2.11	2.11
BB	2.08	2.08	2.08	2.08	2.08	—	—	—	—	—
B	3.39	12.59	21.63	37.31	61.42	87.14	100.00	—	—	—
CCC	37.93	63.49	85.40	96.35	100.00	—	—	—	—	—
BB以下	8.15	16.71	27.27	41.41	60.94	86.98	100.00	—	—	—
全体	0.08	0.15	0.23	0.33	0.43	0.50	0.55	0.55	0.55	0.55

（注）　デフォルトは支払不足の状態になった商品とCC格以下の符号が付与された商品と定義。

（出典）　R&I「証券化商品の格付推移行列（2000年度～2021年度）」（2022年7月29日）

▶証券化商品の年度別格付推移行列の平均値（2000～2021年度）

（単位：％）

		年度末の符号							デフォルト	延べサンプル数
		AAA	AA	A	BBB	BB	B	CCC		
年度初の符号	AAA	99.4	0.6							9,269
	AA	13.3	83.8	2.8	0.1					1,897
	A	0.7	1.4	97.2	0.7	0.1			0.1	9,242
	BBB	0.8	2.7	8.4	84.9	2.3	0.8	0.1		748
	BB				4.9	83.6	8.2		3.3	61
	B					2.3	75.0	18.2	4.5	44
	CCC							60.7	39.3	28

（注）　表中の数値（延べサンプル数を除く）は、2000～2021年度の格付推移件数の行列をすべて足し合わせ、延べサンプル数で除して百分率で表示した値。延べサンプル数は、2000～2021年度の各年度において年度初の符号が付与されていたトランシェ数をすべての年度について足し合わせた数から、各年度において年度末までに償還ないし信用格付を取り下げられたトランシェ数をすべての年度について足し合わせた数を差し引いた値。

（出典）　同上

▶経過月数別格付推移行列（12カ月後）

（単位：％）

		12カ月後の符号							デフォルト	サンプル数
		AAA	AA	A	BBB	BB	B	CCC		
当初の符号	AAA	99.9	0.1							2,082
	AA	0.6	91.2	8.2						354
	A	0.2	0.1	99.2	0.4	0.1			0.1	1,896
	BBB	0.5		2.6	96.8					189
	BB				4.5	90.9	4.5			22
	B						86.7	13.3		15
	CCC							100.0		3

（注）　経過時点までに償還ないし信用格付を取り下げたトランシェについては、その直前に付与されていた符号を経過時点の符号とみなして集計。

（出典）　同上

▶経過月数別格付推移行列（36カ月後）

（単位：％）

		36カ月後の符号							デフォルト	サンプル数
		AAA	AA	A	BBB	BB	B	CCC		
当初の符号	AAA	98.9	1.1	0.1						1,963
	AA	8.8	76.8	13.0	1.4					353
	A	1.6	1.6	94.5	1.9		0.1		0.3	1,833
	BBB	3.7	4.8	9.6	76.5	3.7	1.6			187
	BB				4.5	81.8	9.1	4.5		22
	B					6.7	60.0	26.7	6.7	15
	CCC								100.0	3

（注）　同上。

（出典）　同上

Ⅱ－3

割賦債権流動化

◇ 概　要

割賦債権流動化の範囲は広く、個品割賦である自動車（オートローン）、携帯電話や総合割賦であるショッピング（クレジットカード）の債権の流動化などがあげられます。割賦債権を保有するファイナンス会社等オリジネーターがSPVに割賦債権を譲渡し、割賦債権流動化ローン貸付人がSPVに割賦債権購入資金を融資するスキームです。割賦債権の返済から生じるキャッシュフローをもとに、割賦債権流動化ローンの返済が行われます。割賦債権流動化ローンは、通常、格付機関から高い格付を取得しています。

◇ スキーム図（本ケースではSPVは信託を想定しています）

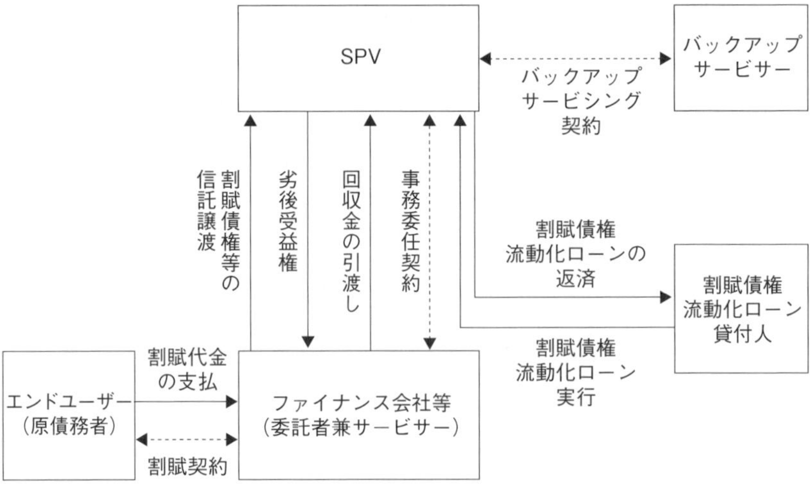

◘ スキーム図解説

① 割賦債権の債権者であるファイナンス会社等は、保有する割賦債権をSPV（受託者）に金銭債権として信託譲渡します。

② SPVは、優先受益権と劣後受益権を設定し、ファイナンス会社等に引き渡します。

③ SPVは、割賦債権流動化ローン貸付人から資金調達を行い、これを原資に優先受益権を償還します。

④ ファイナンス会社等は、優先受益権の償還金を受け取ります。

⑤ ファイナンス会社等は、サービサーとしてエンドユーザーから割賦代金の支払を受け、当該回収金をSPVへ支払います。SPVは、回収金を割賦債権流動化スキーム維持費用に充当した後、割賦債権流動化ローンの返済を行います。

⑥ SPVは、一定期間ごとに決算を報告するとともに、流動化されている割賦債権のパフォーマンス（期限前返済、延滞やデフォルトおよび保証履行や担保処分による回収などの回収状況）について報告を行います。

⑦ 割賦債権流動化ローンの返済は、流動化されている割賦債権の回収により行われます。

主なスキーム構成者

1 エンドユーザー（原債務者）

ファイナンス会社等とクレジット契約を締結し、個品等を販売店から購入・使用する者（主に個人）です。割賦債権の債務者となります。

2 販 売 店

ファイナンス会社等と加盟店契約を締結し、個品等をエンドユーザーに販売する法人です。自動車ディーラーなどがこれに当たります。

3 ファイナンス会社等（原債権者、オリジネーター）

個品等の購入資金を立替払いするファイナンス会社などのことをいいます。原債務者にかわり、販売店に個品等購入代金を支払います。なお、割賦契約には立替払型のほかに債権譲渡型もあります。

4 SPV

割賦債権流動化のための器のことをいいます。多くの場合、信託がSPVとなり、管理を行います。

5 サービサー

通常は、オリジネーター（原債権者）がサービサーに就任します。エンドユーザーが、割賦債権流動化により割賦債権の返済先を変更することで発生するコスト負担（風評などを含む）を回避することが最大の理由です。なお、原債権者がデフォルトした場合、SPVもしくはバックアップサービサーがサービサーの役割を担います。

6 格付機関

金融商品または法人の信用状態に関する評価の結果について、記号または数字を用いて表示した等級を付与する会社です。日本の信用格付業者は、格付投資情報センター（R&I）など7社があります。

7 アレンジャー

流動化のスキームを構築し、オリジネーター、格付機関などのスキーム関係者との折衝を行いながら、案件の組成を行います。通常、証券会社や銀行が就任します。

8 割賦債権流動化ローン貸付人

SPVに対して、割賦債権を裏付資産として、ローンにより資金提供を行う銀行などのことをいいます。

主なリスクの所在

1 原債務者のデフォルトリスク

(1) リスク要因とその確認

割賦契約における債務者（原債務者）がデフォルトした場合、割賦債権の回収元本および利息が減少します。キャッシュフロー減少要因となる原債務者デフォルトの可能性については、以下の事項の確認を行います。

① 加盟店

② 原債務者の性別、年齢、居住地域

③ 商品

(2) リスク要因への対応

① 優先劣後構造

原債務者のデフォルト（一般的に3カ月の支払（債務）不履行）による貸倒

損失に対し、劣後部分の補完が十分に行われているか、格付機関やアレンジャー作成のレポートを参考に検証を行います。

② **現金準備**

原債務者のデフォルトによる貸倒損失に対し、劣後部分の補完ならびに現金準備が十分に行われているか、格付機関やアレンジャー作成のレポートを参考に検証を行います。

③ **デフォルトトラップ（default trap）**

原債権である割賦債権の利息から諸経費、流動化ローンの利息を支払った後のエクセススプレッドから、貸倒債権額を元本に充当し、流動化ローンの元本の償還を行う仕組みのことをいいます。

2 プリペイ（prepayment、繰上返済、期限前償還）リスク

⑴ リスク要因とその確認

割賦契約における債務者（原債務者）が、割賦債権の全部または一部を繰上返済した場合、元本回収は早期に図られるものの、利息のキャッシュフローが減少します。キャッシュフロー減少要因となる繰上返済の可能性について、以下の事項の確認を行います。

① 原債務者の性別、年齢、居住地域

② 商品性

③ 流動化時点の残高

④ 割賦手数料率

⑵ リスク要因への対応

① **パススルー**

流動化ローンの償還方法をパススルー（pass through、発生したキャッシュフローから手数料などを差し引き、そのまま投資家に支払う仕組み）にします。裏付資産の元本返済にあわせて、流動化ローンの元本償還を行うことにより、裏付資産の回収利息（トータル）が減少する一方で、流動化ローンの支払利息も減少する構造とすることにより、プリペイが流動化ローンに与える影響を小さくすることができます。

② 劣後基準額の設定

劣後部分を切り下げる（償還を行う）スキームの場合で、かつ償還方法がコントロールドアモチゼーション（controlled amortization、裏付資産の回収スケジュールから償還スケジュールを設定し、分割償還する方式）の場合が該当します。プリペイにより早期回収された元本回収金で、残っている優先部分に対して必要以上に劣後部分が償還されてしまうと信用力の低下につながります。これを防止するため、一定の劣後基準額の設定を行います。

3 希薄化（dilution、ダイリューション）リスク

(1) リスク要因とその確認

原債務者の抗弁権などにより希薄化が起こる場合、元本および利息のキャッシュフローが減少します。キャッシュフロー減少要因となる希薄化の可能性について、以下の事項の確認を行います。

① 反対債権を有する原債務者による相殺

② 原債務者によるキャンセル・クーリングオフ

③ 加盟店による役務不履行、不法行為、不当販売

(2) リスク要因への対応

① 優先劣後構造

希薄化リスクによるキャッシュフローの減少分の影響を劣後部分に上乗せすることで、優先部分の元利金支払の確実性を高めることができます。

② 適格債権

希薄化リスクの発生する債権を適格債権としない措置をとることで、希薄化リスクの軽減を図ります。

4 サービサーデフォルトに関するリスク（コミングリングリスク）

通常、SPVは割賦債権の債権回収業務（サービシング）をサービサーに委託します。サービサーは一定の回収期間を設け、その期間に原債務者から回収した資金（回収金）を一旦預り、定められた引渡日にSPVへ引き渡します。

サービサーが回収金をSPVに引き渡す前にデフォルトすると、回収金がサービサーの固有財産と分別されていない場合には、サービサーの固有財産として、倒産処理のなかでSPVがほかの債権者と同様に扱われるおそれがあり、割賦債権の回収金を喪失する可能性があります。このリスクのことをコミングリング（commingling、混同）リスクといいます。

⑴　リスク要因とその確認

コミングリングリスクが発生した場合、割賦債権の回収元本が減少しますので、回収金の回収方法の確認が必要です。

⑵　リスク要因への対応

①　優先劣後構造

一般的な割賦債権の流動化では、優先劣後構造（超過担保）によってコミングリングリスク相当額（保守的に想定する繰上返済相当額を含む）が信用補完されていることを確認します。

②　コミングリングリスク相当額の前払い

サービサーが、回収金引渡日前に、コミングリングリスク相当額をSPVへ前払いする方法です。

③　格付トリガーによるコミングリングリスク相当額の対応

サービサーの信用力が相応に高い場合において、格付トリガー抵触後、追加的にコミングリングリスク相当額について対応する方法です。

5　サービサーデフォルトに関するリスク（流動性リスク）

SPVから割賦債権のサービシングを委託されたサービサーがデフォルトした場合、サービシングが継続できない可能性があります。

⑴　リスク要因とその確認

流動性リスクが発生した場合、一時的に流動化ローンの利息の支払やスキーム維持に必要となる諸費用等の支払に遅延が発生することがあるため、その確認が必要です。

⑵　リスク要因への対応

一般的な割賦債権の流動化では、流動性補完として必要となる利息やスキーム維持に必要となる諸費用等が現金準備金等として確保されていることについて確認を行います。

期間、金利、格付

1 期　間

割賦債権流動化ローンの期間は、２～５年程度となります。原債権である割賦契約の最終期日に一定の事務処理期間を加えたリーガルマチュリティ（legal maturity、法定償還期間）が契約上の期間となります。実際は、手元流動性の向上や借換えにより、一定比率の繰上返済が生じるため、一般的にこれを加味した予定償還期間が別途アレンジャーより提示されています。

2 金　利

割賦債権流動化ローンの金利は、リスクにより異なりますが、TIBORを基準金利とした変動金利または個々に定義するスワップレートを基準とした固定金利が一般的です。AAA格の最上位トランシェに対するローン貸付人となる場合が多く、安全性は高いものとなります。

金利の比較対象としては、他の同格付の流動化ローンや証券化ノート（note、債券）などがあります。

金利は需給関係で決定するため、金融危機の場合と長く金融緩和が続く場合とでは、同じリスク評価でもスプレッドに大きな違いが生じます。

3 格　付

一般的な割賦債権流動化ローンの格付は、AAA格が基準となります。オリジネーターであるファイナンス会社等の資金効率向上などを目的にメザニン受益権を設定し、AA～BBB格などの格付を取得する場合があります。なお、2008年のリーマンショック時の前後またそれ以降において、R&Iで格下げとなった割賦債権流動化案件はありません。

主な契約書

1　割賦契約、クレジットカード契約

ファイナンス会社等と原債務者が締結する契約です。個品等の売買にかかわる支払方法が規定されます。

2　加盟店契約

ファイナンス会社等と加盟店が締結する契約です。個品等の売買の際にファイナンス会社を利用することができる内容や条件が規定されます。

3　金銭債権信託契約

割賦債権のSPVへの債権譲渡契約であり、適格債権基準、関係者の表明保証事項、債権の真正売買性、回収金のウォーターフォール（waterfall、支払順序）などを規定します。

4　事務委任契約（サービサー契約）

一般的にSPVはオリジネーターであるファイナンス会社等にサービシングを事務委任します。割賦債権の回収方法や回収金の引渡しについて規定します。

5　バックアップサービシング契約

委託者兼サービサーであるファイナンス会社等がデフォルトした場合に、新たなサービサーに割賦債権のサービシングを委託する契約です。バックアップサービシング開始の条件などが規定されます。

6　金銭消費貸借契約（割賦債権流動化）

SPVと割賦債権流動化ローン貸付人との間で締結される契約です。各種コ

ベナンツなどが規定されます。

7 契約書以外の必要書類

(1) 法律意見書

割賦債権の債権譲渡における真正売買性およびその他各種契約の有効性などが記載されます。

(2) AUP（Agreed Upon Procedures、合意された手続の確認）

サンプル調査により、割賦債権の実在性、データの正確性等、目視確認できない債権について、エビデンス（evidence、証拠）により確認を行った事項が記載されます。

まとめ

割賦債権流動化は、主に個人が原債務者となっていますが、個々人の分析を行うというよりも、原債権の大数プールの分析（原データとヒストリカルデータ）を行うことになります。割賦契約、クレジット契約は金融機関も締結する可能性がある契約であり、原債権の内容構成は比較的理解しやすいものとなっています。一般的に格付はAAA格が基準となっているため、安全性は極めて高く、また、原則、月ごとのアモチ（amortization）返済となっており、返済にあわせて原債権のパフォーマンスも月ごとに報告されますので、割賦債権プールの状況を常に把握することができます。金融機関、ファイナンス会社等ごとに個々の割賦債権の特性を流動化スキームに反映しているか、格付機関やアレンジャー作成のレポートを参考に確認を行うことが、検討に際しての重要なポイントとなります。

参考

経済産業省HPクレジット取引

リスク顕在化事例

〈 事象！〉

貸付債権プールの流動化案件において、破綻したオリジネーターから貸付債権プールの信託譲渡を受けて債権譲渡登記を具備していた信託財産が二重譲渡されていました。同じ貸付債権プールについてオリジネーターから債権譲渡を受け、先に債務者対抗要件を具備して原債務者から債権回収を行った第三者が存在していました（第三者対抗要件（債権譲渡登記）では劣後していました）。

信託受託者は、当該第三者に対して不当利得の返還を請求しました（結果的に請求が認められました）。

〈 生かす！〉

債権の譲受人による債権の帰属および自らが第三者に対して対抗できる権利者となれるかの調査には限界があります。破綻可能性が比較的高いオリジネーターから債権を譲り受ける場合には、オリジネーターの協力を得て債権譲渡登記の確認や原債務者への確認などを進めて第三者対抗要件の具備などについて十分に確認する必要があります。

なお、オリジネーターから満足な協力が得られない場合には案件構築を断念することが肝要です。

プラスα

▶証券化商品の発行金額・発行件数

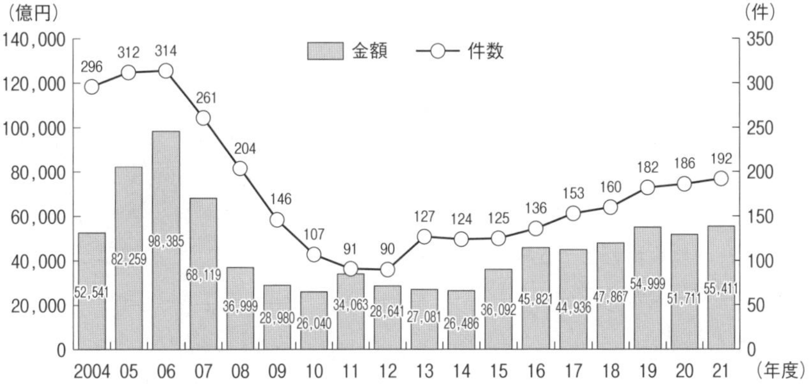

▶証券化商品の「裏付資産」別発行金額

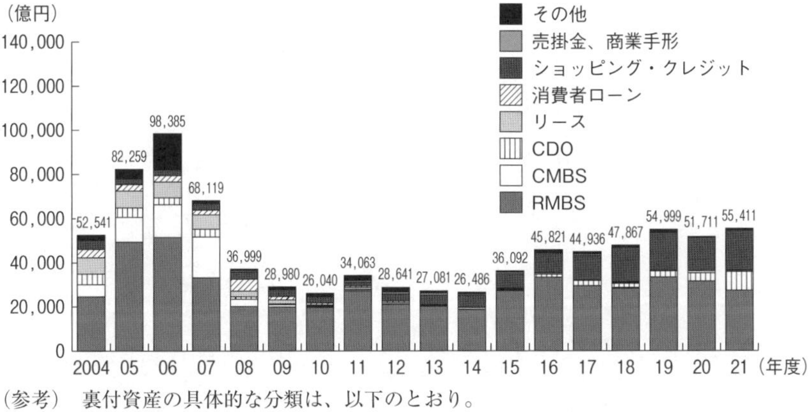

(参考)　裏付資産の具体的な分類は、以下のとおり。

「RMBS (Residential Mortgage Backed Securities)」: 住宅ローン債権、アパートローン債権

「CMBS (Commercial Mortgage Backed Securities)」: 商業用不動産担保ローン債権、商業用不動産

「CDO (Collateralized Debt Obligations)」: 企業向け貸付債権、社債、CDS等

「リース」: リース料債権

「消費者ローン」: 消費者ローン債権、カードローン債権

「ショッピング・クレジット」: ショッピング・クレジット債権、オートローン債権

「売掛金・商業手形」: 売掛債権、手形債権

「その他」: 基金債権、事業キャッシュフロー、診療報酬債権等

(出典)　日本証券業協会「証券化市場の動向調査」(2022年3月末基準) より筆者作成

リース料債権流動化（多数債務者）

◆ 概　要

リース料債権流動化は、リース料債権を保有するリース会社が、SPVにリース料債権を譲渡し、リース料債権流動化ローン貸付人がSPVにリース料債権購入資金を融資するスキームです。リース料債権の返済から生じるキャッシュフローをもとに、リース料債権流動化ローンの返済が行われます。多数のリースユーザーが原債務者となる場合、優先劣後構造をとり、通常、格付機関から高い格付を取得しています。

◆ スキーム図（本ケースではSPVは信託を想定しています）

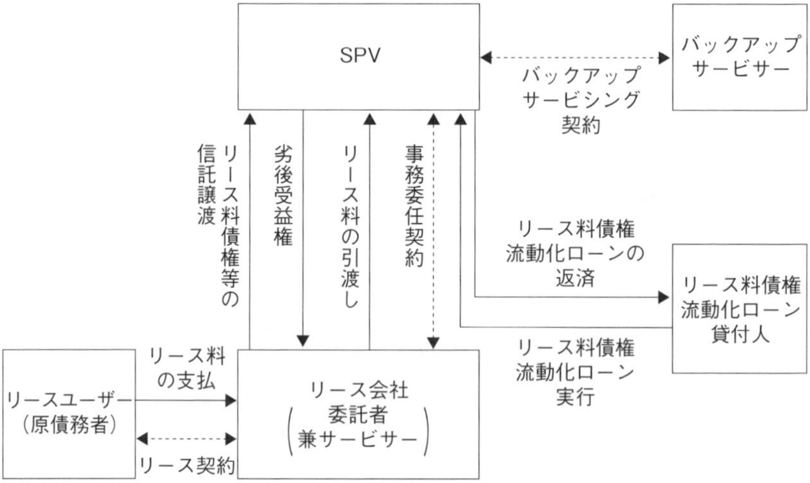

Securitization of lease receivables (multiple obligors)

◆ スキーム図解説

① リース料債権の債権者であるリース会社は、保有するリース料債権をSPV（受託者）に金銭債権として信託譲渡します。

② SPVは、優先受益権と劣後受益権を設定し、リース会社に引き渡します。

③ SPVは、リース料債権流動化ローン貸付人から資金調達を行い、これを原資に優先受益権を償還します。

④ リース会社は、優先受益権の償還金を受け取ります。

⑤ リース会社は、サービサーとしてリースユーザーからリース料の支払を受け、当該回収金をSPVへ支払います。SPVは、回収金をリース料債権流動化スキーム維持費用に充当した後、リース料債権流動化ローンの返済を行います。

⑥ SPVは、一定期間ごとに決算を報告するとともに、流動化されているリース料債権のパフォーマンス（中途解約、延滞やデフォルトおよび保証履行やリース物件処分による回収などの回収状況）について報告を行います。

⑦ リース料債権流動化ローンの返済は、流動化されているリース料債権の回収により行われます。

主なスキーム構成者

1　リース会社（原債権者、レッサー）

リース物件を使用する法人／個人が選択した機械設備等の物件を購入し、その法人／個人に対してリース物件を比較的長期にわたり賃貸（リース）する会社（lessor、レッサー）です。

2　リースユーザー（原債務者、レッシー）

リース物件を使用する法人／個人（lessee、レッシー）です。流動化の対象となるリース料債権のリースユーザーは、ほとんどの場合、法人となります。

3　SPV

リース料債権流動化のための器のことをいいます。多くの場合、信託がSPVとなり管理を行います。

4　サービサー

通常は、リース会社（原債権者）がサービサーに就任します。リースユーザーが、リース料債権流動化によりリース料債権の返済先を変更することで発生するコスト負担（風評などを含む）を回避することが最大の理由です。なお、原債権者がデフォルトした場合、SPVもしくはバックアップサービサーがサービサーの役割を担います。

5　格付機関

金融商品または法人の信用状態に関する評価の結果について、記号または数字を用いて表示した等級を付与する会社です。日本の信用格付業者は、格付投資情報センター（R&I）など7社があります。

6　アレンジャー

流動化のスキームを構築し、オリジネーター、格付機関などのスキーム関係者との折衝を行いながら、案件の組成を行います。通常、証券会社や銀行が就任します。

7　リース料債権流動化ローン貸付人

SPVに対してリース料を裏付資産として、ローンにより資金提供を行う銀行などのことをいいます。

主なリスクの所在

1　原債務者のデフォルトリスク

⑴　リスク要因とその確認

リース契約（原契約）における原債務者がデフォルトした場合、元本および利息のキャッシュフローが減少します。キャッシュフロー減少要因となる原債務者のデフォルトの可能性について、以下の事項の確認を行います。

①　リース取引の対象となる物件（物品）

②　原債務者の種別（法人の場合、業種。個人の場合、年齢、居住地域など）

⑵　リスク要因への対応

①　優先劣後構造

リース料債権に生じる貸倒損失など、キャッシュフローが減少するリスクに備えるため、貸倒損失などにより減少すると想定される元本部分を劣後部分として確保します。劣後部分は一般的にリース会社が保有します。

②　デフォルトトラップ

リース料債権に生じる貸倒損失など、キャッシュフローが減少するリスクに備えるため、超過収益を用いて想定される貸倒損失等の相当額を現金準備として確保します。

2　プリペイリスク

(1)　リスク要因とその確認

原債務者が、リース契約における最終返済期日の前に中途解約を行い、将来にわたるリース料を規定損害金として全額返済した場合でも、ウォーターフォールによってはキャッシュフローが減少します。また、原債務者によっては減免が行われる場合もあります。キャッシュフロー減少要因となる中途解約の可能性について、以下の事項の確認を行います。

①　リース取引の対象となる物件（物品）

②　原債務者の種別（法人の場合、業種。個人の場合、年齢、居住地域など）

(2)　リスク要因への対応

①　回収利息の留保

中途解約時に回収した将来利息相当を留保金とし、劣後配当に流さず必要時に使用する仕組みとします。これにより、裏付資産の将来時点における回収利息は減少する一方で、その回収利息分は留保されているため、プリペイリスクは発生しないことになります。

②　パススルー

裏付資産の元本償還にあわせて、流動化ローンの元本償還を行う仕組みです。リース料債権流動化ローン貸付人からみると、利息の減少リスクはある一方で、多くの場合、パススルー（pass through、発生したキャッシュフローから手数料などを差し引き、そのまま投資家に支払う仕組み）の構造となっているため、早期の投資回収を図ることができます。

③　劣後基準額の設定

リース料債権流動化ローンの償還方法がコントロールドアモチゼーション（controlled amortization、裏付資産の回収スケジュールから償還スケジュールを設定し、分割償還する方式）の場合、プリペイにより早期回収された元本回収金で、残っている優先部分に対して必要以上に劣後部分が償還されてしまうと信用力の低下につながります。これを防止するため、一定の劣後基準額の設定を行います。

3　希薄化（ダイリューション）リスク

(1)　リスク要因とその確認

原債務者の抗弁権などにより希薄化が起こる場合、元本および利息のキャッシュフローが減少します。キャッシュフロー減少要因となる希薄化の可能性について、以下の事項の確認を行います。

①　メンテナンス特約付リース（メンテナンスリース）

リース料がファイナンスリース料と保守料に明確に区別されていない場合、リース料のうち保守料の占める割合が大きい場合、またはリース会社とメンテナンスのサプライヤーとの間に密接な関係がある場合は、信義則上、リース料全額の支払の拒絶が認められる可能性があります。ファイナンスリース料と保守料の分別管理がなされているかといったことに加え、メンテナンスのレベル、交換部品の在庫保管期間および代替製品の有無、バックアップするメンテナンス会社の存在と業務遂行の可能性、リース物件の所在地域等を十分に検討し、ファイナンスリース料の支払拒絶が起こらないことの確認を行います。

②　ソフトウエアリース

リース会社がソフト会社からソフトウエアの非独占的使用許諾を正当に得ていても、ソフト会社がデフォルトした場合、ソフトウエアの使用許諾を正当に得ていることを証明できるような制度がないがゆえに、(a)ユーザーは使用許諾の正当性についてソフト会社の管財人に対抗することができずソフトウエアの利用ができなくなる、(b)管財人が再使用許諾の契約を解除し他者と再使用許諾の契約を締結したり、著作権を第三者に処分してしまう、といったリスクが顕在化する可能性もあります。

③　購入選択権付リース

購入選択権付リースは、リース契約の満了時にリース物件の所有権が移転する売買契約とみなされる可能性があります。また、リース物件の残価を高めに設定するケースが多く、リース料として支払われるものの、総額がリース物件の取得価額および付随費用のおおむね全部をカバーしていないことを理由に、オペレーティングリースとして扱われる可能性があります。残価リスクを負うことはないか、将来利息が受け取れないリスクを排除できるかどうか確認を行います。

④　**官公庁向けリース**

官公庁向けリースはユーザーによって使用する契約書式が異なっていることが多く、それぞれの契約条件を把握することが実務上困難です。また、国、地方自治体は「長期継続契約」「債務負担行為」(財政法第15条、地方自治法第212条、第214条、第234条の３）等の規制により、国会、議会等の承認を得なければ、その年度を超える期間のリース契約を締結することができません。承認を得られない場合、予定のリース期間終了日まで単年度の契約を繰り返し締結する方法をとることが多く、フルペイアウト性を確保できない可能性があります。

⑵　リスク要因への対応

①　**適格債権**

希薄化リスクの発生する債権を適格債権としない措置をとることで、希薄化リスクの軽減を図ります。

②　**優先劣後構造**

希薄化リスクによるキャッシュフローの減少分の影響を劣後部分に上乗せすることで、優先部分の元利金支払の確実性を高めることができます。

4　サービサーデフォルトに関するリスク（コミングリングリスク）

通常、SPVはリース料債権の債権回収業務（サービシング）をサービサーに委託します。サービサーは一定の回収期間を設け、その期間に原債務者から回収した資金（回収金）を一旦預り、定められた引渡日にSPVへ引き渡します。サービサーが回収金をSPVに引き渡す前にデフォルトすると、回収金がサービサーの固有財産と分別されていない場合には、サービサーの固有財産として、倒産処理のなかでSPVがほかの債権者と同様に扱われるおそれがあり、リース料債権の回収金を喪失する可能性があります。このリスクのことをコミングリング（commingling、混同）リスクといいます。

(1) リスク要因とその確認

コミングリングリスクが発生した場合、リース料債権の回収元本が減少しますので、回収金の回収方法の確認が必要です。

(2) リスク要因に対する対応

① 優先劣後構造

一般的なリース料債権の流動化では、優先劣後構造（超過担保）によってコミングリングリスク相当額（保守的に想定する中途解約相当額を含む）が信用補完されていることを確認します。

② コミングリングリスク相当額の前払い

サービサーが回収金引渡日前に、コミングリングリスク相当額をSPVへ前払いする方法です。

③ 格付トリガーによるコミングリングリスク相当額の対応

サービサーの信用力が相応に高い場合において、格付トリガー抵触後、追加的にコミングリングリスク相当額について対応する方法です。

5 サービサーデフォルトに関するリスク（流動性リスク）

SPVからリース料債権のサービシングを委託されたサービサーがデフォルトした場合、サービシングが継続できない可能性があります。

(1) リスク要因とその確認

流動性リスクが発生した場合、一時的に流動化ローンの利息の支払やスキーム維持に必要となる諸費用等の支払に遅延が発生することがあるため、その確認が必要です。

(2) リスク要因への対応

一般的なリース料債権の流動化では、流動性補完として必要となる利息やスキーム維持に必要となる諸費用等が現金準備金等として確保されていることについて確認を行います。

期間、金利、格付

1 期　　間

リース料債権流動化ローンの期間は、2～7年程度となります。原債権であるリース契約の最終期日に一定の事務処理期間を加えたリーガルマチュリティ（legal maturity、法定償還期間）が契約上の期間となります。中途解約により、期限前償還が生じる可能性もあります。

2 金　　利

リース料債権流動化ローンの金利は、リスクにより異なりますが、TIBORを基準金利とした変動金利または個々に定義するスワップレートを基準とした固定金利が一般的です。多数債務者の場合、AAA格の最上位トランシェに対するローン貸付人となる場合が多く、安全性は高いものとなります。

金利の比較対象としては、他の同格付の流動化ローンや証券化ノート（note、債券）などがあります。

金利は需給関係で決定しますので、金融危機の場合と長く金融緩和が続く場合とでは、同じリスク評価でもスプレッドに大きな違いが生じます。

3 格　　付

リース料債権流動化ローンの格付は、主に多数債務者の場合に付与され、AAA格が基準となります。オリジネーターであるリース会社の資金効率向上などを目的にメザニン受益権を設定し、AA～BBB格などの格付を取得する場合があります。なお、2008年のリーマンショック時の前後またそれ以降において、R&Iで格下げとなったリース料債権流動化案件はありません。

主な契約書

1 リース契約

リース会社（レッサー）とリースユーザー（レッシー）が締結する契約です。個々のリース物件が特定され、その物件に対するリース条件が規定されます。

2 金銭債権信託契約

リース料債権のSPVへの債権譲渡契約であり、適格債権基準、関係者の表明保証事項、債権の真正売買性、回収金のウォーターフォール（waterfall、支払順序）などを規定します。

3 事務委任契約（サービサー契約）

一般的にSPVはオリジネーターであるリース会社にサービシングを事務委任します。リース料債権の回収方法や回収金の引渡しについて規定します。

4 バックアップサービシング契約

委託者兼サービサーであるリース会社（オリジネーター）がデフォルトした場合に、新たなサービサーにリース料債権のサービシングを委託する契約です。バックアップサービシング開始の条件などが規定されます。

5 金銭消費貸借契約（リース料債権流動化）

SPVとリース料債権流動化ローン貸付人との間で締結される契約です。各種コベナンツなどが規定されます。

6　契約書以外の必要書類

(1)　法律意見書

リース料債権の債権譲渡における真正売買性およびその他各種契約の有効性などが記載されます。

(2)　AUP（Agreed Upon Procedures、合意された手続の確認）

サンプル調査により、リース料債権の実在性、データの正確性等、目視確認できない債権について、エビデンス（evidence、証拠）により確認を行った事項が記載されます。

まとめ

リース料債権流動化（多数債務者）は、主に原債権の大数プールの分析（原データとヒストリカルデータ）を行うことになります。一般的に格付はAAA格が基準となっているため、安全性は極めて高く、また、原則、月ごとのアモチ（amortization）返済となっており、返済にあわせて原債権のパフォーマンスも月ごとに報告されますので、リース料債権プールの状況を常に把握することができます。リース会社ごとの個々のリース料債権の特性が流動化スキームに反映されているか、格付機関やアレンジャー作成のレポートを参考に確認を行うことが、検討に際しての重要なポイントとなります。

参　考

公益社団法人リース事業協会HP

プラスα

▶標準情報レポーティング・パッケージ

狭義ABS（我が国リース債権、クレジット債権等を裏付けとする証券化商品）

Ⅰ　証券情報（発行時開示）
Ⅰ－1　商品名　Ⅰ－2　基本スキーム Ⅰ－3　主たる準拠法　Ⅰ－4　商品の形態 Ⅰ－5　信用補完および流動性補完　Ⅰ－6　仕組み上の主たるリスクの所在 Ⅰ－7　格付　Ⅰ－8　発行総額、トランシェ毎の発行額 Ⅰ－9　発行価格　Ⅰ－10　利率・予定配当率 Ⅰ－11　利払日　Ⅰ－12　法定最終償還日 Ⅰ－13　償還方法　Ⅰ－14　予定償還日又は予定償還スケジュール等 Ⅰ－15　想定償還スケジュール等　Ⅰ－16　発行日 Ⅰ－17　アレンジャー、引受・販売会社　Ⅰ－18　トリガーの仕組み
Ⅱ　管理資産情報（発行時開示）
Ⅱ－1　裏付資産の概要　Ⅱ－2　裏付資産発生の概要 Ⅱ－3　裏付資産プールの属性　Ⅱ－4　加重平均金利　WAC Ⅱ－5　加重平均残存期間　WAM　Ⅱ－6　適格要件 Ⅱ－7　バックアップサービシング　Ⅱ－8　裏付資産のキャッシュフロー Ⅱ－9　ウォーターフォール Ⅱ－10　裏付資産に係る債権又は債務者の属性分布 Ⅱ－11　延滞率　Ⅱ－12　デフォルト率　Ⅱ－13　繰上返済・中途解約率 Ⅱ－14　回収率又は損失率　Ⅱ－15　比較参考プールの属性
Ⅲ　発行者および関係法人情報（発行時開示）
Ⅲ－1　発行体　Ⅲ－2　オリジネーター Ⅲ－3　サービサー　Ⅲ－4　その他主要な関係者 Ⅲ－5　オリジネーター等によるリスクの継続保有
Ⅳ　発行後のサーベイランス（期中報告）
Ⅳ－1　発行残高　Ⅳ－2　利率（配当率） Ⅳ－3　格付　Ⅳ－4　信用補完、流動性補完の現況 Ⅳ－5　トリガー指標　Ⅳ－6　イベント発生の有無 Ⅳ－7　回収金の分配状況　Ⅳ－8　劣後部分の残存額 Ⅳ－9　オリジネーター等によるリスクの継続保有
Ⅴ　裏付資産の回収状況（期中報告）
Ⅴ－1　裏付資産に係る債権残高　Ⅴ－2　加重平均金利　WAC Ⅴ－3　加重平均残存期間　WAM　Ⅴ－4　その他のプール属性 Ⅴ－5　裏付資産に係る債権又は債務者の属性分布　Ⅴ－6　延滞額・率 Ⅴ－7　デフォルト発生額・率　Ⅴ－8　累積デフォルト又は損失発生額・率 Ⅴ－9　繰上返済・中途解約率　Ⅴ－10　回収率又は損失率 Ⅴ－11　買戻し率

（出典）日本証券業協会

Ⅱ－5

リース料債権流動化（単数債務者）

◇ 概　要

リース料債権流動化は、リース料債権を保有するリース会社がSPVにリース料債権を譲渡し、リース料債権流動化ローン貸付人はSPVにリース料債権購入資金を融資するスキームです。リース料債権の返済から生じるキャッシュフローをもとに、リース料債権流動化ローンの返済が行われます。一般的に単数のリースユーザーの場合、優先劣後構造をとらず、格付を付与せず、リースユーザーである企業のリスク（コーポレートリスク）の流動化として融資を行います。

◇ スキーム図（本ケースではSPVはSPCを想定しています）

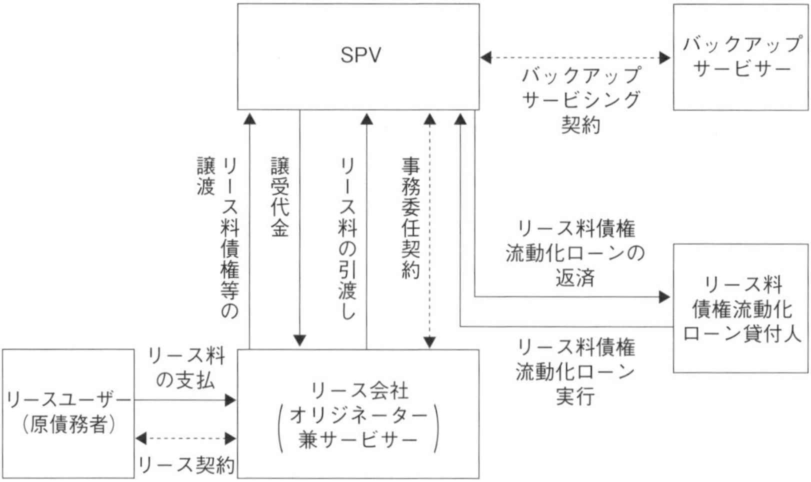

◘ スキーム図解説

① リース料債権の債権者であるリース会社（オリジネーター）は、保有するリース料債権のうち、流動化するリース料債権の銘柄（リースユーザー）を選定し、SPVに金銭債権として譲渡します。

② SPVは、リース料債権流動化ローン貸付人から資金調達を行い、これを原資にリース料債権を購入します。

③ リース会社は、リース料債権の譲渡代金を受け取ります。

④ リース会社は、サービサーとしてリース料債権の債務者からリース料の支払を受け、当該回収金をSPVへ支払います。SPVは、回収金をリース料債権流動化スキーム維持費用に充当した後、リース料債権流動化ローンの返済を行います。

⑤ SPVは、一定期間ごとに決算を報告するとともに、流動化されているリース料債権のパフォーマンス（中途解約、延滞やデフォルトおよび保証履行やリース物件処分による回収などの回収状況）について報告を行います。

⑥ リース料債権流動化ローンの返済は、流動化されているリース料債権の回収により行われます。

主なスキーム構成者

1 リース会社（原債権者、レッサー）

リース物件を使用する企業（法人）が選択した機械設備等を購入し、その企業に対してリース物件を比較的長期にわたり賃貸（リース）する会社（レッサー）です。

2 リースユーザー（原債務者、レッシー）

リース物件を使用する法人（レッシー）です。流動化の対象とするリース料債権の支払を行います。

3 SPV

SPV（Special Purpose Vehicle）は、通常、流動化を実施するために設けられる信託もしくは会社（株式会社、特定目的会社、合同会社、ケイマンSPCなど）をいいます。リース料債権の譲渡を受け、債権者となります。

4 アレンジャー

流動化のスキームを構築し、オリジネーターなどのスキーム関係者との折衝を行いながら、案件の組成を行います。通常、証券会社や銀行が就任します。

5 リース料債権流動化ローン貸付人

SPVに対してリース料を裏付資産として、ローンにより資金提供を行う銀行などのことをいいます。

主なリスクの所在

1　原債務者のデフォルトリスク

⑴　リスク要因とその確認

リース契約（原契約）における原債務者がデフォルトした場合、元本および利息のキャッシュフローが減少します。キャッシュフロー減少要因となる原債務者の信用力について確認を行います。

⑵　リスク要因への対応

リースユーザー（原債務者）は、格付機関から格付を取得していない場合も多くあります。原債務者の財務内容などを定期的に入手することができる仕組みとすることで、期中も原債務者の信用力を定期的に把握します。

2　プリペイリスク

⑴　リスク要因とその確認

原債務者がリース契約における最終返済期日の前に中途解約を行い、将来にわたるリース料を規定損害金として全額返済した場合でも、ウォーターフォールによってはキャッシュフローが減少します。また、原債務者によっては減免が行われる場合もあります。キャッシュフロー減少要因となる中途解約の可能性について以下の事項の確認を行います。

①　リース取引の対象となる物件（物品）

②　原債務者のプリペイに対する方針

⑵　リスク要因への対応

①　回収利息の留保

中途解約時に回収した将来利息相当を留保金とし、劣後配当に流さず必要時に使用する仕組みとします。これにより、裏付資産の将来時点における回収利息は減少する一方で、その回収利息分は留保されているため、プリペイリスクは発生しないことになります。

② パススルー

裏付資産の元本償還にあわせて、流動化ローンの元本償還を行う仕組みです。リース料債権流動化ローン貸付人からみると、利息の減少リスクはある一方で、多くの場合、パススルー（pass through、発生したキャッシュフローから手数料などを差し引き、そのまま投資家に支払う仕組み）の構造となっているため、早期の投資回収を図ることができます。

3 希薄化（ダイリューション）リスク

(1) リスク要因とその確認

原債務者の抗弁権などにより希薄化が起こる場合、元本および利息のキャッシュフローが減少します。キャッシュフロー減少要因となる希薄化の可能性について以下の事項の確認を行います。

① メンテナンス特約付リース（メンテナンスリース）

リース料がファイナンスリース料と保守料に明確に区別されていない場合、リース料のうち保守料の占める割合が大きい場合またはリース会社とメンテナンスのサプライヤーとの間に密接な関係がある場合は、信義則上、リース料全額の支払の拒絶が認められる可能性があります。ファイナンスリース料と保守料の分別管理がなされているかといったことに加え、メンテナンスのレベル、交換部品の在庫保管期間および代替製品の有無、バックアップするメンテナンス会社の存在と業務遂行の可能性、リース物件の所在地域等を十分に検討し、ファイナンスリース料の支払拒絶が起こらないことの確認を行います。

② ソフトウエアリース

リース会社がソフト会社からソフトウエアの非独占的使用許諾を正当に得ていても、ソフト会社がデフォルトした場合、ソフトウエアの使用許諾を正当に得ていることを証明できるような制度がないがゆえに、(a)ユーザーは使用許諾の正当性についてソフト会社の管財人に対抗することができずソフトウエアの利用ができなくなる、(b)管財人が再使用許諾の契約を解除し他者と再使用許諾の契約を締結したり、著作権を第三者に処分してしまう、といったリスクが顕在化する可能性があります。

③　購入選択権付リース

購入選択権付リースは、リース契約の満了時にリース物件の所有権が移転する売買契約とみなされる可能性があります。また、リース物件の残価を高めに設定するケースが多く、リース料として支払われるものの、総額がリース物件の取得価額および付随費用のおおむね全部をカバーしていないことを理由に、オペレーティングリースとして扱われる可能性があります。残価リスクを負うことはないか、将来利息が受け取れないリスクを排除できるかどうか確認を行います。

④　官公庁向けリース

官公庁向けリースはユーザーによって使用する契約書式が異なっていることが多く、それぞれの契約条件を把握することが実務上困難です。また、国、地方自治体は「長期継続契約」「債務負担行為」（財政法第15条、地方自治法第212条、第214条、第234条の３）等の規制により、国会、議会等の承認を得なければ、その年度を超える期間のリース契約を締結することができません。承認を得られない場合、予定のリース期間終了日まで単年度の契約を繰り返し締結する方法をとることが多く、フルペイアウト性を確保できない可能性があります。

⑵　リスク要因への対応

①　適格債権

希薄化リスクの発生する債権を適格債権としない措置をとることで、希薄化リスクの軽減を図ります。

②　債権買戻しなど

希薄化リスクによるキャッシュフローの減少分の影響をオリジネーターによる買戻しなどで補完することにより、リース料債権流動化ローンの元利金支払の確実性を高めることができます。

③　債務者対抗要件の具備

原債務者から譲渡承諾および抗弁権放棄（民法第467・468条）を得ることにより、希薄化リスクに備えることができます。

期間、金利、格付

1 期　間

リース料債権流動化ローンの期間は、2～7年程度となります。原債権であるリース契約の最終期日に一定の事務処理期間を加えたリーガルマチュリティ（legal maturity、法定償還期間）が契約上の期間となります。中途解約により、期限前償還が生じる可能性もあります。

2 金　利

リース料債権流動化ローンの金利は、リスクにより異なりますが、TIBORを基準金利とした変動金利および個々に定義するスワップレートを基準とした固定金利が一般的です。

単数債務者の場合、原債務者である企業の信用力がローン金利決定の目安となります。金利の比較対象としては、原債務者の発行する社債や原債務者の借入金レートなどがあります。

金利は需給関係で決定しますので、金融危機の場合と長く金融緩和が続く場合とでは、同じリスク評価でもスプレッドに大きな違いが生じます。

3 格　付

リース料債権流動化ローンの格付は、主に多数債務者の場合に付与されます。単数債務者の場合は、主として単一の原債務者のリスクを評価するため、格付を付与するケースはほとんどありません。

主な契約書

1　リース契約

リース会社（レッサー）とリースユーザー（レッシー）が締結する契約です。個々のリース物件が特定され、その物件に対するリース条件が規定されます。

2　金銭債権譲渡契約

リース料債権のSPVへの債権譲渡契約であり、適格債権基準、関係者の表明保証事項、債権の真正売買性、回収金のウォーターフォール（waterfall、支払順序）などを規定します。

3　事務委任契約（サービサー契約）

一般的にSPVはオリジネーターであるリース会社にサービシングを事務委任します。リース料債権の回収方法や回収金の引渡しについて規定します。

4　金銭消費貸借契約（リース料債権流動化）

SPVとリース料債権流動化ローン貸付人との間で締結される契約です。各種コベナンツなどが規定されます。

5　契約書以外の関連書類

法律意見書

リース料債権の債権譲渡における真正売買性およびその他各種契約の有効性などが記載されます。

まとめ

リース料債権流動化（単数債務者）は、主に原債務者である企業のリスクを評価判断することになります。また、原則、月ごとのアモチ（amortization）返済となっており、返済にあわせて原債権のパフォーマンスも月ごとに報告されますので、リース料債権の状況を常に把握することができます。原債務者のリスクと期間およびリース契約などを踏まえたうえで、リース料債権の特性が流動化スキームに反映されているか、アレンジャーに対し確認を行うことが、検討に際しての重要なポイントとなります。

プラスα

▶ABCP／ABLの残高（年間調査、2022年３月末時点）

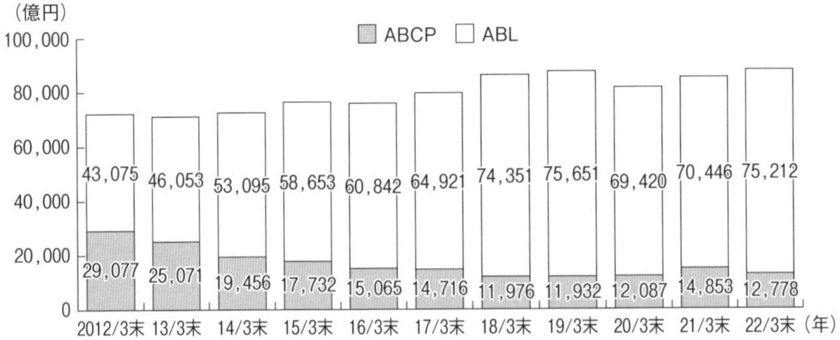

■ABCP／ABL統計調査(時系列表)

（単位：残高、裏付資産別残高＝億円、オリジネーター数＝人）

	残高			裏付資産別残高			オリジネーター数
	全残高	うちABCP	うちABL	手形債権	売掛債権	長期金銭債権	
2021/12末	81,499	15,088	66,399	6,080	44,140	29,714	1,248
21/ 9 末	79,779	14,850	64,916	5,718	42,195	30,818	1,233
21/ 6 末	81,943	14,466	67,463	5,664	41,664	31,113	1,258
21/ 3 末	85,316	14,853	70,446	6,118	39,392	36,278	1,355
20/12末	76,935	14,126	62,791	5,795	36,858	33,244	1,285
20/ 9 末	75,037	13,811	61,207	5,615	33,474	34,073	1,267
20/ 6 末	76,619	11,462	65,138	6,768	34,170	32,886	1,347
20/ 3 末	81,527	12,087	69,420	8,446	37,964	33,511	1,463
19/12末	82,609	10,598	71,991	7,744	39,864	33,955	1,371
19/ 9 末	83,035	10,237	72,778	7,288	39,660	34,999	1,369
19/ 6 末	84,895	11,085	73,808	7,866	41,522	34,534	1,427
19/ 3 末	87,587	11,932	75,651	8,996	43,714	34,111	1,545
18/12末	81,154	11,767	69,381	8,260	40,002	31,751	1,477
18/ 9 末	80,583	11,109	69,466	8,538	39,230	31,795	1,462
18/ 6 末	80,491	11,029	69,451	8,672	38,384	32,471	1,491
18/ 3 末	86,339	11,976	74,351	9,357	42,676	33,364	1,601
17/12末	78,440	11,590	66,850	8,461	38,057	30,595	1,520
17/ 9 末	77,018	13,934	63,085	8,124	37,679	29,980	1,540
17/ 6 末	74,194	12,830	61,365	8,271	35,730	28,942	1,548
17/ 3 末	79,637	14,716	64,921	8,661	39,834	30,094	1,634
16/12末	73,268	14,576	58,692	8,667	35,778	27,699	1,541
16/ 9 末	71,053	13,522	57,530	8,182	33,921	28,089	1,577
16/ 6 末	69,761	13,528	56,232	8,900	33,544	26,372	1,581
16/ 3 末	75,908	15,065	60,842	9,802	38,923	26,336	1,672
15/12末	72,033	15,778	56,255	9,683	36,933	24,577	1,607

（出典） 一般社団法人流動化・証券化協議会「ABCP／ABL統計調査」（四半期調査：2021年12月末時点）

Ⅱ－6

手形(電子記録)債権流動化(多数債務者)

◇ 概　　要

手形は、原債務者（手形振出人）による原債権者（オリジネーター）に対する商取引上の金銭債務の支払手段です。原債権者は、原債務者から受け取った手形（受取手形）をSPVに譲渡し、手形債権流動化ローン貸付人はSPVに手形債権購入資金を融資するスキームです。手形債権の回収から生じるキャッシュフローをもとに、手形債権流動化ローンの返済が行われます。多数の手形振出人が原債務者となる場合、優先劣後構造をとり、通常、格付機関から高い格付を取得しています。一方、単数の手形振出人の場合、優先劣後構造をとらず、格付も付与せず、手形振出人である企業のリスク（コーポレートリスク）の流動化として融資を行います。なお、今後主流となる電子記録債権は、手形債権と類似した機能をもち、分割譲渡機能など異なる特徴はあるものの、流動化においては、一定の制限を行うことによって手形債権と同等の効力をもつ債権として考えることができます。

◇ スキーム図（本ケースではSPVは信託を想定しています）

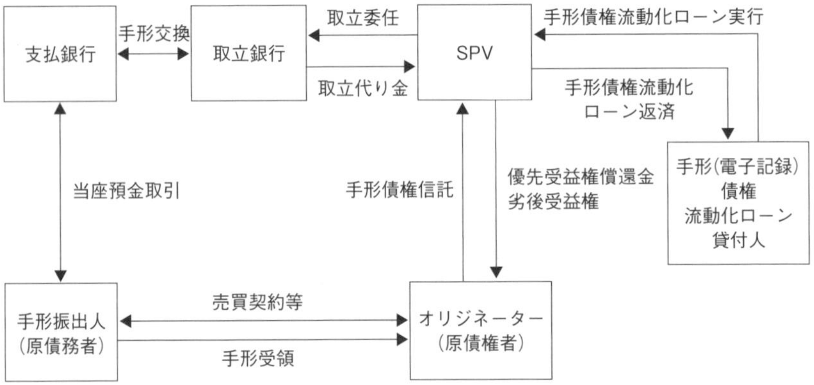

Securitization of promissory note receivables and/or electronically recorded monetary claims (multiple obligors)

◇ スキーム図解説

① 手形債権の債権者であるオリジネーターは、保有する手形（電子記録）債権を、SPVに金銭債権として信託譲渡します。

② SPVは、手形債権流動化ローン貸付人から資金調達を行い、これを原資に優先受益権を償還します。

③ オリジネーターは、手形債権流動化ローンで実行された優先受益権の償還金を受け取ります。

④ SPVは、手形債権の債務者である手形振出人から、銀行取立てによる手形決済により手形代金の支払を受けます。SPVは手形債権流動化スキーム維持費用に充当した後、手形債権流動化ローンの返済を行います。

⑤ なお、SPVは、一定期間ごとに決算を報告するとともに、流動化されている手形債権のパフォーマンス（ジャンプやデフォルトおよび保証履行による回収などの回収状況）について報告を行います。

⑥ 手形債権流動化ローンの返済は、流動化されている手形債権の回収により行われます。

主なスキーム構成者

1　手形振出人（原債務者）

手形を振り出した人をいいます。手形振出人の記載は、手形法上の手形要件となります。流動化の対象となる手形振出人は、適格要件を満たす法人となります。

2　オリジネーター（原債権者）

流動化対象となる原債権を保有している企業のことをいいます。流動化の対象となるオリジネーターは、主として商取引の対価として受取手形を保有する企業となりますが、手形の買取りを行うファクタリング会社等となることもあります。

3　SPV

SPV（Special Purpose Vehicle）は、通常、流動化を実施するために設けられる信託もしくは会社（株式会社、特定目的会社、合同会社、ケイマンSPCなど）です。手形の無担保裏書譲渡を受け、銀行に取立てを依頼します。

4　格付機関

金融商品または法人の信用状態に関する評価の結果について、記号または数字を用いて表示した等級を付与する会社です。日本の信用格付業者は、格付投資情報センター（R&I）など7社があります。

5　アレンジャー

流動化のスキームを構築し、オリジネーター、格付機関などのスキーム関係者との折衝を行いながら、案件の組成を行います。通常、証券会社や銀行が就任します。

6　手形債権流動化ローン貸付人

SPVに対して、手形や電子記録債権を裏付資産として、ローンにより資金提供を行う銀行などのことをいいます。

7　取立銀行

手形の取立てを行う銀行のことをいいます。取立銀行は、期日に手形交換所に取立依頼を行い、回収した資金を取立依頼人（SPV）に引き渡します。

主なリスクの所在

1　原債務者のデフォルトリスク

(1)　リスク要因とその確認

手形における原債務者がデフォルトした場合、元本および利息のキャッシュフローが減少します。キャッシュフロー減少要因となる原債務者のデフォルトの可能性と原債務者の業種、地域の分散度合いについて以下の事項の確認を行います。

①　原債務者の信用力

②　原債務者の業種、地域

(2)　リスク要因への対応

優先劣後構造

原債務者のデフォルトにより生じる貸倒損失などによる、キャッシュフロー減少リスクに備えるため、貸倒損失などにより減少する元本部分を劣後部分として確保します。

期間、金利、格付

1 期　　間

手形債権流動化ローンの期間は、１～３カ月程度となります。原債権である手形が資金化される支払期日後までの期間が契約上の期間となります。

なお、リボルビング（revolving、回転）方式の場合は、手形期間終了後にほかの手形と入替えを行うため、１年超の期間となる場合もあります。

2 金　　利

手形債権流動化ローンの金利は、リスクにより異なりますが、TIBORもしくは短期プライムレートを基準金利とした金利が一般的です。多数債務者の場合、短期格付ａ－１＋、ａ－１（R&I：長期格付でＡ格におおむね相当）など上位格付のシニアに対するローン貸付人となる場合が多く、安全性は高いものとなります。

金利の比較対象としては、他の同格付の流動化ローンや流動化ノート（note、債券）などがあります。

金利は需給関係で決定しますので、金融危機の場合と長く金融緩和が続く場合とでは、同じリスク評価でもスプレッドに大きな違いが生じます。

3 格　　付

手形債権流動化ローンの格付は、多数債務者の場合に付与され、長期格付でＡ格に相当する格付水準が基準となります。オリジネーターである企業の資金効率向上などを目的に、ａ－１ではなくａ－２もしくはａ－３の格付を取得する場合があります。なお、2008年のリーマンショック時の前後またそれ以降において、R&Iで格下げとなった手形債権流動化案件はありません。

主な契約書

1 手形債権譲渡契約（信託契約）

手形債権のSPVへの譲渡契約であり、適格債権基準、関係者の表明保証事項、債権の真正売買性、回収金のウォーターフォールなどを規定します。

2 金銭消費貸借契約（手形（電子記録）債権流動化）

SPVと手形債権流動化ローン貸付人との間で締結される契約です。各種コベナンツなどが規定されます。

3 契約書以外の必要書類

真正売買性などの確認のため、通常、案件組成時に法律意見書を取得します。各種契約の有効性なども記載されます。

ま と め

手形債権流動化（多数債務者）は、債務者の数によりますが、基本的に原債権の大数プールの分析（譲渡対象債権データとヒストリカルデータ）を行うことになります。格付はａ－１（R&I）などの上位格付となっていますので、安全性は高くなります。また、原則、原債権のパフォーマンスも月ごとに報告されるため、手形債権プールの状況を常に把握することができます。オリジネーターごとの手形債権の特性が流動化スキームに反映されているか、格付機関やアレンジャー作成のレポートを参考に確認を行うことが、検討に際しての重要なポイントとなります。

プラスα

▶手形交換高（全国）

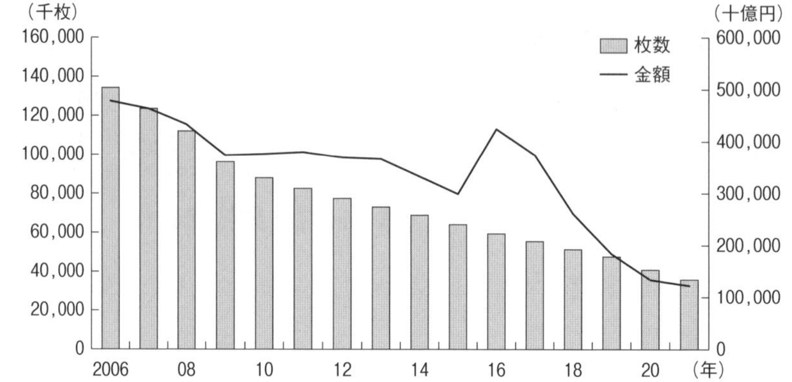

（出典） 一般社団法人全国銀行協会

▶裏付資産別　証券化商品の残高推移

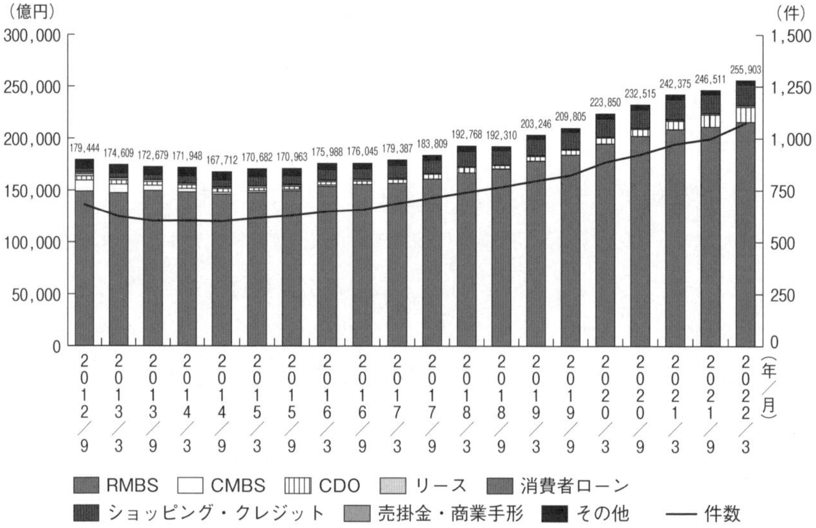

（出典） 日本証券業協会「証券化市場の残高調査」（2022年３月末基準）より筆者作成

Ⅱ－7

手形(電子記録)債権流動化(単数債務者)

◘ 概　　要

手形は、原債務者（手形振出人）による原債権者（オリジネーター）に対する商取引上の金銭債務の支払手段です。原債権者は、原債務者から受け取った手形（受取手形）をSPVに譲渡し、手形債権流動化ローン貸付人はSPVに手形債権購入資金を融資するスキームです。手形債権の回収から生じるキャッシュフローをもとに、手形債権流動化ローンの返済が行われます。多数の手形振出人が原債務者となる場合、優先劣後構造をとり、通常、格付機関から高い格付を取得しています。一方、単数の手形振出人の場合、優先劣後構造をとらず、格付も付与せず、手形振出人である企業のリスク（コーポレートリスク）の流動化として融資を行います。

なお、今後主流となる電子記録債権は、手形債権と類似した機能をもち、分割譲渡機能など異なる特徴はあるものの、流動化においては、一定の制限を行うことによって手形債権と同等の効力をもつ債権として考えることができます。

◘ スキーム図（本ケースではSPVはSPCを想定しています）

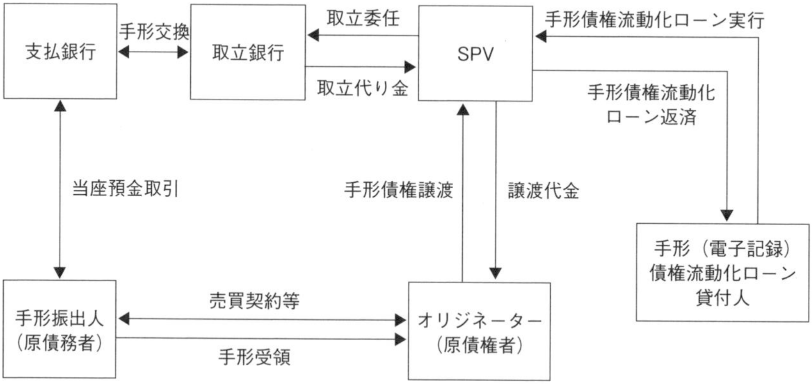

Securitization of promissory note receivable and/or electronically recorded monetary claim (single obligor)

◘ スキーム図解説

① 手形債権の債権者であるオリジネーターは、保有する手形債権のうち、流動化する銘柄（手形振出人）を選定します。

② アレンジャーは、手形債権流動化ローン貸付人を招聘、SPVは資金調達を行います。

③ オリジネーターは、手形債権流動化ローンで実行された資金をもとに、SPVから手形債権譲渡代金を受け取ります。

④ SPVは、手形債権の債務者である手形振出人から、銀行取立てによる手形決済により手形代金の支払を受けます。SPVは、手形債権流動化スキーム維持費用に充当した後、手形債権流動化ローンの返済を行います。

⑤ なお、SPVは、流動化されている手形債権のパフォーマンス（ジャンプやデフォルトおよび保証履行による回収などの回収状況）について報告を行います。

⑥ 手形債権流動化ローンの返済は、流動化されている手形債権の回収により行われます。

主なスキーム構成者

1　手形振出人（原債務者）

手形を振り出した人をいいます。手形振出人の記載は、手形法上の手形要件となります。流動化の対象となる手形振出人は、適格要件を満たす法人となります。

2　オリジネーター（原債権者）

流動化対象となる原債権を保有している企業のことをいいます。流動化の対象となるオリジネーターは、主として商取引の対価として受取手形を保有する企業となりますが、手形の買取りを行うファクタリング会社等となることもあります。

3　SPV

SPV（Special Purpose Vehicle）は、通常、流動化を実施するために設けられる信託もしくは会社（株式会社、特定目的会社、合同会社、ケイマン SPC など）をいいます。手形の無担保裏書譲渡を受け、銀行に取立てを依頼します。

4　アレンジャー

流動化のスキームを構築し、オリジネーター、SPVなどのスキーム関係者との折衝を行いながら、案件の組成を行います。通常、証券会社や銀行が就任します。

5　手形債権流動化ローン貸付人

SPVに対して、手形や電子記録債権を裏付資産として、ローンにより資金提供を行う銀行などのことをいいます。

6 取立銀行

手形の取立てを行う銀行をいいます。取立銀行は、期日に手形交換所に取立依頼を行い、回収した資金を取立依頼人（SPV）に引き渡します。

主なリスクの所在

1 原債務者のデフォルトリスク

(1) リスク要因とその確認

手形における原債務者がデフォルトした場合、元本および利息のキャッシュフローが減少します。キャッシュフロー減少要因となる原債務者のデフォルトの可能性について原債務者（手形振出人）の信用力の確認を行います。

なお、手形振出人（原債務者）ではなく、オリジネーター以外の手形裏書人により信用力を評価する仕組みの場合、手形裏書人の信用力の確認を行います。

(2) リスク要因への対応

原債務者（手形振出人）は、格付機関から格付を取得していない場合も多くあります。原債務者の財務内容などを定期的に入手することができる仕組みとすることで、期中も原債務者の信用力を定期的に把握します。

期間、金利、格付

1 期　　間

手形債権流動化ローンの期間は、1～6カ月程度となります。原債権である手形が資金化される支払期日後までの期間が契約上の期間となります。

2 金　　利

手形債権流動化ローンの金利は、リスクにより異なりますが、TIBORもしくは短期プライムレートを基準金利とした金利が一般的です。

単数債務者の場合、原債務者などリスクの所在である企業の信用力がローン金利決定の目安となります。金利の比較対象としては、リスクの所在である企業の発行する社債や借入金レートなどがあります。

金利は需給関係で決定しますので、金融危機の場合と長く金融緩和が続く場合とでは、同じリスク評価でもスプレッドに大きな違いが生じます。

3 格　　付

手形債権流動化ローンの格付は、主に多数債務者の場合に付与されます。単数債務者の場合は、原債務者が格付機関から格付を取得していない場合が多く、また、スキーム上のリスクが単一の原債務者の信用力に集約されるため、格付を付与するケースはほとんどありません。

主な契約書

1 手形債権譲渡契約

手形債権のSPVへの譲渡契約であり、適格債権基準、関係者の表明保証事項、債権の真正売買性、回収金のウォーターフォールなどを規定します。

2 金銭消費貸借契約（手形（電子記録）債権流動化）

SPVと手形債権流動化ローン貸付人との間で締結される契約です。各種コベナンツなどが規定されます。

まとめ

手形債権流動化（単数債務者）は、原債務者である手形振出人企業のリスクを評価することになります。原債務者のリスク（裏書人の信用力に依拠する場合は裏書人のリスク）と期間などを確認することが、検討に際しての重要なポイントとなります。

参　考

でんさいネットHP
法務省HP「電子記録債権法の概要」

プラスα

▶無担保裏書の根拠条文

手形法第15条第１項は「反対の文言なき限り」支払を担保するとしています。「無担保」はこの「反対の文言」となります。

〈手形法〉

第15条

１項　裏書人ハ反対ノ文言ナキ限リ引受及支払ヲ担保ス

２項　裏書人ハ新ナル裏書ヲ禁ズルコトヲ得此ノ場合ニ於テハ其ノ裏書人ハ手形ノ爾後ノ被裏書人ニ対シ担保ノ責ヲ負フコトナシ

Ⅱ－8

売掛債権流動化（単数債務者）

◆ 概　要

売掛債権は、販売先（原債務者）が、販売者（原債権者：オリジネーター、サービサー）に負う商取引上の金銭債務です。原債権者は、原債務者に対する売掛債権をSPVに譲渡し、売掛債権流動化ローン貸付人はSPVに売掛債権購入資金を融資するスキームです。売掛債権の回収から生じるキャッシュフローをもとに、売掛債権流動化ローンの返済が行われます。回収は、サービサーとなる原債権者が行います。回収を行う際に、一時的に回収資金が原債権者に滞留しますが、売掛債権流動化ローン貸付人がそのリスクを評価できるので、通常、格付を付与せず、売掛債権の支払義務者である販売先（企業）のリスク（コーポレートリスク）の流動化として融資を行います。

◆ スキーム図（本ケースではSPVはSPCを想定しています）

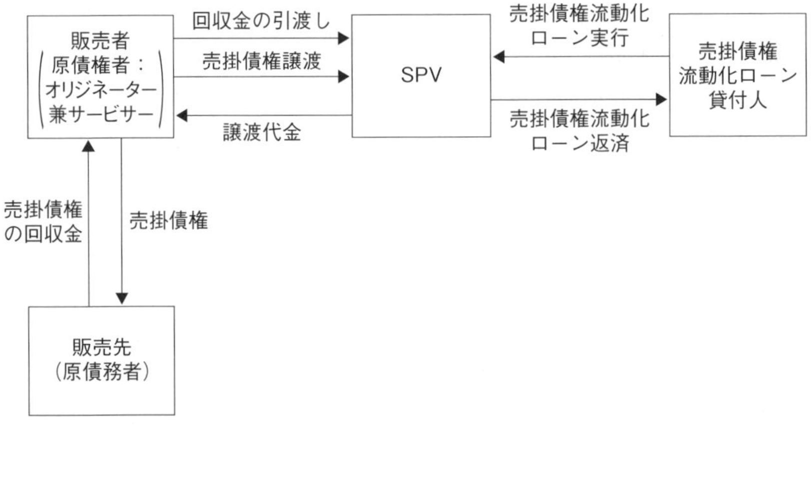

◆ スキーム図解説

① 売掛債権の債権者であるオリジネーターは、保有する売掛債権のうち、流動化する売掛債権の銘柄（販売先）を選定します。
② アレンジャーは、売掛債権流動化ローン貸付人を招聘、SPVは資金調達を行います。
③ オリジネーターは、売掛債権をSPVに譲渡することにより、譲渡代金を受け取ります。
④ オリジネーターは、売掛債権の債務者である販売先から売掛債権の支払を受け、SPVへ支払います。SPVは、売掛債権流動化スキーム維持費用に充当した後、売掛債権流動化ローンの返済を行います。
⑤ なお、SPVは、流動化されている売掛債権のパフォーマンス（延滞やデフォルトなどの回収状況）について報告を行います。
⑥ 売掛債権流動化ローンの返済は、流動化されている売掛債権の回収により行われます。

主なスキーム構成者

1　販売先（原債務者）

売買契約などにより、原債権者との間で流動化対象となる売掛債権に係る原債務（バランスシート上の買掛金など）を負っている、主として法人のことをいいます。

2　販売者（原債権者、オリジネーター、サービサー）

流動化対象となる売掛債権に係る原債権（バランスシート上の売掛金など）を保有している企業をいいます。通常、期中は売掛債権の回収を行うサービサーになります。

3　SPV

SPV（Special Purpose Vehicle）は、通常、流動化を実施するために設けられる信託もしくは会社（株式会社、特定目的会社、合同会社、ケイマン SPC など）をいいます。売掛債権の譲渡を受け、債権者となります。

4　アレンジャー

流動化のスキームを構築し、オリジネーター、SPVなどのスキーム関係者との折衝を行いながら、案件の組成を行います。通常、証券会社や銀行が就任します。

5　売掛債権流動化ローン貸付人

SPVに対して、売掛債権を裏付資産として、ローンにより資金提供を行う銀行などのことをいいます。

主なリスクの所在

1 原債務者のデフォルトリスク

(1) リスク要因とその確認

売掛債権における原債務者がデフォルトした場合、元本および利息のキャッシュフローが減少します。キャッシュフロー減少要因となる原債務者のデフォルトの可能性について、原債務者（販売先）の信用力の確認を行います。

(2) リスク要因への対応

原債務者は、格付機関から格付を取得していない場合も多くあります。原債務者の財務内容などを定期的に入手することができる仕組みとすることで、期中も原債務者の信用力を定期的に把握します。

2 希薄化（ダイリューション）リスク

(1) リスク要因とその確認

オリジネーターと原債務者の間に反対債権が存在し、相殺適状となった場合、また返品や値引きなどにより売掛債権が減少した場合、キャッシュフローが減少します。キャッシュフロー減少要因となる希薄化の可能性について以下の事項の確認を行います。

① オリジネーターの業種

② 取引形態（売買契約などの原契約）

③ 反対債権の発生可能性の有無

(2) リスク要因への対応

① オリジネーターの立替払い、買戻しなど

希薄化が生じた場合、オリジネーターが立替払い、買戻しなどの対応を行う仕組みとします。

② 現金準備

原債権に希薄化が生じることによるキャッシュフローの減少に備えるため、希薄化金額を見積もり、現金準備を行う仕組みとします。

③ 債務者対抗要件具備

原債務者から譲渡承諾および抗弁権放棄を得るか、または原債務者への通知をもって、債務者対抗要件（民法第467・468条）を具備することにより、原債務者の抗弁権を切断します。原債務者から譲渡承諾および抗弁権放棄（民法第468条）を得て対抗要件を具備する場合、相殺が主張される可能性は原則排除されます。一方、原債務者への通知（民法第467条）については、相殺を主張される可能性が残ります。

3 原債権者（オリジネーター）のデフォルトリスク

(1) リスク要因とその確認

原債権者は、売掛債権の回収を行うサービサーの役割を担います。原債権者がデフォルトした場合、売掛債権回収金のSPVへの引渡しが行われない可能性がありますので、原債権者の信用力の確認が必要になります。

(2) リスク要因への対応

① 直接入金

原債務者から承諾を得るもしくは原債務者への通知により、原債務者からSPVへ直接回収金（原債務者からみると買掛金）を入金する仕組みとすることで、原債権者リスクが小さくなります。

② 信用力低下時のトリガー（trigger）設定

オリジネーターの信用力が低下した場合に、原債務者からSPVへの直接入金への移行、一定金額の現金準備、スキームの終了などを行う仕組みとすることで対応します。

期間、金利、格付

1 期　間

売掛債権流動化ローンの期間は、１～３カ月程度となります。原債権である売掛債権が入金されるまでの期間が契約上の期間となります。ただし、売掛債権は手形債権ほど入金期日についての強制力（手形債権における銀行取引停止処分など）が強くありません。入金遅延などの事務的な遅延リスクを踏まえたうえでのローン期間の設定が必要になります。

なお、リボルビング（revolving、回転）方式や将来債権の流動化の場合は、売掛債権期間終了後に別の売掛債権と入替えを行うため、１年超の期間となる場合もあります。

2 金　利

売掛債権流動化ローンの金利は、リスクにより異なりますが、TIBORもしくは短期プライムレートを基準金利とした金利が一般的です。

単数債務者の場合、原債務者である企業の信用力がローン金利決定の目安となります。金利の比較対象としては、原債務者の発行する社債や借入金レートなどがあります。また、原債権者（オリジネーター）のリスクを完全に排除することは困難であるため、原債務者だけではなく原債権者の信用力をローン金利決定の目安とすることもあります。原債務者の信用力が高く、原債権者の信用力が原債務者よりも低い場合、原債権者の信用力を主として検討することがあります。スキームのリスクがスキーム構成者のうち信用力の低いほうに収束する場合をウイークリンク（weak link）といいます。

金利は需給関係で決定しますので、金融危機の場合と長く金融緩和が続く場合とでは、同じリスク評価でもスプレッドに大きな違いが生じます。

3 格　付

売掛債権流動化ローンの格付は、主に多数債務者の場合に付与されます。単数債務者の場合は、格付を付与するケースはほとんどありません。

主な契約書

1 売買契約（原契約）

販売先（原債務者）と販売者（原債権者）が締結します。売買に係る主たる条件が規定されています。

2 売掛債権譲渡契約

売掛債権のSPVへの譲渡契約であり、適格債権基準、関係者の表明保証事項、債権の真正売買性、回収金のウォーターフォールなどを規定します。

3 金銭消費貸借契約（売掛債権流動化）

SPVと売掛債権流動化ローン貸付人との間で締結される契約です。各種コベナンツなどが規定されます。

ま と め

売掛債権流動化（単数債務者）は、主に原債務者である販売先企業のリスクを評価することになります。加えて、抗弁権放棄が行われない対抗要件の具備方法の場合や売掛債権の希薄化が想定される場合には、原債権者のリスクなどを確認することが、検討に際しての重要なポイントとなります。

Ⅲ

オブジェクトファイナンス

Ⅲ－1

航空機ファイナンス－JOLCO(ECA保証)

航空機ファイナンスの形態は、航空会社本体向け、SPV向け、リース会社向けの3つに大別されます。リスクの所在も、航空会社、リース会社、ECAの3つに大別されます。借入人とリスクの所在の組合せで多数のファイナンス形態が存在しますが、Ⅲ－1、Ⅲ－2では、代表例として、JOLCO（ECA保証）、JOLCO（ECA保証なし）について解説します。

◆ 概　要

JOLCO（ジョルコ）とは、Japanese Operating Lease with Call Optionの略で、航空機の賃借人（レッシー）である航空会社が航空機を買い取る権利（Call Option）をもち、航空会社が支払う航空機リース料等のキャッシュフローに依存したスキームです。ここでは、航空会社もしくは航空機メーカーの所在国のECAの保証が付与されたJOLCO向けローンについて解説します。

◆ スキーム図

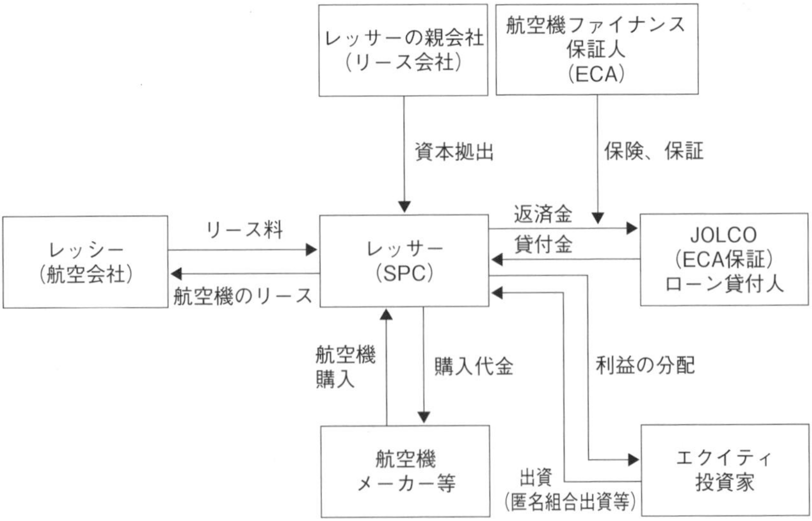

◆ スキーム図解説

① 航空会社は、航空機メーカーから航空機を購入するため、JOLCOによる資金調達を決定します。また、ECAに航空機購入資金にかかわる保証を依頼します。

② リース会社はSPCを設立、また、エクイティ投資家である匿名組合出資者を募集、JOLCOローン貸付人の招聘を行い、SPCの資金調達を行います。

③ SPCは、航空機メーカーから航空機を購入、航空会社にリースします。

④ SPCは、航空会社から受けた支払を、まず、JOLCOスキームを維持するために必要な諸費用に充当、次にJOLCOローンの返済に充当します。

⑤ なお、SPCもしくはリース会社は、リース料の支払状況や航空会社のパフォーマンスについて、一定期間ごとに報告を行います。

⑥ JOLCO（ECA保証）ローンの返済は、航空会社のリース料支払により行われます。航空会社がデフォルトした場合はECAからの支払により行われます。

主なスキーム構成者

1 航空機メーカー

一般的にManufacturerと呼ばれ、航空機の製造、飛行試験、販売、カスタマーサポートなどを行います。JOLCOにおける航空機メーカーとしては、Boeing、Airbusがほとんどですが、ほかにEmbraer（ブラジル）、COMAC（中国）などがあります。航空機メーカーは製造した航空機をSPCに販売します。

2 SPC

Special Purpose Company（特別目的会社）の略称です。航空機メーカーから航空機を購入し航空会社へのリースを行います。JOLCOの場合、一般的にSPCへのエクイティ出資は匿名組合出資の形態をとる場合が多く、実際の運営はリース会社が行います。

3 リース会社

航空会社から航空機リースの依頼を受け、SPCを設立します。SPCのため、エクイティ投資家から匿名組合出資を、金融機関から航空機ファイナンスのローンを調達する実質的な役割を果たします。

4 航空会社

エアライン（Airline）と呼ばれ、主に旅客機を運航する会社のことをいいます。JOLCOの場合、賃借人（Lessee、レッシー）となります。航空機を調達する際、航空会社は、社債や銀行借入れにより直接資金調達を行う場合と、リースを利用して間接的に資金調達を行う場合があります。航空会社は、それぞれの方法を使い分け、それぞれのマーケットの調達条件などを見極めることにより、さまざまな環境において、航空機調達を計画どおりに進めることが可能となります。

5 エクイティ投資家（匿名組合出資者）

JOLCOのエクイティ投資家は、主に中堅・中小企業となります。エクイティ投資家は匿名組合契約（商法第535条）をSPCとの間で締結します。これにより、エクイティ投資家は、匿名組合事業の損益を出資割合に応じて計上することができます。リース期間の前半は、損失計上により課税所得の増加を抑えることができます。一方、後半は、課税所得が増加しますが、通期で税の繰延べ効果を得ることができます。なお、キャッシュフロー上は、リース料収入などにより出資金の回収等を図ります。

6 JOLCOローン貸付人

SPCに対して、航空機や航空会社向けリース料債権を主たる裏付資産としてローンにより資金提供を行う銀行などのことをいいます。

7 航空機ファイナンス保証人（ECA）

JOLCOローン貸付人もしくはSPCに対して、ローンなどの保証を行うECA（Export Credit Agency）のことをいいます。航空機ファイナンスのECAは、国際協力銀行（JBIC、日本）、米国輸出入銀行（USEXIM）、英国輸出信用保証局（ECGD）、ドイツ・ユーラーヘルメス信用保険会社（EULER HERMES）、フランス貿易保険会社（COFACE）など主に各国の予算で保証を行う信用力の高い機関となります。

主なリスクの所在

JOLCOのSPCに対する航空機ファイナンスの元利金返済原資は、基本的にはSPCが保有する航空機から生ずるリース料収入および航空会社のオプションが行使された際の譲渡・売却収入となります。一義的な確認ポイントは保証なしのJOLCOと同様ですが、最終的なリスク判断は、基本的にECA

の信用力とその保証内容になります。

1 航空会社（レッシー）の信用リスク

⑴ リスク要因とその確認

JOLCOの場合、基本的なローン契約の返済原資は、リース契約のリース料ならびにコールオプション行使時の航空会社の購入代金となります。リース契約先（レッシー）である航空会社の信用リスクを確認する必要があります。SARS、COVID-19などによる影響も参考にします。

⑵ リスク要因への対応

航空会社は格付機関から格付を取得していない場合も多くあります。各航空会社の財務内容などを定期的に入手することができる仕組みとすることで、期中に原債務者の信用力を定期的に把握します。

2 航空機の価格変動リスク

⑴ リスク要因とその確認

レッシーがデフォルトした場合等には、レッシーから航空機を引き揚げ、航空機の売却やほかの航空会社へあらためてリースを行うことにより、航空機ファイナンスの元利金回収を行います。また、航空機売買の決済は一般的に米ドル建てで行われるため、円建てのローンの場合、為替変動を考慮する必要があります。

⑵ リスク要因への対応

航空機の価格は航空機評価会社で評価されており、有料ではあるものの、随時情報を入手することができます。航空機の価格は流動性が高い機種ほど安定しており、流動性が低い機種は価格変動（volatility、ボラティリティ）が大きいことに留意する必要があります。一般的に、B737－800、A320－200などのナロー（narrow）ボディ機は、世界的にユーザーが多く汎用性があり、流動性が高いといわれています（同じ機種でも新型のMAX、neoなどの流動性はさらに高くなる傾向があります）。円建てローンを供与する場合でも、航空機の売買は通常ドル建てで行われるため、売却を必要とする際は、売却資金での回収時に為替リスクがあることに留意します。

3 航空機の損傷、事故などのリスク

⑴ リスク要因とその確認

航空機の損傷や事故などにより、航空機の使用ができなくなることがあります。加えて、事故などの場合は航空機の所有者であるSPCが第三者への損害賠償責任を負う可能性があるため、確認が必要です。

また、新造機の場合、予定どおりの引渡しが行われず、JOLCOローンのスタートに支障をきたす可能性もあります。

⑵ リスク要因への対応

通常、航空機ファイナンスでは、航空会社が機体保険・戦争保険や賠償責任保険に加入しています。航空機の損傷、事故などの際、保険金により航空機ファイナンスの元利金回収がどの程度カバーされるかを確認します。一般的に、機体が事故などにより全損した場合には、航空機ファイナンスの元利金は期限前返済され、リース契約も終了します。スキームのなかで、損傷・事故などのリスク負担者を把握、信用力の確認を行います。

4 リース会社の信用リスク

⑴ リスク要因とその確認

一般的に、JOLCOのレッサー（Lessor）はSPCとなりますが、実際の運営はSPCの出資者であるリース会社が行います。また、SPCの親会社はリース会社である場合が多く、リース会社はSPCの株式を保有しています。リース会社がデフォルトした場合、SPCの運営に支障をきたす可能性およびSPCの株式を処分することにより影響を受ける可能性があるため、リース会社の信用力の確認が必要です。

⑵ リスク要因への対応

リース会社のデフォルトによる影響がどの程度となるか確認します。ローン契約やリース契約の請求失期事由とされる場合や、JOLCOローン貸付人がSPCなどの株式を取得できる場合など、契約内容について確認を行い、リ

スクを判断します。

5 ECAのリスク

(1) リスク要因とその確認

ECAは、航空会社からSPCへのリース料支払が滞った場合などローンの元利金が支払われない場合、航空機ファイナンスの元利払いの保証を行います。ECAの信用力およびECAの保証内容の確認が必要となります。

(2) リスク要因への対応

ECAの信用力は、ECAの格付および各国政府との関係（法律、予算措置など）等で確認を行います。予算措置が講じられている場合、ソブリン（sovereign、国家）の信用力と同等あるいはそれに準じる信用力と考えることができる場合があります。

ECAの保証内容は、保証契約で確認を行います。保証対象、保証割合、保証の履行方法、免責の有無など、どのような事由であれば保証履行が行われるのか、あるいは行われないのかについて確認を行いリスクを判断します。

期間、金利、格付

1 期　間

JOLCOローンの期間は、通常10～12年となります。航空機の耐用年数（日本基準）は８～10年（ナローボディ機８年、ワイドボディ機10年）、大手航空会社の一般的な航空機の耐用年数は国によって異なり12～20年となります。一方、経済耐用年数は25～30年といわれています。

なお、リース開始後７～10年程度でレッシー（航空会社）に航空機を買い取る権利（コールオプション）が付与されていますので、コールオプションが行使された場合、７～10年程度でローン期間が終了することもあります。

2 金　利

JOLCOローンの金利は、リスクにより異なりますが、円建ての場合、TIBORを基準金利とした変動金利もしくはTSR（Tokyo Swap Reference Rate）を基準としたアモチスワップレートの固定金利が一般的です。ドル建ての場合、LIBOR（またはその後継金利）を基準とした変動金利が一般的です。ECAが保証を付与する場合は、信用力が高くなり、スプレッドが低くなります。金利の比較対象としては、ECAの保証する社債やローンの金利などがあります。

金利は需給関係で決定しますので、金融危機の場合と長く金融緩和が続く場合とでは、同じリスク評価でもスプレッドに大きな違いが生じます。

3 格　付

ECA保証付JOLCOローンの格付は、一般的に付与されていない場合がほとんどです。従って、格付が必要な場合は格付機関に格付を依頼することになります。

金融機関が評価を行う場合は、一般的に航空機の賃借人である航空会社のリスクを分析したうえで、他のリスク要因を加味して全体的なスキームの評価を行います。また、評価したスキームを保証するECAの保証条件や内容を分析します。保証内容が妥当であれば、ECAの信用力をもとに評価します。

主な契約書

1 航空機売買契約

航空会社と航空機メーカーとの間で締結します。SPCが購入するため、航空会社の航空機売買契約の契約上の地位がSPCに譲渡されるなどの措置がとられます。なお、航空機の引渡しに輸出入が関係する場合、航空会社が税関などへ提出する輸入（納税）申告書などをエビデンスとします。

2　航空機リース契約

航空会社とSPCとの間で締結します。リース物件の特定やその物件に対するリース条件が規定されます。

3　事務委任契約

SPCとリース会社との間で締結します。SPCの運営の範囲などが規定され、リース会社がこれを行います。

4　損害保険契約

航空会社と損害保険会社との間で締結します。航空機機体保険、戦争保険および賠償責任保険の契約締結が一般的です。

5　抵当権設定契約

貸付人（エージェントを含む）とSPCとの間で締結します。航空機の所在国その他の法律に基づき、リース物件である航空機に抵当権を設定します。

6　リース料債権譲渡担保権設定契約

貸付人（エージェントを含む）とSPCとの間で締結します。航空会社からSPCに支払われるリース料債権の譲渡担保契約です。

7　保証契約

保証人と貸付人（エージェントを含む）との間で締結します。ECAの保証履行条件や免責事項などが規定されます。

8　金銭消費貸借契約（JOLCO）

SPCとJOLCOローン貸付人（エージェントを含む）との間で締結される契約です。各種コベナンツなどが規定されます。

9 契約書以外の主な必要書類

⑴ 航空機価格評価レポート

現在の航空機価格や将来の予想航空機価格についてのレポートです。価格の妥当性を確認するため、複数社から取得する場合もあります。

⑵ 匿名組合出資募集に関する書類

匿名組合出資を募集する際に作成され、匿名組合出資者などに提供、開示される書類です。

⑶ 法律意見書

航空機ファイナンス貸付人などに提供、開示されます。各種契約の有効性などが記載されます。

まとめ

ECA保証のJOLCOローンについては、まず航空会社の信用力を含めスキームの内容を把握することが必要となります。スキームの内容を把握したうえで、保証がどのようなケースで履行されるのか、履行されないケースがあるとすればどのようなケースなのか、保証条件や内容の確認を行います。

スキームの内容を把握する際は、さまざまなリスクが最終的にどこに依拠するかを確認することが重要です。従って、あらゆるケースにおいて最終リスクがECAにあることについて、確認を行うことが重要なポイントとなります。

なお、ECA保証のJOLCOローン貸付人は、不測の事態が生じた際、担保処分により元利金を回収します。担保である航空機の売却処分は、実際はリース会社などが行いますが、評価レポートなどをもとに担保評価を行うことができる体制を整備することにより、ECA保証のない航空機ファイナンスへと取組みの幅も大きく広がります。

プラスα

▶民間旅客機受注・納入状況－JET（AIRBUS）

機　種	累計確定受注	オプション	納入	受注残	年間確定受注数		年間納入数		備　　考
					2021	2022	2021	2022	
AIRBUS	21,554	773	14,100	7,454	890	533	611	297	
A220 SERIES	769	120	218	551	64	94	50	25	
-100（CS-100）	98	0	55	43	14	4	3	5	2016年６月Lufthansa(Swiss)へ初納入
-300（CS-300）	671	120	163	508	50	90	47	20	2016年11月Air Balticへ初納入
-TBD	0	0	—	0	0	0	—	—	
A300 SERIES	561		561						2007年７月生産終了
-B1/B2/B4/C4/F4	249		249						1987年生産終了
-600	207		207						
-600F	105		105						
A310 SERIES	255		255						2007年７月生産終了
-200	85		85						1989年生産終了
-300	170		170						
A318	80	0	80	0	0	0	0	0	2003年７月Frontier Airlinesへ初納入
A319 SERIES	1,579	0	1,491	88	6	3	4	3	
A319ceo	1,486	0	1,484	2	0	0	2	0	1996年４月SWISSAIRへ初納入
A319neo	93	0	7	86	6	3	2	3	2019年８月初納入
A320 SERIES	8,919	252	6,266	2,653	178	190	258	109	
A320ceo	4,770	0	4,752	18	0	0	0	0	1988年３月初納入
A320neo	4,149	252	1,514	2,635	178	190	258	109	2016年１月Lufthansaへ初納入
A321 SERIES	5,952	285	2,569	3,383	596	194	221	118	
A321ceo	1,791	0	1,784	7	0	0	22	0	1994年１月初納入
A321neo	4,161	285	785	3,376	596	194	199	118	2017年４月Virgin Americaへ初納入
A330 SERIES	1,847	8	1,542	305	30	8	18	13	
-200	664	2	651	13	3	0	3	3	1998年４月初納入
-200F	38	0	38	0	0	0	0	0	2010年８月Etihad Airwaysへ初納入
-300	784	0	774	10	5	0	1	2	1993年12月初納入
-800	15	0	4	11	0	0	1	0	2018年11月初飛行実施
-900	346	6	75	271	22	8	13	8	2018年11月TAP Air Portugalへ初納入
-TBD	0	0	—	0	0	0	—	—	
A340 SERIES	377		377						2011年11月プログラムの終了を発表
-200	28		28						1998年最終号機納入
-300	218		218						
-500	34		34						2003年９月Qatar Airwaysへ初納入
-600	97		97						2002年７月Virgin Atlanticへ初納入
A350 SERIES	964	108	490	474	16	44	55	29	
-900	757	74	426	331	5	12	49	24	2014年12月Qatar Airwaysへ初納入
-1000	176	18	64	112	0	12	6	5	2018年２月Qatar Airwaysへ初納入
F	31	0	0	31	11	20	0	0	2026年CMA CGM S.A.へ初納入予定
-TBD	0	16	—	0	0	0	—	—	
A380	251	0	251	0	0	0	5	0	2007年10月Singapore Airlinesへ初納入
-800	251	0	251	0	0	0	5	0	2021年12月生産終了

（注）　生産終了はシェードで示す。受注残はオプションを含まない。

▶民間旅客機受注・納入状況－JET（BOEING）

機　種	累計確定受注	オプション	納入	受注残	年間確定受注数		年間納入数		備　考
					2021	2022	2021	2022	
BOEING	29,660	1,130	24,110	5,550	900	307	340	215	
707/720	1,010		1,010						1994年生産終了
717	155		155						2006年生産終了
727	1,831		1,831						1984年生産終了
737 SERIES	15,581	815	11,065	4,516	756	234	263	188	
-100	30		30						1969年生産終了
-200	1,114		1,114						1988年生産終了
-300	1,113		1,113						1999年生産終了
-400	486		486						2000年生産終了
-500	389		389						1999年生産終了
-600	69		69						1998年９月SASへ初納入
-700	1,145	0	1,142	3	0	0	0	0	1997年12月Southwestへ初納入
-700BBJ	121	0	121	0	0	0	0	0	
-700C	22	0	22	0	0	0	0	0	
-800	5,182	0	5,152	30	16	0	16	7	1998年４月HAPAG-LLOYDへ初納入。737-800Aを含む
-800BBJ	23	0	23	0	0	0	2	0	
-900	52	0	52	0	0	0	0	0	2001年５月Alaska Airlinesへ初納入
-900BBJ	7	0	7	0	0	0	0	0	
-900ER	505	0	505	0	0	0	0	0	
MAX	5,323	815	840	4,483	740	234	245	181	2017年５月Malindo Airへ初納入（MAX8）
-TBD	0	0	—	0	0	0	—	—	
747 SERIES	1,573	0	1,570	3	5	0	7	3	
-100	205		205						1986年生産終了
-SP	45		45						1989年生産終了
-200	393		393						1991年生産終了
-300	81		81						1990年生産終了
-400	442		442						2009年生産終了
-400D	19		19						2009年生産終了
-400ER	6		6						2009年生産終了
-400ERF	40		40						2009年生産終了
-400F	126		126						2009年生産終了
-400M	61		61						2009年生産終了
-8	48	0	49	−1	1	0	1	1	2012年２月未公表オペレータに初納入
-8F	107	0	103	4	4	0	6	2	2011年10月Cargoluxへ初納入
757 SERIES	1,049		1,049						2004年生産終了
-200	913		913						
-200M	1		1						
-200PF	80		80						
-300	55		55						1999年３月Condorへ初納入
767 SERIES	1,346	13	1,253	93	65	0	32	15	
-200	128		128						
-200ER	223	0	185	38	27	0	13	7	767-2C等を含む
-300	104		104						
-300ER	583	0	586	−3	0	0	0	3	
-300F	270	13	212	58	38	0	19	5	
-400ER	38		38						2000年８月Deltaへ初納入
777 SERIES	2,119	100	1,686	433	53	66	24	9	
-200	88		88						1995年５月Unitedへ初納入
-200ER	422	0	422	0	0	0	0	0	1997年２月British Airwaysへ初納入
-200LR	61	2	61	0	0	0	1	0	2006年２月PIAへ初納入
-300	60		60						1998年５月Cathayへ初納入
-300ER	838	0	829	9	0	0	7	0	2004年４月ILFCへ初納入

F	309	0	226	83	42	25	16	9	2009年２月Air Franceへ初納入
X	300	82	0	300	11	0	0	0	2020年１月初飛行実施
-8F	41	16	0	41	0	41	0	0	2027年カタール航空初納入予定
787 SERIES	1,511	202	1,006	505	21	7	14	0	
-8	422	12	377	45	1	0	2	0	2011年９月全日本空輸へ初納入
-9	901	80	568	333	16	7	12	0	2014年６月Air Newzealandへ初納入
-10	188	44	61	127	4	0	0	0	2018年３月Singapore Airlinesへ初納入
-TBD	0	66	—	0	0	0	—	—	
DC-8	556		556						1972年生産終了
DC-9	976		976						1982年生産終了
DC-10	446		446						1989年生産終了
MD-11	200		200						2001年生産終了
MD-80 SERIES	1,191		1,191						1999年生産終了
-81	132		132						
-82	569		569						
-83	265		265						
-87	75		75						
-88	150		150						
MD-90	116		116						2000年生産終了

（注１） 生産終了はシェードで示す。受注残はオプションを含まない。

（注２） 上表では、受注残は確定受注数から納入数を減じて算出しています。Boeing社発表によれば、新収益認識基準ASC606を適用した同社の2022年６月末の会計上の受注残は、737が670機、777が128機、787が69機、（合計867機）それぞれ上表より減少します。

（出典） 一般財団法人日本航空機開発協会「民間旅客機の受注・納入状況」（2022年６月末現在）

航空機ファイナンス－JOLCO(ECA保証なし)

◆ 概　　要

JOLCOとは、Japanese Operating Lease with Call Optionの略で、航空機の賃借人（レッシー）である航空会社が、航空機を買い取る権利（Call Option）をもち、航空会社が支払う航空機リース料等のキャッシュフローに依存したスキームです。

◆ スキーム図

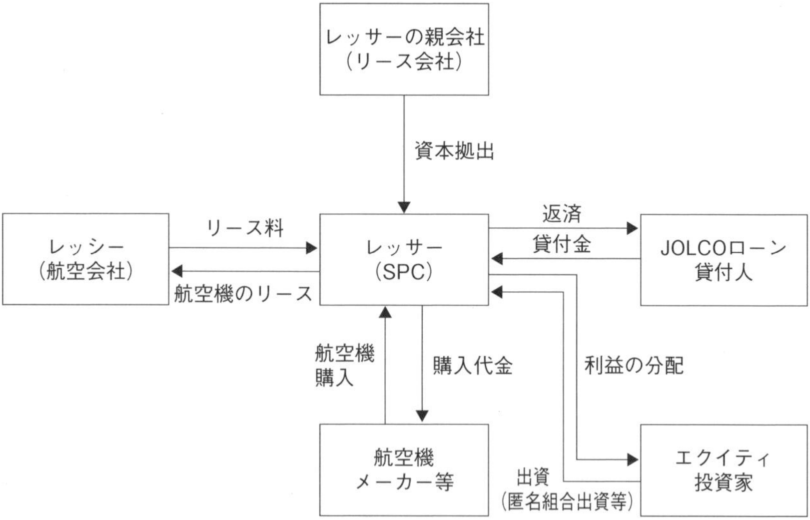

◆ スキーム図解説

① 航空会社は、航空機メーカーから航空機を購入するため、JOLCOによる資金調達を決定します。

② リース会社はSPCを設立、また、エクイティ投資家である匿名組合出資者を募集、JOLCOローン貸付人の招聘を行い、SPCの資金調達を行います。

③ SPCは、航空機メーカーから航空機を購入、航空会社にリースします。

④ SPCは、航空会社から受けた支払を、まず、JOLCOスキームを維持するために必要な諸費用に充当、次にJOLCOローンの返済に充当します。

⑤ なお、SPCもしくはリース会社は、リース料の支払状況や航空会社のパフォーマンスについて、一定期間ごとに報告を行います。

⑥ JOLCOのローンの返済は、航空会社のリース料支払により行われます。

航空会社がデフォルトした場合の返済は、担保物件である航空機の売却・譲渡に伴う支払により行われます。

主なスキーム構成者

1　航空機メーカー

一般的にManufacturerと呼ばれ、航空機の製造、飛行試験、販売、カスタマーサポートなどを行います。JOLCOにおける航空機メーカーとしては、Boeing、Airbusがほとんどですが、ほかにEmbraer（ブラジル）、COMAC（中国）などがあります。航空機メーカーは製造した航空機をSPCに販売します。

2　SPC

Special Purpose Company（特別目的会社）の略称です。航空機メーカーから航空機を購入し、航空会社にリースを行います。JOLCOの場合、一般的にSPCへのエクイティ出資は匿名組合出資の形態をとる場合が多く、実際の運営はリース会社が行います。

3　リース会社

航空会社から航空機リースの依頼を受け、SPCを設立します。SPCのため、エクイティ投資家から匿名組合出資を、金融機関から航空機ファイナンスのローンを調達する実質的な役割を果たします。

4　航空会社

エアライン（Airline）と呼ばれ、主に旅客機を運航する会社のことをいいます。JOLCOの場合、賃借人（Lessee、レッシー）となります。航空機を調達する際、航空会社は、社債や銀行借入れにより直接資金調達を行う場合と、リースを利用して間接的に資金調達を行う場合があります。航空会社は、それぞれの方法を使い分け、それぞれのマーケットの調達条件などを見極めることにより、さまざまな環境において、航空機調達を計画どおりに進めることが可能となります。

5 エクイティ投資家（匿名組合出資者）

JOLCOのエクイティ投資家は、主に中堅・中小企業となります。エクイティ投資家は匿名組合契約（商法第535条）をSPCとの間で締結します。これにより、エクイティ投資家は、匿名組合事業の損益を出資割合に応じて計上することができます。リース期間の前半は、損失計上により課税所得の増加を抑えることができます。一方、後半は、課税所得が増加しますが、通期で税の繰延べ効果を得ることができます。なお、キャッシュフロー上は、リース料収入などにより出資金の回収等を図ります。

6 JOLCOローン貸付人

SPCに対して、航空機や航空会社向けリース料債権を主たる裏付資産としてローンにより資金提供を行う銀行などのことをいいます。

主なリスクの所在

JOLCOのSPCに対する航空機ファイナンスの元利金返済原資は、基本的にはSPCが保有する航空機から生じるリース料収入および航空会社のオプションが行使された際の譲渡・売却収入となります。従って、主なリスクの所在は航空会社の信用力になり、航空会社のデフォルトや万一オプションが行使されないリスクに備え航空機の処分可能性を確認します。なお、ローンの通貨はドル建てあるいは円建てが主となります。

1 航空会社（レッシー）の信用リスク

(1) リスク要因とその確認

JOLCOの場合、基本的なローン契約の返済原資は、リース契約のリース料ならびにコールオプション行使時の航空会社の購入代金となります。リース契約先（レッシー）である航空会社の信用リスクを確認する必要があります。

SARS、COVID-19などによる影響も参考にします。

(2) リスク要因への対応

航空会社は格付機関から格付を取得していない場合も多くあります。各航空会社の財務内容などを定期的に入手することができる仕組みとすることで、期中に原債務者の信用力を定期的に把握します。

2 航空機の価格変動リスク

(1) リスク要因とその確認

レッシーがデフォルトした場合等、オプションが万一行使されない場合には、レッシーから航空機を引き揚げ、航空機の売却やほかの航空会社へあらためてリースを行うことにより、航空機ファイナンスの元利金回収を行います。また、航空機売買の決済通貨は一般的に米ドル建てで行われるため、円建てのローンの場合、為替変動を考慮する必要があります。

(2) リスク要因への対応

航空機の価格は航空機評価会社で評価されており、有料ではあるものの、随時情報を入手することができます。航空機の価格は流動性が高い機種ほど安定しており、流動性が低い機種は価格変動（volatility、ボラティリティ）が大きいことに留意する必要があります。一般的に、B737－800、A320－200などのナロー（narrow）ボディ機は、世界的にユーザーが多く汎用性があり、流動性が高いといわれています（同じ機種でも新型のMAX、neoなどの流動性はさらに高くなる傾向があります）。円建てローンを供与する場合でも、航空機の売買は通常ドル建てで行われるため、売却を必要とする際は、売却資金での回収時に為替リスクがあることに留意します。

3 航空機の損傷、事故などのリスク

(1) リスク要因とその確認

航空機の損傷や事故などにより、航空機の使用ができなくなることがあります。加えて、事故などの場合は航空機の所有者であるSPCが第三者への損害賠償責任を負う可能性があるため、確認が必要です。

また、新造機の場合、予定どおりの引渡しが行われず、JOLCOローンのスタートに支障をきたす可能性があります。

(2) リスク要因への対応

通常、航空機ファイナンスでは、航空会社が機体保険・戦争保険や賠償責任保険に加入しています。航空機の損傷、事故などの際、保険金により航空機ファイナンスの元利金回収がどの程度カバーされるかを確認します。一般的に、機体が事故などにより全損した場合には、航空機ファイナンスの元利金は期限前返済され、リース契約も終了します。スキームのなかで、損傷・事故などのリスク負担者を把握、信用力の確認を行います。

4 リース会社の信用リスク

(1) リスク要因とその確認

一般的に、JOLCOのレッサー（Lessor）はSPCとなりますが、実際の運営はSPCの出資者であるリース会社が行います。また、SPCの親会社はリース会社である場合が多く、リース会社はSPCの株式を保有しています。リース会社がデフォルトした場合、SPCの運営に支障をきたす可能性およびSPCの株式を処分することにより影響を受ける可能性があるため、リース会社の信用力の確認が必要です。

(2) リスク要因への対応

リース会社のデフォルトによる影響がどの程度となるか確認します。ローン契約やリース契約の請求失期事由とされる場合や、JOLCOローン貸付人がSPCなどの株式を取得できる場合など、契約内容について確認を行い、リスクを判断します。

期間、金利、格付

1 期　間

JOLCOローンの期間は、通常10～12年となります。航空機の耐用年数（日本基準）は８～10年（ナローボディ機８年、ワイドボディ機10年）、大手航空会社の一般的な航空機の耐用年数は国によって異なり12～20年となります。一方、経済耐用年数は25～30年といわれています。

なお、リース開始後７～10年程度でレッシー（航空会社）に航空機を買い取る権利（コールオプション）が付与されていますので、コールオプションが行使された場合、７～10年程度でローン期間が終了することもあります。

2　金　　利

JOLCOローンの金利は、リスクにより異なりますが、円建ての場合、TIBORを基準金利とした変動金利もしくはTSR（Tokyo Swap Reference Rate）を基準としたアモチスワップレートの固定金利が一般的です。ドル建ての場合、LIBOR（またはその後継金利）を基準とした変動金利が一般的です。

金利の比較対象としては、航空会社の発行する社債や借入金利などがあります。

金利は需給関係で決定しますので、金融危機の場合と長く金融緩和が続く場合とでは、同じリスク評価でもスプレッドに大きな違いが生じます。

3　格　　付

JOLCOローンの格付は、一般的に付与されていない場合がほとんどです。従って、格付が必要な場合は格付機関に格付を依頼することになります。

金融機関が評価を行う場合は、一般的に航空機の賃借人である航空会社のリスクを分析したうえで、他のリスク要因を加味して最終的な判断を行います。

主な契約書

1 航空機売買契約

航空会社と航空機メーカーとの間で締結します。SPCが購入するため、航空会社の航空機売買契約の契約上の地位がSPCに譲渡されるなどの措置がとられます。なお、航空機の引渡しに輸出入が関係する場合、航空会社が税関などへ提出する輸入（納税）申告書などをエビデンスとします。

2 航空機リース契約

航空会社とSPCとの間で締結します。リース物件の特定やその物件に対するリース条件が規定されます。

3 事務委任契約

SPCとリース会社との間で締結します。SPCの運営の範囲などが規定され、リース会社がこれを行います。

4 損害保険契約

航空会社と損害保険会社との間で締結します。航空機機体保険、戦争保険および賠償責任保険の契約締結が一般的です。

5 抵当権設定契約

貸付人（エージェントを含む）とSPCとの間で締結します。航空機の所在国その他の法律に基づき、リース物件である航空機に抵当権を設定します。

6 リース料債権譲渡担保権設定契約

貸付人（エージェントを含む）とSPCとの間で締結します。航空会社からSPCに支払われるリース料債権の譲渡担保契約です。

7　金銭消費貸借契約（JOLCO）

SPCとJOLCOローン貸付人（エージェントを含む）との間で締結される契約です。各種コベナンツなどが規定されます。

8　契約書以外の主な必要書類

(1)　航空機価格評価レポート

現在の航空機価格や将来の予想航空機価格についてのレポートです。価格の妥当性を確認するため、複数社から取得する場合もあります。

(2)　匿名組合出資募集に関する書類

匿名組合出資を募集する際に作成され、匿名組合出資者などに提供、開示される書類です。

(3)　法律意見書

航空機ファイナンス貸付人などに提供、開示されます。各種契約の有効性などが記載されます。

まとめ

JOLCOローンについては、基本的に航空会社の信用力を検証し確認を行うことが重要なポイントとなります。企業の信用力評価ですので、金融機関が従来から行っている評価方法です。これに加え、航空機やリース料債権の担保の取得や保険の付保条件などが信用力の補完材料となります。なんらかの保証が付与されている場合は、保証内容の確認もポイントとなります。

なお、JOLCOローン貸付人は、不測の事態が生じた際、担保処分により元利金を回収します。担保である航空機の売却処分は、実際はリース会社などが行いますが、評価レポートなどをもとに担保評価を行うことができる体制を整備することにより、航空機ファイナンスへの取組みの幅が大きく広がります。

プラスα

▶民間旅客機受注・納入状況－JET（BOEING・AIRBUS以外）

機種	累計確定受注	オプション	納入	受注残	年間確定受注数		年間納入数		備考
					2021	2022	2021	2022	
COMAC	694	80	68	626	36	0	21	2	
ARJ21-700	384	40	68	316	31	0	21	2	2015年11月成都航空へ初納入
ARJ21-900	0	0	0	0	0	0	0	0	
C919	310	40	0	310	5	0	0	0	2017年5月初飛行実施
BOMBARDIER	1,912	0	1,908	4	0	0	3	0	
CRJ-100/200/440	1,021	0	1,021	0	0	0	0	0	
CRJ-700	346	0	346	0	0	0	0	0	2001年1月Brit Airへ初納入
CRJ-900	482	0	478	4	0	0	3	0	2003年1月Freedom Airlinesへ初納入
CRJ-1000	63	0	63	0	0	0	0	0	2010年12月Brit Airへ初納入
FAIRCHILD DORNIER	114	0	114	0	0	0	0	0	
Do328JET	108	0	108	0	0	0	0	0	
Do328JET ENVOY3	6	0	6	0	0	0	0	0	
EMBRAER	2,881	89	2,567	314	66	21	41	14	
ERJ135	108	0	108	0	0	0	0	0	1999年7月Continental Expressへ初納入
ERJ140	74	0	74	0	0	0	0	0	2001年8月American Eagleへ初納入
ERJ145	708	0	708	0	0	0	0	0	1996年12月Continental Expressへ初納入
EMBRAER170	191	0	191	0	0	0	0	0	2004年3月US Airwaysへ初納入
EMBRAER175	835	37	695	140	36	1	20	9	2005年7月Air Canadaへ初納入
EMBRAER175E2	0	0	0	0	0	0	0	0	2019年12月初飛行実施。2022-25年まで開発中止
EMBRAER190	568	0	564	4	0	0	0	0	2005年9月JetBlue Airwaysへ初納入
EMBRAER190E2	35	25	16	19	0	10	1	0	2018年4月Wideroe航空へ初納入
EMBRAER195	172	0	172	0	0	0	0	0	2006年9月Flybeへ初納入
EMBRAER195E2	190	27	39	151	30	10	20	5	2019年9月Azulへ初納入
FOKKER	565		565						
F28	241		241						1987年生産終了
F70	47		47						1998年生産終了
F100	277		277						1996年生産終了
MITSUBISHI	133	124	0	133	0	0	0	0	
SpaceJet M90	133	124	0	133	0	0	0	0	
SpaceJet M100	0	0	0	0	0	0	0	0	
IRKUT	175	4	0	175	0	0	0	0	
MS-21-200	18	0	0	18	0	0	0	0	
MS-21-300	157	0	0	157	0	0	0	0	2017年5月初飛行実施
MS-21-TBD	0	4	—		0	0	—	—	
SUKHOI	218	0	195	23	8	0	20	3	
SSJ100	218	0	195	23	8	0	20	3	2011年4月Armaviaへ初納入
その他 JET 小計	6,692	297	5,417	1,275	110	21	85	19	

（注） 生産終了はシェードで示す。受注残はオプションを含まない。

（出典） 一般財団法人日本航空機開発協会「民間旅客機の受注・納入状況」（2022年6月末現在）

Ⅲ－3

船舶ファイナンス

◇ 概　要

船舶ファイナンス（シップファイナンス）は、船舶が運航することなどにより発生するキャッシュフローを返済原資とするファイナンスです。主に、船主（船舶保有者）や用船者（船舶使用者）のリスクを検討します。航空機とは異なり、船舶の種類（型式）は千差万別です。大量の物資を運搬する手段として必要不可欠な船舶に対するファイナンスは、今後も伸びゆく需要のなかで発展が期待されています。

◇ スキーム図

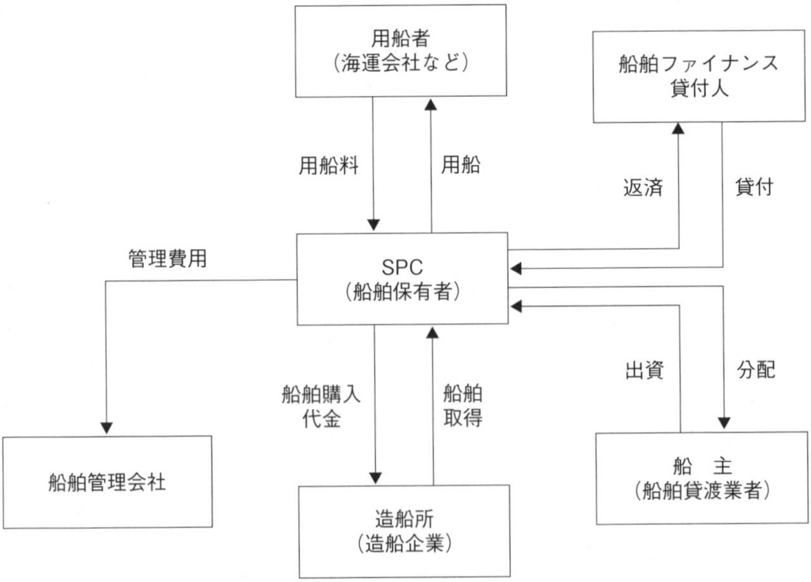

◆ スキーム図解説

① 船主は、造船企業から船舶を購入するため、SPCによる資金調達を決定します。

② 船主はSPCを設立、船舶ファイナンス貸付人を招聘、SPCは資金調達を行います。

③ SPCは、造船企業から船舶を購入、用船者に貸し渡します。

④ SPCは、用船者から受けた支払を、まず、船舶ファイナンスのスキームを維持するために必要な諸費用に充当、次に船舶ファイナンスのローンの返済に充当します。

⑤ なお、SPCもしくは船主は、用船料の支払状況や用船者である海運会社のパフォーマンスについて、一定期間ごとに報告を行います。

⑥ 船舶ファイナンスのローンの返済は、主として用船料の支払、船舶譲渡（売却）代金により行われます。

主なスキーム構成者

1 造船所（造船企業）

船舶の製造を行います。主な造船企業は、日本のほか、韓国、中国の企業があります。造船企業は、船舶保有者に船舶を売り渡します。売渡し代金は、主に船舶保有者が船舶ファイナンスにより調達した資金により支払われます。造船企業が海外の船舶保有者に船舶を売り渡す場合、造船企業所在国のECAが船舶保有者の船舶ファイナンスに保証・保険を付与することもあります。

2 船主（船舶貸渡業者）

定期用船契約の場合、貸渡業者が、SPCを通じ所有する船舶に船員を配備して、用船者に一定期間貸し渡します。なお、船長およびその他の乗組員は用船者の指揮命令下に置くこととなります。用船者は一定額の用船料を貸渡業者に支払い、貸渡業者側は、修繕、船用品の調達などの船舶管理責任を負うことになります。

裸用船契約の場合、貸渡業者が、船舶（船体）のみを用船者に貸し渡します。用船者は、船員を配備して運航します。用船者は、船舶経費のうち、船員費、消耗品費、修繕費、保険料などを負担します。一方、船舶保有者は、船舶に係る固定資産税、減価償却費などを負担します。

日本の船主は瀬戸内地域に数多く所在しています。また、世界では、ギリシャ、香港などの地域に数多く所在しています。

3 SPC（船舶保有者）

船主にかわり、実際に船舶を保有し、用船者に船舶を用船（貸渡し）します。船舶は、船籍（船舶が登録されている国（港））をもつことが義務づけられています。船籍の登録国は、パナマ、リベリアなどの特定の国に多くの登録があります。船舶は、登録国の法律に従い、船舶の検査、税金の支払などがなされます。船籍は、担保を含む権利関係などの法的安定性や課税負担などにより決定されます。

なお、SPCのスポンサーには、船主、リース会社、海運会社などが就任します。

4 用船者（海運会社など）

船舶の運航を行い、荷主である企業から運賃を受領します。日本の海運会社のうち日本郵船、商船三井、川崎汽船は世界ランキング上位のメジャープレーヤーです。貸渡業者に用船料を支払う主体となるため、信用力の確認を行う必要があります。なお、海運会社のSPCが用船者となる場合、SPCから貸渡業者に支払われる用船料について、通常、海運会社の保証が付与されます。

5 損害保険会社

船舶に係る保険を引き受けます。主な保険として、船舶（船体）の損失を対象とする損害保険、貨物保険があります。また、船舶の沈没、座礁、火災、衝突などの海上危険、ドック入りの船舶に対する陸上危険、その他特約により幅広い損害に対する保険の引受けを行います。

6 船舶管理会社

SPCなどの船舶保有者から、船舶の管理の委託を受けます。船員配備・雇用管理、船舶保守管理、船舶運航実施管理などを行います。

7 船舶ファイナンス貸付人

SPCなど船舶保有者に対して、船舶を主たる担保としてローンにより資金提供を行う銀行などのことをいいます。

船舶ファイナンスの元利金返済原資は、SPCなどが保有する船舶から生じる用船料となりますが、譲渡・売却収入も返済原資となる場合があります。

従って、船舶ファイナンスの主なリスクの所在は、用船者の信用力および船舶の処分可能性となります。

主なリスクの所在

1 スポンサーリスク

(1) リスク要因とその確認

スポンサーである船主、リース会社などがデフォルトした場合、船主コーポレートの与信の場合には船主デフォルトのリスクが存在します。また、ノンリコースの与信の場合にはSPCの倒産隔離の内容によりリスクの所在が変わりますので、その確認を行います。

(2) リスク要因への対応

スポンサーのスキームにおける役割を確認します。主たるリスクがスポンサーにある場合はスポンサーの信用力について、スポンサーのリスクが限定的である場合は主たるリスクの所在について、各種契約書をもとに確認を行い、明確にします。

2 用船者のデフォルトリスク

(1) リスク要因とその確認

用船者がデフォルトした場合、借入人である船舶保有者の用船料が減少します。船舶ファイナンスの元利金返済キャッシュフローが減少するリスクについて確認を行います。

(2) リスク要因への対応

用船者である企業のリスクについて、評価、検証を行います。用船者が格付機関から格付を取得していない場合や、上場企業などではなく信頼できる財務内容が公開されていない場合は、用船者の財務内容などを定期的に入手することができる仕組みとなっていることの確認が必要となります。

3 用船期間

⑴ リスク要因とその確認

船舶ファイナンスの主たる返済原資である用船料は、用船期間中、貸し渡した船舶に対して支払われる対価となります。用船期間と船舶ファイナンスの期間の確認を行います。

⑵ リスク要因への対応

用船期間より船舶ファイナンスの期間が短い（もしくは同じ）かどうか確認を行います。用船期間より船舶ファイナンスの期間が長い場合、次の用船者が見つかるまでの期間に対応する措置について確認を行います。

4 用 船 料

⑴ リスク要因とその確認

用船期間中の用船料水準に変動の可能性がある場合、船舶ファイナンスの主たる返済原資が変動します。元利金返済キャッシュフローに影響を与える可能性について確認を行います。

⑵ リスク要因への対応

定期用船契約については、用船料変更の可能性やオフ・ハイヤー（off hire）について、一般的な契約と比較して、船舶保有者に不利となることがないか確認を行います。なお、オフ・ハイヤーとは、用船期間中に船舶を貸し渡した側の責任において船舶が使用できなかった場合、その期間中の用船料の支払が免除される条項のことをいいます。一般的には、ドック入り、座礁、衝突、船員ストライキなどで船舶が使用不能になった場合にオフ・ハイヤーとなります。

5 為替変動リスク

⑴ リスク要因とその確認

用船料の通貨と船舶ファイナンスの元利金返済キャッシュフローの通貨が異なる場合、為替変動により、元利金返済キャッシュフローに影響を与える可能性があります。最も多いケースとしては、用船料が米ドル建てで支払われ、船舶ファイナンスが円建てで行われる場合があります。

⑵ リスク要因への対応

為替変動リスクについては、為替変動レートを想定し、キャッシュフローにストレスをかけてシミュレーションを行います。用船料米ドル建て、船舶ファイナンス円建ての場合、円高進行時に元利金返済原資となる円建てキャッシュフローが減少するため、円高を想定したシミュレーションを行います。なお、為替予約や現金留保、その他円高進行時への対応が行われている場合、その仕組みの有効性について確認を行います。

6 船舶管理費変動リスク

⑴ リスク要因とその確認

用船契約の内容により、船舶管理費の負担者が変わります。船舶管理費の負担者と変動可能性により、船舶ファイナンスの元利金返済キャッシュフローに影響を与える可能性がありますので、その確認を行います。

定期用船契約の場合、貸渡業者が、所有する船舶に船員を配備して、用船者に一定期間貸し渡します。用船者は一定額の用船料を貸渡業者に支払うため、船舶管理費である修繕、船用品の調達などは貸渡業者が負担することになります。

裸用船契約の場合、貸渡業者が船舶（船体）のみを用船者に貸し渡します。用船者は、船員を配備して運航します。用船者は船舶経費のうち、船員費、消耗品費、修繕費、保険料などを負担し、船舶保有者は船舶に係る固定資産税、減価償却費など一定の費用を負担します。

⑵ リスク要因への対応

船舶管理費については、船舶管理費に占める割合が大きく変動可能性のあるコストに対し、キャッシュフローにストレスをかけてシミュレーションを行います。なお、為替予約や現金留保、その他船舶管理費の上昇への対応が行われている場合、その仕組みの有効性について確認を行います。

7　完工リスク

(1)　リスク要因

船舶建造中の支払を造船企業に行う場合、船舶建造が不調となった際、船舶からキャッシュフローが生じなくなるため、船舶ファイナンスの元利金返済に影響を与えます。

(2)　リスク要因への対応

造船企業の信用力について、評価、検証を行います。また、建造能力について過去の実績などをもとに判断します。完工保証があれば、保証人のリスクに依存することも可能となります。

8　バルーンリスク

(1)　リスク要因とその確認

船舶ファイナンスにバルーン（balloon）ペイメントが設定されている場合、船舶ファイナンスの元利金返済原資は、船舶の譲渡（売却）資金もしくはリファイナンスによる調達資金となります。船舶の譲渡（売却）もしくはリファイナンスが不調となった場合、船舶ファイナンスの元利金返済キャッシュフローに影響を与える可能性があります。

(2)　リスク要因への対応

用船契約が、リファイナンス後の期間について定められているか、また、その内容がリファイナンスを行う船舶ファイナンス貸付人の希望と合致するかどうか確認を行います。

なお、リファイナンスを行う金融機関については、船主、船舶保有者や用船者のメインバンクの動向も視野に入れる必要があります。

また、売却可能性については、価格評価レポートをもとに、流動性などの確認を行います。簿価や評価価格に対するLTVについて、船舶ファイナンスの期間中、定期的に取得することができる仕組みとなっているか確認が必要となります。

期間、金利、格付

1 期　間

船舶ファイナンスの期間は５～15年程度となります。船舶ファイナンスの対象となる大型船舶の減価償却期間は15年程度となるため、この期間内となることが一般的です。用船契約の期間や造船の初期から対応するファイナンスであるかなど、複合的要因で期間は決定されます。

2 金　利

船舶ファイナンスの金利は、リスクにより異なりますが、ドル建てはLIBOR（またはその後継金利）、円建てはTIBORもしくは長・短期プライムレートを基準金利とした変動金利もしくはTSR（Tokyo Swap Reference Rate）を基準としたアモチスワップレートの固定金利が一般的です。

金利の比較対象としては、リスクの所在により、船主の借入金利や用船者（海運会社）の発行する社債や借入金利などがあります。

金利は需給関係で決定するため、金融危機の場合と長く金融緩和が続く場合とでは、同じリスク評価でもスプレッドに大きな違いが生じます。

3 格　付

船舶ファイナンスの格付は、一般的に付与されていない場合がほとんどです。従って、格付が必要な場合は格付機関に格付を依頼することになります。

金融機関が評価を行う場合は、一般的に船主もしくは用船者（海運会社）のリスクを分析したうえで、他のリスク要因を加味して最終的な判断を行い決定します。

主な契約書

1　建造契約

造船企業が造船発注者との間で締結します。発注者は通常、船主となります。造船発注者から造船企業への支払キャッシュフローが記載されます。

2　用船契約

定期用船契約の場合、貸渡業者が、所有する船舶に船員を配備して、用船者に一定期間貸し渡す契約となります。用船者は一定額の用船料を支払い、船舶保有者は船員の配備のほか、修繕、必要物品の調達などの船舶管理責任を負います。

裸用船契約の場合、貸渡業者が、船舶のみを用船者に貸し渡す契約となります。用船者は、船員を配備して運航するか再用船に出します。用船者は船舶経費のうち、船員費、消耗品費、修繕費、保険料等を負担し、船舶保有者は固定資産税、減価償却費等を負担します。

3　管理契約

船舶の管理を行う管理会社と船舶を保有するSPCなどとの間で締結します。SPCは船舶ファイナンスの器であるため、実際に、船員配備、雇用管理、船舶保守管理、船舶運航実施管理などを船舶管理会社に委託します。

4　損害保険契約

船舶保険をはじめとした、損害保険契約のことをいいます。保険の付保の範囲、保険金支払の前提条件などが規定されています。

5　担保権（質権）設定契約

船舶そのものの抵当権や保険金に対する質権、用船契約上の権利である用船料に対する譲渡担保などについて規定します。

6 金銭消費貸借契約（船舶ファイナンス）

SPCと船舶ファイナンス貸付人との間で締結される契約です。各種コベナンツなどが規定されます。

7 契約書以外の主な書類

船舶価格評価レポート

現在の船舶価格について評価価格が記載されます。LTV算出の際の基礎資料となります。

まとめ

船舶ファイナンスのリスクは、主として、船主（貸渡業者）もしくは用船者（海運会社など）となります。スキームによって、リスクの所在や適用される法律が異なるため、個別案件の特徴を正確に把握することが必要となります。そのうえで、リスク要因のボラティリティ（volatility）を踏まえ、検討を行います。5～15年程度の長期にわたるファイナンスとなるため、リスク要因の把握とモニタリングを含めたリスク要因への対応を確実に行うことが船舶ファイナンスへの取組みのポイントとなります。

参考

日本海事センターHP
日本船主協会HP
国土交通省HP

プラスα

▶バルチック海運指数（BDI）の推移

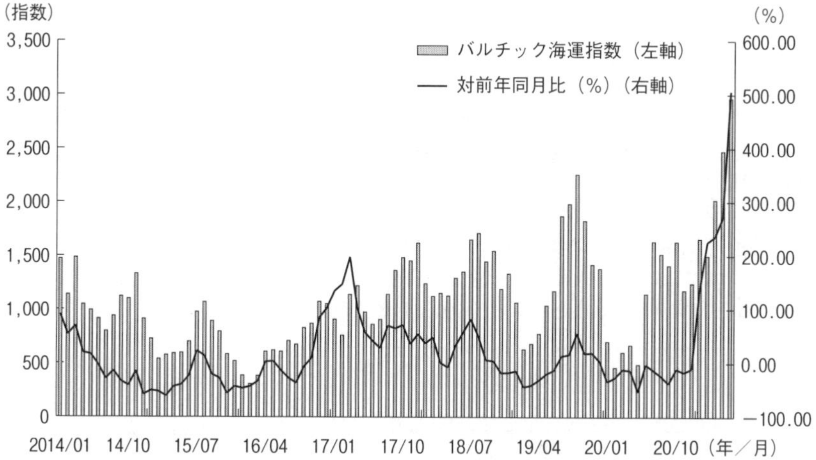

（出典） 日本海事センターの資料より筆者作成

バルチック海運指数（Baltic Dry Index）とは、英国のバルチック海運取引所が算出するばら積み船（バルカー）のスポット運賃動向を表す指標で、1985年１月４日を1,000として算出しています。ばら積み船の運搬物は、鉄鉱石、石炭、穀物等の乾貨物（ドライカーゴ）となります。

▶OECD公的輸出信用アレンジメント

［アレンジメント概要］

OECD貿易委員会の下部組織である輸出信用・信用保証部会では、輸出信用の秩序ある利用と公平な競争環境条件の維持を目的として、参加国間で公的輸出信用に関する共通ルールであるOECD輸出信用アレンジメント（アレンジメント）を定めています。

アレンジメントは、償還期間（起算点から最終償還日までの期間）が２年以上の財およびサービスの輸出等に公的輸出信用を供与する際の共通の条件（最低保険料水準、頭金、最長償還期間、最低貸出金利および償還方法等）を規定しています。NEXIは、アレンジメントに従い輸出信用の供与を行っています。

アレンジメントは、本則と附属書（Annex）Ⅰ〜ⅩⅣから成り立っています。船舶、原子力発電所、航空機、鉄道、および再生可能エネルギー・水関連プロジェクトについては、Annexとしてセクター了解を設けており、本則の条件とは別に、各セクターの特徴を考慮した条件を適用することができます。

本　則

附 属 書
5つのセクター了解とプロジェクトファイナンス

ファイナンスの
諸条件が異なる

AnnexⅠ　・船舶セクター
AnnexⅡ　・原子力発電プラントセクター
AnnexⅢ　・航空機セクター
AnnexⅣ　・再生可能エネルギー・気候変動緩和・水プロジェクトセクター
AnnexⅤ　・鉄道セクター
AnnexⅥ　・プロジェクトファイナンス

［セクター了解］

各セクター了解の適用対象となる主な品目は以下のとおりです。

船舶セクター	100トン以上の遠洋航海船舶等
原子力発電プラントセクター	原子力発電所またはそのパーツ 既存の原子力発電プラントの近代化 原子力燃料、濃縮物、使用済み燃料の管理
航空機セクター	新規または中古の民間航空機、エンジン、スペアパーツ等
再生可能エネルギー・気候変動緩和・水プロジェクトセクター	再生可能エネルギー、気候変動緩和に資する技術および水関連のプロジェクトに関する契約 （例：風力発電、太陽光発電、水力発電、CCS（二酸化炭素回収・貯留技術）付き化石燃料発電等）
鉄道セクター	鉄道運営に必要な車両、システム、電気系統、レール等各種鉄道インフラに関する契約
プロジェクトファイナンス	プロジェクトファイナンス

（出典）　NEXI HP

▶ベルン・ユニオン加盟輸出信用保険担当機関一覧

※略称名アルファベット順（2022年６月末時点）

略　称	正式名称	国　名
AIG	Global Trade & Political Risk Insurance	United States
AOFI	Serbian Export Credit and Insurance Agency	Serbia
ASEI	PT.Asuransi Asei Indonesia（Asuransi Asei）	Indonesia
ASHRA	The Israel Foreign Trade Risks Insurance Corporation	Israel
ATI	The African Trade Insurance Agency	Kenya
ATRADIUS DSB	Atradius Dutch State Business	Netherlands
ATRAUDIUS GROUP	Atradius	Netherlands
AXA XL	AXA XL	United Kingdom
BAEZ	Bulgarian Export Insurance Agency	Bulgaria
BANCOMEXT	Banco Nacional de Comercio Exterior,SNC	Mexico
BECI	Export Credit Insurance&Guarantee Company (Botswana)(Pty) Ltd	Botswana
BPIFRANCE	Bpifrance Assurance Export	France
CESCE	CESCE Credit Insurance	Spain
Chubb	Chubb Ltd	United Kingdom
COFACE	COFACE	France
COSEC	Companhia de Seguro de Creditos,SA	Portugal
CREDENDO	CREDENDO	Belgium
CREDIT OMAN	CREDIT OMAN	Oman
CREDSURE	Credit Insurance Zimbabwe Limited	Zimbabwe
DBNM	Development Bank of North Macedonia	North Macedonia
DHAMAN	The Arab Investment & Export Credit Guarantee Corporation	Kuwait
ECGC	ECGC	India
ECGC Z	Export Credit Guarantee Corporation of Zimbabwe	Zimbabwe
ECI	Etihad Credit Insurance	United Arab Emirates
ECIC SA	Export Credit Insurance Corporation SOCLTD	South Africa
ECIO	Export Credit Insurance Organisation	Greece
EDC	Export Development Canada	Canada
EGAP	Export Guarantee and Insurance Corporation	Czech Republic
EGE	Export Credit Guarantee Company of Egypt	Egypt
EGFI	Export Guarantee Fund of Iran	Iran
EH GERMANY	Euler Hermes Aktiengesellschaft	Germany
EIAA	Export Insurance Agency of Armenia	Armenia
EKF	Denmark's Export Credit Agency	Denmark
EKN	Exportkreditnamnden	Sweden
EKSFIN	Export Finance Norway	Norway
ENTERPRISE SINGAPORE	Enterprise Singapore	Singapore
EVEREST	Everest Insurance	United States
EXIAR	Export Insurance Agency of Russia	Russia

EXIM HU	Hungarian Export-Import Bank Plc., Hungarian Export Credit Insurance Plc.	Hungary
EXIM J	National Export Import Bank of Jamaica Limited	Jamaica
EXIM R	Eximbank of Romania	Romania
EXIMBANKA SR	Export-Import Bank of the Slovak Republic	Slovakia
EXIMGARANT	Eximgarant of Belarus	Belarus
Export Finance Australia	Export Finance Australia	Australia
FCIA	FCIA Management Company, Inc	United States
FINNVERA	Finnvera plc	Finland
GEXIM	Eximbank of Ghana	Ghana
HBOR	Croatian Bank for Reconstruction and Development	Croatia
HDI Global Specialty	HDI Global Specialty	United Kingdom
HKECIC	Hong Kong Export Credit Insurance Corporation	Hong Kong
ICIEC	The Islamic Corporation for the Insurance of Investment and Export Credit	Saudi Arabia
Indonesia Eximbank	Indonesia Eximbank	Indonesia
JLGC	Jordan Loan Guarantee Corporation	Jordan
KAZAKHEXPORT	Kazakh Export Credit Insurance Corporation	Kazakhstan
KredEx	KredEx Krediidikindlustus AS	Estonia
K-SURE	Korea Trade Insurance Corporation	Korea Rep.
KUKE S.A.	Export Credit Insurance Corporation Joint Stock Company	Poland
LCI	The Lebanese Credit Insurer	Lebanon
LIBERTY	Liberty Mutual Insurance Europe Limited	United Kingdom
MIGA	Multilateral Investment Guarantee Agency	United States
NEXI	Nippon Export Investment Insurance	Japan
NZECO	The New Zealand Export Credit Office	New Zealand
ODL	Luxembourg Export Credit Agency	Luxembourg
OeKB	Oesterreichische Kontrollbank Aktiengesellschaft	Austria
PICC	China People's Insurance Company of China	China
PwC	PricewaterhouseCoopers GmbH	Germany
QDB	Qater Development Bank	Qater
SACE	SACE	Italy
SAUDI EXIM	The Saudi Export-Import Bank	Saudi Arabia
SERV	Swiss Export Risk Insurance	Switzerland
SID	SID	Slovenia
SINOSURE	China Export&Credit Insurance Corporation	China
SLECIC	SLECIC	Sri Lanka
SONAC	Société Nationale d'Assurances du Crédit et du Cautionnement	Senegal
SOVEREIGN	Sovereign Risk Insurance Ltd	Bermuda
SRCS	Swiss Re Corporate Solutions	Switzerland
TEBC	Taipei Export-Import Bank of China	Taiwan
THAI EXIMBANK	Export-Import Bank of Thailand	Thailand

THE HARTFORD	The Hartford Financial Services Group, Inc.	United States
TURK EXIMBANK	TURK EXIMBANK	Turkey
UKEF	UK Export Finance（Export Credit Guarantees Department）	United Kingdom
Ukraine ECA	Private Joint-Stock Company《Export-Credit Agency》of Ukraine	Ukraine
UKREXIMBANK	Joint Stock Company The State Export-Import Bank of Ukraine	Ukraine
US EXIMBANK	Export-Import Bank of the United States	United States
USDFC	U.S. International Development Finance Corporation	United States
UZBEKINVEST	National Export-Import Insurance Company	Uzbekistan

（注） ベルン・ユニオンとは……正式名称：The International Union of Credit and Investment Insurers（国際輸出信用保険機構） 通称：The Berne Union（BU）

1934年英国、フランス、イタリア、スペインの４カ国により設立され、設立当初の本部所在地がベルン（スイス）であったことから、ベルン・ユニオンと称されている（現在ロンドンにある事務局が運営を行っており、スイス法人として組織されている）。世界各国の輸出保険機関等（ECAs）が輸出信用保険の健全な発展を目指し、保険に関する共通問題について相互に情報交換を行う場であり、2022年７月現在83機関が加盟している。

わが国は1970年に通商産業省（現：経済産業省）貿易保険課が加盟し、現在株式会社日本貿易保険（NEXI）がその地位を承継している。

（出典） 日本貿易保険HPより筆者作成

Ⅳ

プロジェクトファイナンス

Ⅳ－1

プロジェクトファイナンス（ECA保証）

◘ 概　要

プロジェクトファイナンスとは、事業のキャッシュフローをもとに元利金の返済が行われるローンのことをいいます。主なプロジェクトとしては、発電・送電、資源開発、石油精製、その他インフラ（infrastructure）などがあります。日本におけるプロジェクトファイナンスは、風力、太陽光の発電が代表的ですが、大規模なものは少なく、融資機会も限られています。一方、海外のプロジェクトファイナンスは、発展途上国のインフラ整備案件や日本企業がプロジェクトに参画する資源開発案件などがあり、ECAが保証する場合も多くみられます。プロジェクトは設備工事から設備稼働後ファイナンスが終了するまでの期間が長期にわたるため、リスクを軽減するためにさまざまな工夫がされています。ここでは、ECAが部分保証を行う海外のプロジェクトファイナンスについて説明します。

◘ スキーム図（本ケースではECAの部分保証あり・為替リスクなしを想定しています）

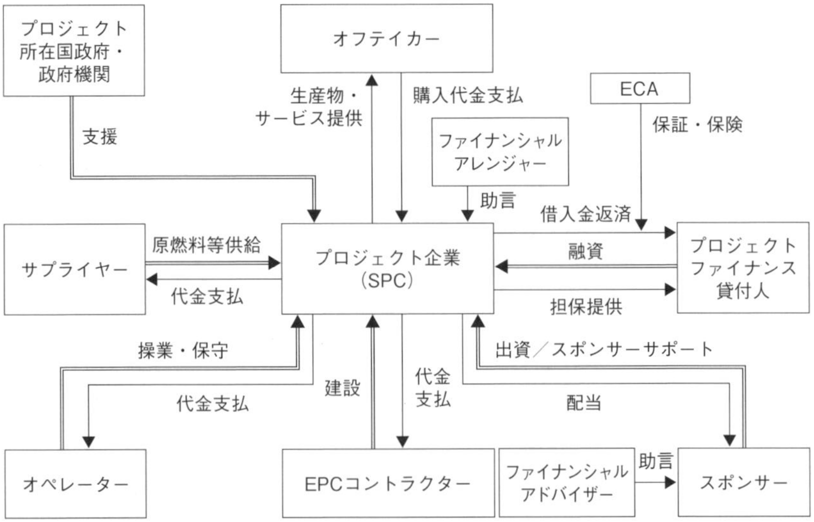

◆ スキーム図解説

① スポンサーは出資を行い、SPCを設立、EPCコントラクターにプロジェクトの設計、調達、建設を依頼します。また、プロジェクトの関係者であるオペレーター、サプライヤー、オフテイカーなどを選定します。
② ファイナンシャルアドバイザーは、スポンサーからの依頼を受け、プロジェクト所在国政府・政府機関やECAの協力を仰ぎ、プロジェクトの資金調達手段を検討します。
③ ファイナンシャルアレンジャーは、ファイナンシャルアドバイザーと協議のうえ、プロジェクトファイナンス貸付人を招聘、SPCは資金調達を行い、EPCの代金などを支払います。
④ SPCは、オフテイカーから受けた支払を、まず、プロジェクトを維持するために必要な諸費用に充当、次にプロジェクトファイナンスのローンの返済に充当します。
⑤ なお、SPCもしくはスポンサーは、プロジェクトの進捗状況やキャッシュフローの状況についてファイナンシャルアドバイザーやファイナンシャルアレンジャーなどを通じ、定期的に報告します。
⑥ プロジェクトファイナンス（ECA保証）のローンの返済は、オフテイカーの支払により行われます。オフテイカーがデフォルトした場合などはECAからの支払により行われます。

主なスキーム構成者

1 スポンサー

SPCに対する出資を行います。プロジェクトの一部を担ったり、プロジェクト全体のサポートを行ったりする場合もあります。

2 SPC（プロジェクト企業）

スポンサーの実質的な子会社であり、プロジェクト資産を保有する企業のことをいいます。通常は、オペレーターにプロジェクトの遂行（運営）を委託します。

3 EPCコントラクター

EPCとは、Engineering（設計）、Procurement（調達）、Construction（建設）のことをいいます。通常は、大手総合建設会社（general contractor）が、プロジェクトの設計、調達、建設の責任を負担して就任します。

4 オペレーター（operator）

SPCから業務委託を受け、プロジェクトの運営を行います。操業、保守（運営、維持管理）が主たる役割となります。通常は、プロジェクトの事業について実績のある大手企業が就任します。

5 サプライヤー（supplier）

プロジェクトの運営に必要な原料や燃料を供給する企業のことをいいます。供給が滞るとプロジェクトの運営に支障をきたすことになるため、国営企業や実績のある大手企業が就任します。

6 プロジェクト所在国政府・政府機関

プロジェクトが所在する国においては、政府や政府機関がプロジェクトを支援する役割を担います。許認可などの監督を行う立場のほか、プロジェクトに参画する国営企業の業務遂行のサポートを行います。

7 オフテイカー（off－taker）

プロジェクトから生じる成果物を購入します。購入が滞るとプロジェクトの運営に支障をきたすことになるため、国営企業や大手企業など信用力の高い企業が就任します。

8 損害保険会社

プロジェクトにおける各種リスクに対する保険を提供します。万が一の有事のリスクに対しての保険となりますが、同時に有事の際のプロジェクトファイナンスにおけるキャッシュフローの源泉となるため、信用力の高い大手企業が引受保険会社となります。

9 ECA（Export Credit Agency）

ECAとは、Export Credit Agencyの略で、自国の輸出を促進する輸出金融機関のことをいいます。各国のECAは、制度金融を行っています。その制度のなかで、融資機能および保険・保証機能のいずれかもしくは両方を有しています。

日本においては、融資機能は国際協力銀行（JBIC、Japan Bank for International Corporation）、保険機能は日本貿易保険（NEXI、Nippon Export and Investment Insurance）、保証機能はJBIC・NEXIの両者が有しています。

10 ファイナンシャルアドバイザー（financial adviser）

プロジェクトの資金調達について、スポンサーやプロジェクト企業に対して助言を行います。金融機関やコンサルティングファームが就任します。

⑪ ファイナンシャルアレンジャー（financial arranger）

シンジケートローンにおけるアレンジャーの役割を担います。プロジェクトファイナンスの組成を行い、貸付人を招聘します。

⑫ エージェント（agent）

シンジケートローンにおけるエージェントの役割を担います。また、プロジェクト契約などのウォーターフォールに従い、口座管理を行う役割を担うこともあります。それぞれの役割に応じて複数の金融機関が役割分担を行う場合もあります。

⑬ プロジェクトファイナンス貸付人

プロジェクトファイナンスに対して貸付を行う金融機関などのことをいいます。通常は、ファイナンシャルアレンジャーが招聘するシンジケートローンに参加する方式となります。

主なリスクの所在

プロジェクトを分析する際は、個別のプロジェクトの内容によりさまざまな形態の事業リスクが生じます。従って、当該プロジェクトファイナンスの募集要項や各種契約等により、事業リスクの内容とリスク負担の状況などを確認することが重要となります。以下、一般的なスキームの主なリスク要因とその対応を検討します。

❶ 事業主体（SPC）のデフォルトリスク

(1) リスク要因とその確認

事業主体でありプロジェクトファイナンスの借入人であるSPCがデフォルトすることにより、プロジェクトファイナンスの元利金返済キャッシュフローが減少する可能性があります。SPCのデフォルトは、プロジェクトの事業継続性が失われた状態を意味します。

⑵ リスク要因への対応

SPCのデフォルト要因は、スポンサーのデフォルト、オフテイカーのデフォルト、キャッシュフローの減少、オペレーターのデフォルトなどさまざまな事象に起因します。各事象について、以下に解説を行います。

2 スポンサーのデフォルトリスク

⑴ リスク要因とその確認

スポンサーがデフォルトした際に、代替するスポンサーがいない場合、プロジェクトの事業継続性が失われ、プロジェクトファイナンスの元利金返済キャッシュフローが不足する可能性があります。以下２点の確認が必要です。

① スポンサーの信用力

② スポンサーの交代

⑵ リスク要因への対応

① スポンサーの信用力

スポンサーの信用力について検討する際、既存の取引がない日本企業で、格付機関から格付を取得している先、上場企業など信頼できる決算書類（財務諸表）を公開している先については、公開情報を参考に信用力の判断を行います。また、スポンサーが格付を取得しておらず、上場企業ではない場合は、財務内容などを定期的に入手することができる仕組みとなっていることの確認が必要です。海外企業の場合には、格付機関の格付レポートを参考に信用力の判断を行います。格付がない場合は、公表されている財務諸表、信頼できる調査機関のレポートなどを参考に信用力を評価します。日本企業と同様、財務内容などを定期的に入手することができる仕組みとなっていることの確認が必要となります。

② スポンサーの交代

スポンサーがデフォルトした際、代替するスポンサーとの交代までの期間中に、プロジェクトのキャッシュフローが減少するリスクへの対応を行います。一定期間の元利金および運営費相当額を現金準備により確保しておくことなどのスキーム上の措置を講じることで、スポンサー交代にかかわるリスクを軽減します。

3　オフテイカーのデフォルトリスク

(1)　リスク要因とその確認

オフテイカーがデフォルトした際に、代替するオフテイカーがいない場合、プロジェクトの事業継続性が失われ、プロジェクトファイナンスの元利金返済キャッシュフローが不足する可能性があります。以下の２点の確認が必要です。

①　オフテイカーの信用力

②　スポンサーのサポート

(2)　リスク要因への対応

①　オフテイカーの信用力

オフテイカーの信用力について検討する際、既存取引がない日本企業で、格付機関から格付を取得している先、上場企業など信頼できる決算書類（財務諸表）を公開している先については、公開情報を参考に信用力の判断を行います。また、オフテイカーが格付を取得しておらず、上場企業ではない場合は、財務内容などを定期的に入手することができる仕組みとなっていることの確認が必要です。海外企業の場合には、格付機関の格付レポートを参考に信用力の判断を行います。格付がない場合は、公表されている財務諸表、信頼できる調査機関のレポートなどを参考に信用力を評価します。日本企業と同様、財務内容などを定期的に入手することができる仕組みとなっていることの確認が必要となります。

②　スポンサーサポート

オフテイカーがデフォルトした際、代替するオフテイカーへの交代までの期間中に、プロジェクトのキャッシュフローが減少するリスクに対応するため、スポンサーによるサポート（追加出資など）内容を確認します。スポンサーサポートにより、オフテイカー交代にかかわるリスクを軽減します。

4 事業キャッシュフローの減少リスク

一般的にプロジェクトファイナンスの元利金の返済は、事業主体が行うプロジェクトの運営収入に依拠します。この場合の主なリスク要因は以下のとおりです。

(1) リスク要因とその確認

① 経済環境の変化

② 競争力の変化

③ 運営および事業収支リスク（事業リスク）

④ オペレーターに対する支払増加

⑤ 事故、自然災害などの発生

(2) リスク要因への対応

上記リスクに対し、当該プロジェクトの妥当性や事業収支計画等の分析により長期キャッシュフローを各種シナリオ別に策定したうえで、以下のような対応を検討します。

① DSCR

キャッシュフローの余裕度であるDSCRについて確認を行います。経済環境の変化、競争力の変化、事業リスク、業務委託先に対する支払増加、事故、自然災害などの発生により、DSCRが一定水準に低下した場合、配当停止や現金留保といった措置を講じることにより、元利金返済キャッシュフローの減少を軽減することができます。

② 現金準備

経済環境の変化、競争力の変化、事業リスク、業務委託先に対する支払増加、事故、自然災害などの発生の影響がある期間中の、プロジェクトのキャッシュフロー減少リスクに対応します。一定期間の元利金および運営費相当額を現金準備により確保しておくことにより、元利金返済キャッシュフロー減少リスクを軽減します。

③ スポンサーサポート

経済環境の変化、競争力の変化、事業リスク、業務委託先に対する支払増加、事故、自然災害などの発生の影響がある期間中の、プロジェクトのキャッシュフロー減少リスクに対応するため、スポンサーによるサポート（追加出資など）内容を確認します。スポンサーサポートにより、元利金返済キャッシュフロー減少リスクを軽減することができます。

④　**損害保険**

事故、自然災害などの発生の影響がある期間中に、プロジェクトのキャッシュフローが減少するリスクおよび復旧費用の支払を賄うため、損害保険を付保します。損害保険金により、元利金返済キャッシュフロー減少リスクを軽減することができます。付保された損害保険の内容や範囲を把握します。

5　オペレーター（運営企業）のデフォルトリスク

⑴　リスク要因とその確認

オペレーターがデフォルトした際、代替するオペレーターがない場合、プロジェクトの事業継続性が失われ、プロジェクトファイナンスの元利金返済キャッシュフローが減少する可能性があります。以下の２点の確認が必要です。

①　オペレーターの信用力

②　スポンサーサポート

⑵　リスク要因への対応

①　**オペレーターの信用力**

オペレーターの信用力について検討する際、既存の貸出取引がない日本企業で、格付機関から格付を取得している先、上場企業など信頼できる決算書類（財務諸表）を公開している先については、公開情報を参考に信用力の判断を行います。また、オペレーターが格付を取得しておらず、上場企業などではない場合は、財務内容などを定期的に入手することができる仕組みとなっていることの確認が必要です。海外企業の場合には、格付機関の格付レポートを参考に信用力の判断を行います。格付がない場合は、公表されている財務諸表、信頼できる調査機関のレポートなどを参考に信用力を評価します。日本企業と同様、財務内容などを定期的に入手することができる仕組みとなっていることの確認が必要となります。

② スポンサーサポート

オペレーターがデフォルトした際、代替するオペレーターへの交代までの期間中のプロジェクトのキャッシュフロー減少リスクに対応するため、スポンサーによるサポート（追加出資など）内容を確認します。スポンサーサポートにより、オペレーター交代にかかわるリスクを軽減します。

③ 現金準備

代替するオペレーターへの交代までの期間中のプロジェクトのキャッシュフロー減少リスクに対応します。一定期間の元利金および運営費相当額を現金準備により確保しておくことにより、オペレーター交代にかかわるリスクを軽減します。

6 ECAのデフォルトリスク

(1) リスク要因とその確認

ECAがデフォルトし、かつ、プロジェクトの事業継続性が失われていた場合、プロジェクトファイナンスの元利金返済キャッシュフローが減少する可能性があります。

(2) リスク要因への対応

ECAの信用力は、ECAの格付および各国政府との関係（法律、予算措置など）等で確認を行います。予算措置が講じられている場合、ソブリン（sovereign、国家）の信用力と同等あるいはそれに準じる信用力と考えることができる場合があります。

ECAの保証内容は、保証契約で確認を行います。保証対象、保証割合、保証の履行方法、免責の有無など、どのような事由であれば保証履行が行われるのか、あるいは行われないのかについて確認を行うことが重要です。

期間、金利、格付

1 期　間

プロジェクトファイナンスの期間は、15～25年程度となります。建設期間からのファイナンスとなり、完成後、プロジェクトが実施されてから一定の期間までのフルアモチ返済となります。プロジェクトのほとんどは発電、資源インフラ関連ですので、プロジェクト所在国や関連諸国にとって、長期にわたって継続する必要不可欠な事業となります。

2 金　利

ECA保証付きのプロジェクトファイナンスの金利は、リスクにより異なりますが、LIBOR（またはその後継金利）を基準金利とした変動金利が一般的です。変動金利とすることで、期限前返済などへの対応が比較的容易となります。また、プロジェクト企業は、費用安定化のため、変動金利をスワップ契約により固定化したり、キャップ契約により金利上限を設定する場合があります。スプレッドは、スポンサーのコーポレートローンの金利などに比較してプロジェクトのリスクを加味した分、高く設定されます。

金利の比較対象としては、オフテイカーやスポンサー、ECAの発行している社債・公共債や借入金レートなどがあります。

金利は需給関係で決定しますので、金融危機の場合と長く金融緩和が続く場合とでは、同じリスク評価でもスプレッドに大きな違いが生じます。

3 格　付

プロジェクトファイナンスの格付は、主なリスクの所在であるオフテイカーやスポンサーの格付を参考に評価します。プロジェクトファイナンスの仕組みにおいては、格付機関の格付を取得しない場合が多いため、複数のリスクについて、総合的に判断を行います。ECAによる保証・保険が付与されている場合でも、ECAが100%カバーするケースは一般的ではありません。プロジェクトファイナンス貸付人は、プロジェクト自体の評価を踏まえ、ECAのリスクを評価、貸付の判断を行います。

主な契約書

1　合弁契約

一般に、出資を行うスポンサー間（出資者間）で締結します。出資比率やプロジェクトに関する事項を規定します。

2　建設契約

一般に、EPCコントラクターとプロジェクト企業との間で締結します。建設工事や建設工事にかかわる支払条件などについて規定します。

3　買取契約

一般に、オフテイカーとプロジェクト企業との間で締結します。プロジェクトから生じる成果物の売買・支払条件を規定します。

4　供給契約

一般に、サプライヤーとプロジェクト企業との間で締結します。プロジェクトに必要な燃料や原材料の売買・支払条件を規定します。

5　運営契約

一般に、オペレーターとプロジェクト企業との間で締結します。プロジェクトの運営にかかわる委託（受託）事項を規定します。

6　損害保険契約

一般に、損害保険会社とプロジェクト企業との間で締結します。建設期間中のリスクに対するもの、プロジェクト稼働後のリスクに対するものがあります。各保険の付保割合や保険金支払の前提条件が規定されています。

7 保険・保証契約

ECAとの契約のことをいいます。ECAの付保・保証割合や付保・保証の前提条件が規定されています。

8 担保契約

一般に、プロジェクトの全資産およびプロジェクトから生じる権利（債権）についての担保設定にかかわる事項について規定します。

9 スポンサーレター

一般に、スポンサーによるサポートに係る事項を規定します。サポート内容により、契約形態はさまざまなものとなります。

10 金銭消費貸借契約（プロジェクトファイナンス）

プロジェクト企業（SPC）とプロジェクトファイナンス貸付人との間で締結します。通常、金銭消費貸借契約では、コモン・タームズ・アグリーメント（Common Terms Agreement、貸付人の共通要件に関する契約）、ファシリティ・アグリーメント（Facility Agreement、各ファシリティの条件に関する契約）、インター・クレディター・アグリーメント（Inter-creditor Agreement、債権者間の契約）などを締結します。各種コベナンツなどが規定されます。

11 契約書以外の主な書類

法律意見書

プロジェクトファイナンス貸付人などに提供、開示されます。各種契約の有効性などが記載されます。

まとめ

プロジェクトファイナンス（ECA保証・付保）については、ECAによるデューデリジェンス（due-diligence、事務分析）があることから、プロジェクトが一定レベルの水準を充足していると考えられます。プロジェクトファイナンス貸付人が信用力の評価を行う際は、ECAが100％信用補完を行う場合はまれであり、90％程度の信用補完を行う場合が一般的であることを考慮する必要があります。信用補完が行われない10％程度の部分については、プロジェクトのリスクをとることになりますので、プロジェクト所在地やスポンサー、オフテイカー、オペレーターなどの信用力およびプロジェクト遂行能力について確認を行います。また、プロジェクトファイナンスは15～25年程度と長期にわたるものが多く、プロジェクトファインス期間中のプロジェクト進行・稼働状況などについて、スポンサーやエージェントなどを通じたモニタリングを行うことができる仕組みとなっているかを確認のうえ、取り組みます。

リスク顕在化事例

①　任意のスポンサーサポートへの期待

〈 事象！〉

国内プロジェクトファイナンスでは、スポンサーとの信頼関係や金融機関との直接の対話が存在する相対取引をもとに、不測の事態発生時などに任意のスポンサーサポートの蓋然性があると判断する場合があります。この事象では、海外のプロジェクトファイナンスにおいて、契約記載事項以外で不測の事態発生時の任意のスポンサーサポートの蓋然性が低下したため、対応にかかる時間や労力等の発生コストが増大しました。

〈 生かす！〉

SPCにおける不測の事態発生時をできうる限り想定し、その対応と権限を明確化、協議事項とする範囲をできる限り小さくすることが肝要です。また、SPCの構成者、ファイナンサーであるプロジェクトファイナンス貸付人、スポンサーを含むエクイティ提供者など関係当事者（利害関係人）が想定しうる事象は、その関係当事者や想定しうる事象を契約書等に記載することにより、不測の事態発生時の関係当事者間の利益相反による対立を防御するスキームとすることができます。

特に、海外のスポンサーリスクとして、不測の事態発生時における任意のスポンサーサポートはない可能性が高いことに留意する必要があります。

②　現地行政当局の許認可リスクの発現

〈事象！〉

海外インフラプロジェクトに新たに日本法人が出資者として参画するにあたり、当該参画行為が締結済プロジェクトファイナンス関連契約上の要承諾事由兼現地行政当局の認可事由となっていました。この事象では、プロジェクトファイナンス関連契約当事者の承諾は得たものの、現地行政当局の対応が不明確であったがゆえに、結果として計画された時期には現地行政当局の認可が得られませんでした。これが影響し、SPA（Stock Purchase Agreement、株式譲渡契約）上もCP（取引前提条件）不充足となり、日本法人の出資参画が遅れました。本件では、株式を売りたい、買いたい、という双方のモチベーションが維持されたため、SPA当事者が相互に協力し、最終的にはSPAに基づく日本法人の参画が実現しました。

〈生かす！〉

現地行政当局の許認可は、スケジュール上、最もゆとりをもって取得にあたるべき項目の一つです。確実なコンタクトルートの確保に留意し、契約上は、許認可取得が遅れた場合のシナリオや手当の要否も検討することが必要となります。

Ⅳ－2

メガソーラープロジェクトファイナンス

◘ 概　　要

メガソーラープロジェクトファイナンスとは、太陽光発電事業のキャッシュフローをもとに、元利金の返済が行われるローンのことをいいます。日本におけるプロジェクトファイナンスの代表格は再生可能エネルギーで、特にそのなかでも、メガソーラーのプロジェクトは数多く稼働しており、また、今後も多くの稼働が想定されます。EPC企業が行う建設（設備）工事から設備稼働後ファイナンスが終了するまでの期間が長期にわたるため、リスクを軽減させるさまざまな工夫がなされています。ここでは、固定価格買取制度（FIT、Feed in Tariff）（注）を含むメガソーラープロジェクトファイナンスについて説明を行います。

◘ スキーム図

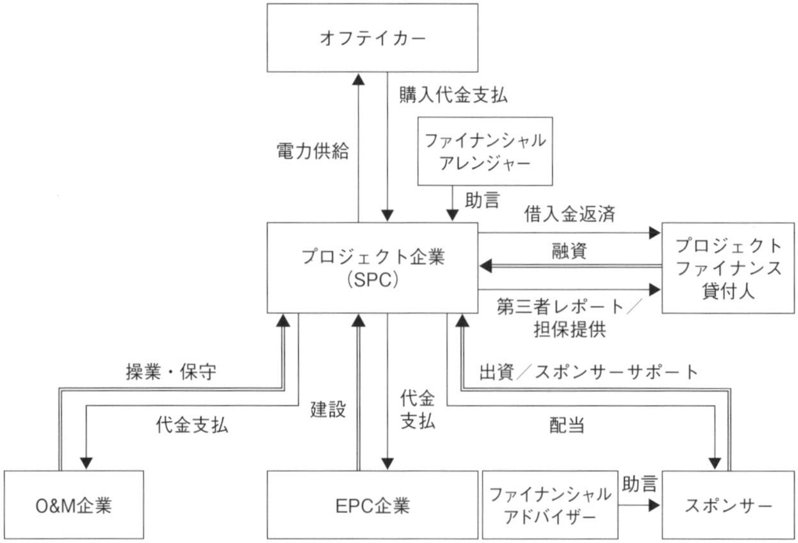

◘ スキーム図解説

① スポンサーは出資を行い、SPCを設立、EPC企業にプロジェクトの設計、調達、建設を依頼します。また、プロジェクトの関係者であるO&M企業、オフテイカーなどを選定します。

② ファイナンシャルアドバイザーは、スポンサーからの依頼を受け、プロジェクトの資金調達手段を検討します。

③ ファイナンシャルアレンジャーは、ファイナンシャルアドバイザーと協議のうえ、プロジェクトファイナンス貸付人を招聘、SPCは資金調達を行い、EPC企業に建設工事代金などを支払います。

④ SPCは、オフテイカーから受けた支払を、まず、プロジェクトを維持するために必要な諸費用に充当、次にプロジェクトファイナンスのローンの返済に充当します。

⑤ SPCもしくはスポンサーは、プロジェクトの進捗状況やキャッシュフローの状況についてファイナンシャルアドバイザーやファイナンシャルアレンジャーなどを通じ、定期的に報告を行います。

⑥ プロジェクトファイナンスのローンの返済は、オフテイカーの電力購入代金支払により行われます。

（注） 固定価格買取制度：FIT（Feed in Tariff）と呼ばれる電力の買取制度です。「電気事業者による再生可能エネルギー電気の調達に関する特別措置法」に基づき、再生可能エネルギーで発電した電力を、電力会社が一定価格で一定期間買い取ることを義務づけるものです。

主なスキーム構成者

1 スポンサー

SPCに対する出資を行い、プロジェクトの一部の役割を担うとともに、プロジェクト全体のサポートを行います。

2 SPC（プロジェクト企業）

プロジェクト資産を保有する企業のことをいいます。通常は、O&M企業にプロジェクトの遂行（運営）を委託します。

3 EPC企業

EPCとは、Engineering（設計）、Procurement（調達）、Construction（建設）のことをいいます。通常は、総合建設会社（general contractor）が、プロジェクトの設計、調達、建設の責任を負担して就任します。

4 O&M（operation and maintenance）企業

SPCから業務委託を受け、プロジェクトの運営を行います。操業、保守（運営、維持管理）が主たる役割となります。通常は、プロジェクトの事業について実績のある企業が就任します。

5 オフテイカー（off−taker）

プロジェクトから生じる電力を購入します。購入が滞るとプロジェクトの運営に支障をきたすことになるため、大手電力会社など信用力の高い企業が就任します。

6 損害保険会社

プロジェクトにおける各種リスクに対する保険を提供します。万が一の有事のリスクに対しての保険となりますが、同時に有事の際のプロジェクトファイナンスにおけるキャッシュフローの源泉となるため、信用力の高い大手企業が引受保険会社となります。

7 ファイナンシャルアドバイザー（financial adviser）

プロジェクトの資金調達について、スポンサーやプロジェクト企業に対して助言を行います。金融機関やコンサルティングファームが就任します。

8 ファイナンシャルアレンジャー（financial arranger）

シンジケートローンにおけるアレンジャーの役割を担います。プロジェクトファイナンスの組成を行い、貸付人を招聘します。

9 エージェント（agent）

シンジケートローンにおけるエージェントの役割を担います。また、プロジェクト契約などのウォーターフォールに従い、口座管理を行う役割を担うこともあります。それぞれの役割に応じて複数の金融機関が役割分担を行う場合もあります。

10 プロジェクトファイナンス貸付人

プロジェクトファイナンスに対して貸付を行う金融機関などのことをいいます。通常は、ファイナンシャルアレンジャーが招聘するシンジケートローンに参加する方式となります。

主なリスクの所在

プロジェクトを分析する際は、個別のプロジェクトの内容により事業リスクがさまざまな形態となります。従って、当該プロジェクトファイナンスの募集要項や各種契約等により、事業リスクの内容とリスク負担の状況などを確認することが重要となります。以下、一般的にあげることができるスキームの主なリスク要因とその対応を検討します。

1 事業主体（SPC）のデフォルトリスク

(1) リスク要因とその確認

事業主体でありプロジェクトファイナンスの借入人であるSPCがデフォルトすることにより、プロジェクトファイナンスの元利金返済キャッシュフローが減少する可能性があります。SPCのデフォルトは、プロジェクトの事業継続性が失われた状態を意味します。

(2) リスク要因への対応

SPCのデフォルト要因は、スポンサーのデフォルト、オフテイカーのデフォルト、キャッシュフローの減少、O&M企業のデフォルトなどさまざまな事象に起因します。各事象について、以下に解説を行います。

2 スポンサーのデフォルトリスク

(1) リスク要因とその確認

スポンサーがデフォルトした際に、代替するスポンサーがいない場合、プロジェクトの事業継続性が失われ、プロジェクトファイナンスの元利金返済キャッシュフローが不足する可能性があります。以下２点の確認が必要です。

① スポンサーの信用力

② スポンサーの交代

(2) リスク要因への対応

① スポンサーの信用力

スポンサーの信用力について検討する際、既存の取引がない日本企業で、格付機関から格付を取得している先、上場企業など信頼できる決算書類（財務諸表）を公開している先については、公開情報を参考に信用力の判断を行います。また、スポンサーが格付を取得しておらず、上場企業ではない場合は、財務内容などを定期的に入手することができる仕組みとなっていることの確認が必要です。海外企業の場合には、格付機関の格付レポートを参考に信用力の判断を行います。格付がない場合は、公表されている財務諸表、信頼できる調査機関のレポートなどを参考に信用力を評価します。日本企業と同様、財務内容などを定期的に入手することができる仕組みとなっていることの確認が必要となります。

② **スポンサーの交代**

スポンサーがデフォルトした際、代替するスポンサーとの交代までの期間中に、プロジェクトのキャッシュフローが減少するリスクへの対応を行います。一定期間の元利金および運営費相当額を現金準備により確保しておくことなどのスキーム上の措置を講じることで、スポンサー交代にかかわるリスクを軽減します。

3 オフテイカーのデフォルトリスク

(1) リスク要因とその確認

オフテイカーがデフォルトした際に、代替するオフテイカーがいない場合、プロジェクトの事業継続性が失われ、プロジェクトファイナンスの元利金返済キャッシュフローが不足する可能性があります。以下の２点の確認が必要です。

① オフテイカーの信用力

② スポンサーサポート

(2) リスク要因への対応

① **オフテイカーの信用力**

オフテイカーの信用力について検討する際、既存取引がない日本企業で、格付機関から格付を取得している先、上場企業など信頼できる決算書類（財務諸表）を公開している先については、公開情報を参考に信用力の判断を行います。また、オフテイカーが格付を取得しておらず、上場企業ではない場合は、財務内容などを定期的に入手することができる仕組みとなっていることの確認が必要です。なお、固定価格買取制度（FIT、Feed in Tariff）を活用する場合オフテイカー（電力の購入者）は基本的に発電所が所在する地域の電力会社になり、当該電力会社が破綻した場合は新たな電力会社と特定契約（買取契約）を結ぶことができます。電力会社の信用力は比較的高くなりますが、買取価格・期間・出力抑制される場合について、確認する必要があります。

② スポンサーサポート

オフテイカーがデフォルトした際、代替するオフテイカーとの交代までの期間中に、プロジェクトのキャッシュフローが減少するリスクに対応するため、スポンサーによるサポート（追加出資など）内容を確認します。スポンサーサポートにより、オフテイカー交代にかかわるリスクを軽減します。

4 事業キャッシュフローの減少リスク

一般的にプロジェクトファイナンスの元利金の返済は、事業主体が行うプロジェクトの運営収入に依拠します。この場合の主なリスク要因は以下のとおりです。

(1) リスク要因とその確認

① 経済環境の変化

② 競争力の変化（発電量・売電価格等）

③ 運営および事業収支リスク（事業リスク）

④ O&M企業に対する支払増加

⑤ 事故、自然災害などの発生

(2) リスク要因への対応

上記リスクに対し、当該プロジェクトの妥当性や事業収支計画等の分析による長期キャッシュフローを各種シナリオ別に策定したうえで、以下のような対応を検討します。なお、長期キャッシュフローの予測に際しては、メガソーラープロジェクトのプロジェクト対象地または近隣地の日照時間、日射量、設備条件などを踏まえて発電量を予測し、出力抑制の可能性、諸費用などを勘案して算出します。

① DSCR

キャッシュフローの余裕度であるDSCRについて確認を行います。経済環境の変化、競争力の変化、事業リスク、業務委託先に対する支払増加、事故、自然災害などの発生により、DSCRが一定水準に低下した場合、配当停止や現金留保といった措置を講じることにより、元利金返済キャッシュフローの減少を軽減することができます。

② **現金準備**

経済環境の変化、競争力の変化、事業リスク、業務委託先に対する支払増加、事故、自然災害などの発生の影響がある期間中のプロジェクトのキャッシュフロー減少リスクに対応します。一定期間の元利金および運営費相当額を現金準備により確保しておくことにより、元利金返済キャッシュフロー減少リスクを軽減します。

③ **スポンサーサポート**

経済環境の変化、競争力の変化、事業リスク、業務委託先に対する支払増加、事故、自然災害などの発生の影響がある期間中のプロジェクトのキャッシュフロー減少リスクに対応します。スポンサーによるサポート（追加出資など）内容を確認します。スポンサーサポートにより、元利金返済キャッシュフロー減少リスクを軽減することができます。

④ **損害保険**

事故、自然災害などの発生の影響がある期間中に、プロジェクトのキャッシュフローが減少するリスクおよび復旧費用の支払を賄うため、損害保険を付保します。損害保険支払により、元利金返済キャッシュフロー減少リスクを軽減することができます。付保された損害保険の内容や範囲を把握します。

5 O&M企業のデフォルトリスク

(1) リスク要因とその確認

O&M企業がデフォルトした際、代替するO&M企業がない場合、プロジェクトの事業継続性が失われ、プロジェクトファイナンスの元利金返済キャッシュフローが減少する可能性があります。以下の２点の確認が必要です。

① O&M企業の信用力

② スポンサーサポート

⑵ リスク要因への対応

① O&M企業の信用力

O&M企業の信用力について検討する際、既存の貸出取引がない日本企業で、格付機関から格付を取得している先、上場企業など信頼できる決算書類（財務諸表）を公開している先については、公開情報を参考に信用力の判断を行います。また、O&M企業が格付を取得しておらず、上場企業などではない場合は、財務内容などを定期的に入手することができる仕組みとなっていることの確認が必要です。海外企業の場合には、格付機関の格付レポートを参考に信用力の判断を行います。格付がない場合は、公表されている財務諸表、信頼できる調査機関のレポートなどを参考に信用力を評価します。日本企業と同様、財務内容などを定期的に入手することができる仕組みとなっていることの確認が必要となります。

② スポンサーサポート

O&M企業がデフォルトした際、代替するO&M企業との交代までの期間中に、プロジェクトのキャッシュフローが減少するリスクに対応するため、スポンサーによるサポート（追加出資など）内容を確認します。スポンサーサポートにより、O&M企業交代にかかわるリスクを軽減します。

③ 現金準備

代替するO&M企業との交代までの期間中にプロジェクトのキャッシュフローが減少するリスクに対応するため、一定期間の元利金および運営費相当額を現金準備により確保しておくことにより、O&M企業交代にかかわるリスクを軽減します。

期間、金利、格付

1 期　　間

プロジェクトファイナンスの期間は、FIT制度に基づいた売電期間が基本的に20年になるため15～25年程度となります。建設期間からのファイナンスとなり、完成後、プロジェクトが実施されてから一定の期間までのフルアモチ返済となります。プロジェクトは発電ですので、長期にわたって継続する必要不可欠な事業となります。

2 金　利

メガソーラープロジェクトファイナンスの金利は、リスクにより異なりますが、TIBORを基準金利とした変動金利が一般的です。変動金利とすることで、期限前返済などへの対応が比較的容易となります。また、プロジェクト企業は、費用安定化のため、変動金利をスワップ契約により固定化したり、キャップ契約により金利上限を設定する場合があります。スプレッドは、スポンサーのコーポレートローンの金利などに比較してプロジェクトのリスクを加味した分、高く設定されます。

金利の比較対象としては、同種のプロジェクトファイナンスのレート、オフテイカーやスポンサーの発行している社債や借入金レートなどがあります。

金利は需給関係で決定しますので、金融危機の場合と長く金融緩和が続く場合とでは、同じリスク評価でもスプレッドに大きな違いが生じます。

3 格　付

メガソーラープロジェクトファイナンスの格付は、プロジェクトのキャッシュフロー分析が最も重要になります。予想されるDSCR水準やオフテイカーやスポンサー含めたプロジェクトストラクチャー全体を勘案し評価します。一般的に格付水準はA～BBBとなります。メガソーラープロジェクトファイナンスの仕組みにおいては、格付機関の格付を取得しない場合も多いため、複数のリスクについて、総合的に判断を行います。メガソーラープロジェクトファイナンス貸付人は、プロジェクト自体の評価を踏まえ、格付の判断を行います。

主な契約書

1　合弁契約

一般に、出資を行うスポンサー間（出資者間）で締結します。出資比率やプロジェクトに関する事項を規定します。

2　工事請負契約

一般に、EPC企業とプロジェクト企業との間で締結します。建設工事や建設工事にかかわる支払条件などについて規定します。

3　電力需給契約

一般に、オフテイカーとプロジェクト企業との間で締結します。プロジェクトから生じる電力の売買・支払条件を規定します。

4　O&M契約

一般に、O&M企業とプロジェクト企業との間で締結します。プロジェクトの運営にかかわる委託（受託）事項を規定します。

5　損害保険契約

一般に、損害保険会社とプロジェクト企業との間で締結します。建設期間中のリスクに対するもの、プロジェクト稼働後のリスクに対するものがあります。各保険の免責条件や保険金支払の前提条件等が規定されています。

6　担保契約

一般に、プロジェクトの全資産およびプロジェクトから生じる権利（債権）についての担保設定にかかわる事項について規定します。

7　スポンサーレター

一般に、スポンサーによるサポートに係る事項を規定します。サポート内容により、契約形態はさまざまなものとなります。

8　金銭消費貸借契約（プロジェクトファイナンス）

プロジェクト企業（SPC）とプロジェクトファイナンス貸付人との間で締結します。通常、金銭消費貸借契約では、コモン・タームズ・アグリーメント（Common Terms Agreement、貸付人の共通要件に関する契約）、ファシリティ・アグリーメント（Facility Agreement、各ファシリティの条件に関する契約）、インター・クレディター・アグリーメント（Inter-creditor Agreement、債権者間の契約）などを締結します。各種コベナンツなどが規定されます。

9　契約書以外の主な書類

⑴　法律意見書

メガソーラープロジェクトファイナンス貸付人などに提供、開示されます。各種契約の有効性などが記載されます。

⑵　第三者評価レポート

発電量予測、設備構造検証、保険検証、ハザードリスク検証など、法律意見書以外のリスク分析に必要となる資料です。

まとめ

メガソーラープロジェクトファイナンスについては、プロジェクトのキャッシュフロー分析、スポンサーやO&M企業の成熟度（トラックレコード等）により、プロジェクトが一定レベルの水準を充足していると考えられます。プロジェクトファイナンス貸付人が信用力の評価を行う際は、プロジェクト所在地の良否やスポンサー、オフテイカー、O&M企業などの信用力およびプロジェクト遂行能力について確認を行います。また、プロジェクトファイナンスは15～25年程度と長期にわたるものが多く、プロジェクトファイナンス期間中のプロジェクト進行・稼働状況などについて、スポンサーやファイナンシャルアレンジャー（エージェント）などを通じたモニタリングを行うことができる仕組みとなっているかを確認のうえ、取り組みます。

リスク顕在化事例

①　借入人SPCのコントローラー（意思決定者）不在

〈事象！〉

参加金融機関の関係者間協定での協議事項の記載が十分でなかったため、SPCでの協議事項の優先順位等が不明瞭となり、SPCの構成者、ファイナンサーであるプロジェクトファイナンス貸付人、スポンサーを含むエクイティ提供者など関係者間で利益相反関係が生じました。

〈生かす！〉

SPCにおける不測の事態発生時をできうる限り想定し、その対応と権限を明確にし、協議事項とする範囲をできる限り小さくすることが肝要です。また、関係当事者（利害関係人）が想定しうる事象は、その関係当事者や想定しうる事象を契約書等に記載することにより、不測の事態発生時の利益相反による対立を防御するスキームとすることができます。

②　ファイナンス組成直後のスキーム構成者間の紛争顕在化

〈事象！〉

ファイナンスクローズ後間もなく、事業用地の地権者とSPCとの間で紛争が発生しました。紛争への対応費用と敗訴時の支払資金について追加的なスポンサーサポートを要請することとなりました。

〈生かす！〉

開発プロジェクトにおいては地権者や近隣から当該プロジェクトに対する理解が得られ、円満な関係が築かれていることが重要です。プロジェクトは長期にわたるため、潜在的な紛争の有無について十分な調査を行うとともに、必要な場合には対応のための現金準備やスポンサーサポートを手当することが肝要です。

③　太陽光発電事業におけるスポンサーの財務状況の悪化

〈 事象！〉

プロジェクトを行う借入人SPCのスポンサー（SPVに匿名組合出資を実施）役員の一人による不正行為が発覚し、スポンサーの財務状況の悪化、倒産が懸念されました。そこで、別のスポンサーに、匿名組合出資持分を移転し、同移転先のスポンサーから新たにスポンサーレターの受入れを行いました。

〈 生かす！〉

スポンサーの不測の事態による信用悪化に対しては、いかに迅速に対応できるかがポイントとなります。契約書に記載することにより、スポンサーによる貸付人への通知事項を的確に設定しておくことが肝要です。

④　太陽光発電コーポレートファイナンスにおける借入人の連絡不通

（規模等の理由でSPC案件ではありませんが、動産担保取得（ABL、Asset Based Lending）案件で起こりうる事象です）

〈 事象！〉

太陽光パネル等の発電設備に対して集合動産譲渡担保権、売電債権に対して将来債権譲渡担保権を設定して行ったコーポレートファイナンス案件において、借入人の代表者が失踪し、かつ他の担当者とも連絡がとれなくなりました。貸付人である金融機関は、担保実行の方法として太陽光発電所（事業）としての売却代金からの回収を図りましたが、売電契約の地位譲渡（移転）や設備認定の名義変更等について借入人からの承諾が得られないため、訴訟を起こしての対応を余儀なくされました。

〈 生かす！〉

担保実行による回収方法について、ファイナンス実行時から具体的事案に応じて一定のシミュレーションをしておく必要があると考えられます。本件のような事象を想定した場合、売電契約など太陽光発電事業継続のために重要な契約については、地位譲渡予約契約の締結や、オフテイカーである電力会社との事前の協議（承諾についての仕組みづくり）などを検討しておくことが肝要となります。

Ⅳ－3

PFI

◆ 概　要

PFI（Private Finance Initiative）とは、民間の資金、運営力、技術力を活用した社会資本（主として公共施設等を指します）整備およびサービス提供を行う手法のことです。具体的には、公共施設等の建設、維持管理、運営等に民間の資金、経営能力および技術的能力を活用することにより、同一水準のサービスをより安く、または、同一価格でより上質のサービスを提供します。

◆ スキーム図解説

① 公共セクターは、公共施設等の企画、建設、完成後の維持管理・運営を行うにあたり、PFIにより事業を実施することを決定します。

② 公共セクターは、PFI事業における民間事業者を募集し、応募したコンソーシアム（共同企業体）のなかから事業者を選定します。

③ スポンサー（コンソーシアム代表企業）などは特定事業（PFI事業）を実施する主体となるSPCを設立します。

④ スポンサーなどはSPCの資金調達手段を検討し、貸付人となる金融機関（PFIファイナンス貸付人）を選定します。PFIファイナンス貸付人はSPCへの貸付に関して公共セクターと直接協定（ダイレクトアグリーメント）を結ぶ場合があります。

⑤ SPCは設計、建設、維持管理・運営などの主要業務についてコンソーシアム構成企業などと業務委託契約を締結します。SPCは調達した資金をもとに公共施設等の建設工事代金などを支払います。

⑥ SPCは建設工事完了後、公共施設等を公共セクターに引き渡します。公共セクターは、以降、PFI事業契約に基づきその対価を割賦払いにより支払います。PFIファイナンスのローン元利金返済はこの公共セクターの支払が原資となります。

⑦ SPCはPFI事業契約に従って事業終了時点まで公共施設等の管理・運営業務を行います。

⑧ SPCもしくはスポンサーは、PFI事業の進捗状況やキャッシュフローの状況について定期的に報告を行います。

◘ スキーム図（本ケースではBTOを想定しています）

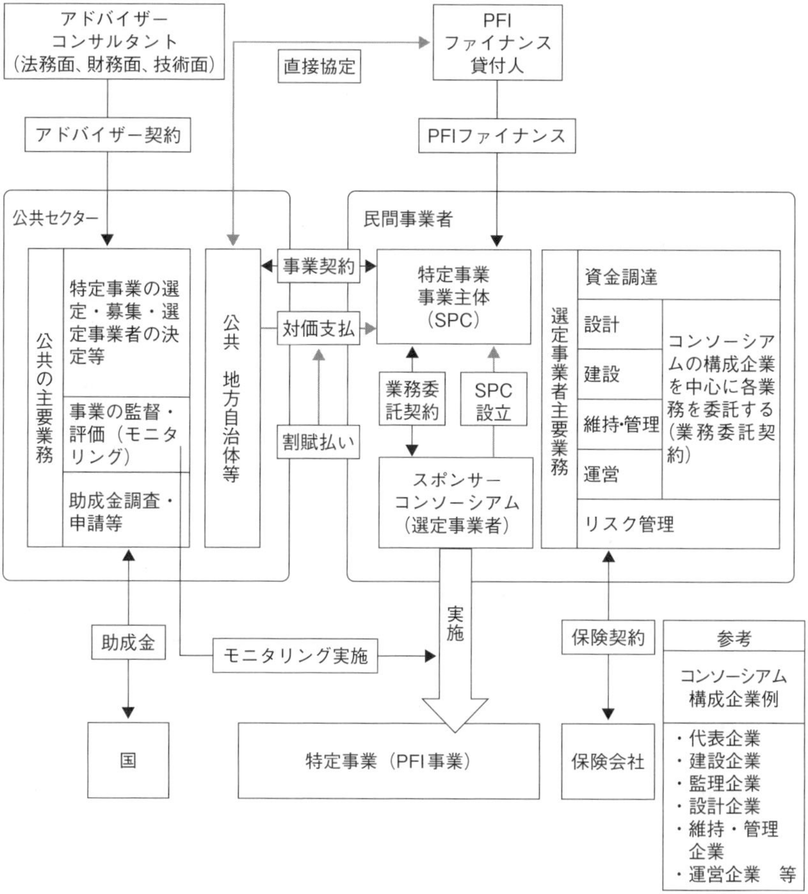

概要補足

1999年7月に「民間資金等の活用による公共施設等の整備等の促進に関する法律」（通称：PFI法）が制定され、国や地方公共団体（公共セクター）がPFIを積極的に活用しています。なお、PPP（Public Private Partnership、公民連携）とは、公民が連携して公共サービスの提供を行うスキームのことをいい、PFIは、PPPの代表的な手法の一つとなります。また、PFIの事業方式には、BTO、BOTなどがあります。

BTO（Build Transfer Operate）とは、民間事業者が自ら資金調達を行い、公共施設等を建設（Build）した後、施設の所有権を公共に移転（Transfer）し、施設の維持管理・運営（Operate）を民間事業者が事業終了時点まで行っていく方式のことをいいます。

BOT（Build Operate Transfer）とは、民間事業者が自ら資金調達を行い、公共施設等を建設（Build）・所有し、事業期間にわたり維持管理・運営（Operate）を行った後、事業終了時点で公共に施設の所有権を移転（Transfer）する方式のことをいいます。

主なスキーム構成者

1 公共セクター

公共施設等の企画、建設の発注、完成後の維持管理を行う地方公共団体などの公的機関のことをいいます。PFIでは、従来、公共セクターが行っていた業務を民間に委託します。

2 スポンサー（コンソーシアム（consortium）代表企業、構成企業）

PFI事業における民間業者の公募に応募、公共セクターに対し提案を行います。また、PFI事業の主体となるSPCの出資者等として、PFI事業を中心的に進める役割を担います。

3 維持管理・運営企業

SPCからの委託により、PFI事業における公共施設等の維持管理を行い、また、事業の運営を担う企業のことをいいます。一般に、コンソーシアムの構成企業となります。

4 建設企業

SPCからの委託により、公共施設等の建設を行う企業のことをいいます。一般に、コンソーシアム代表企業、構成企業となります。建設の瑕疵は事業の運営に支障をきたすため、実績および信用力のある企業が選定されます。

5 監理企業

SPCからの委託により、公共施設等の建設において、工事の監理を行う企業のことをいいます。一般に、コンソーシアムの構成企業となります。

6 設計企業

SPCからの委託により、公共施設等の設計を行う企業のことをいいます。一般にコンソーシアムの構成企業となります。

7 損害保険会社

公共施設等にかかわる保険契約を締結する企業のことをいいます。公共施設等は長期にわたり運営されるため、事業継続性を担保する必要があり、保険契約先は信用力の高い企業が選定されます。

8 SPC（事業主体）

Special Purpose Company（特別目的会社）の略称です。PFI事業を行うために設立された事業会社のことをいいます。一般的に、流動化を実施する際のペーパーカンパニーSPCと異なり、スポンサーが出資、人員派遣を行い、事業の建設・運営・管理を実施します。

9 PFIファイナンス貸付人

SPCに対して、SPCが保有・運営する資産（BTOでは割賦債権）、事業上の権利等を裏付資産として、ローンにより資金提供を行う金融機関のことをいいます。

主なリスクの所在

PFIを分析する際は、個別のPFI事業の内容により事業リスクがさまざまな形態となります。従って、当該PFI事業の募集要項や各種契約等により、事業リスクの内容とリスク負担の状況などを確認することが重要となります。以下、一般的にあげることができるスキームの主なリスク要因とその対応を検討します。

1 事業主体（SPC）のデフォルトリスク

(1) リスク要因とその確認

事業主体でありPFIファイナンスの借入人であるSPCがデフォルトすることにより、PFIファイナンスの元利金返済キャッシュフローが減少する可能性があります。SPCのデフォルトは、PFI事業の継続性が失われた状態を意味しますので、リスクの確認が必要となります。

(2) リスク要因への対応

SPCのデフォルト要因は、スポンサーのデフォルト、公共セクターのデフォルト、事業キャッシュフローの減少、業務委託先のデフォルトなどさまざまな事象に起因します。各事象について、以下解説を行います。

2 スポンサー（コンソーシアム代表企業、構成企業）のデフォルトリスク

(1) リスク要因とその確認

スポンサーがデフォルトした際、代替するスポンサーがいない場合、PFIの事業継続性が失われ、PFIファイナンスの元利金返済キャッシュフローが減少する可能性があります。以下の2点の確認が必要です。

① スポンサーの信用力

② スポンサーの交代および交代を実現するための手当

(2) リスク要因に対する対応

① スポンサーの信用力

スポンサーの信用力について検討する際、既存の取引先でない場合は、格付機関から格付を取得している先、上場企業など信頼できる決算書類（財務諸表）を公開している先については、公開情報をもとに信用力の判断を行います。また、スポンサーが格付を取得しておらず、上場企業などではない場合は、財務内容などを定期的に入手することができる仕組みとなっていることの確認が必要となります。

② スポンサーの交代

PFI事業契約などにおいてスポンサー交代が可能とされているか、また交代可能なほかの企業が存在するか（特殊技術が必要な事業などにおいては交代可能企業が限られます）、などの確認が必要です。交代可能な場合は、交代を実現するためのスキーム上の手当（プロジェクト資産などへの担保権の設定、直接協定（ダイレクトアグリーメント）による公共セクターとの協議機会の設定など）が十分か確認します。スポンサー交代までの期間中に、PFIのキャッシュフローが減少するリスクへの対応を行います。一定期間の元利金および運営費相当額を現金準備により確保しておくことなどのスキーム上の措置を講じることにより、スポンサー交代にかかわるリスクを軽減します。

3　公共セクターのデフォルトリスク

⑴　リスク要因とその確認

BTO等サービス購入型の場合、事業主体であるSPCが公共セクターから割賦債権の支払を受け、これをPFIファイナンスの返済原資とするため、主たるリスク要因は公共セクターになります。公共セクターがデフォルトした場合、PFIファイナンスの元利金返済キャッシュフローが減少する可能性が高まりますので、公共セクターの信用力の確認が必要です。また、公共セクターとの契約内容ごとに、割賦債権支払における各種前提条件等がありますので、スキーム上、公共セクターリスクとみなせるかどうか確認が重要となります。

⑵　リスク要因への対応

個別の割賦債権に関する公共セクターの債務履行能力については、以下の点などを確認できれば、公共セクターの信用力と同等と判断することが可能と考えられます。

① 議会の議決に基づき適法に締結されたPFI事業契約が存在すること
② PFI事業契約による金銭債務が債務負担行為の議決を得ていること
③ 金額・支払スケジュールなどの債務の内容が明確に定められていること

4　事業キャッシュフローの減少リスク

⑴　リスク要因とその確認

BOT等独立採算型の場合、PFIファイナンスの元利金返済が、事業主体が行うPFI事業の運営収入に依拠する場合があります。この場合の主なリスク要因は以下の点になります。

① 経済環境の変化
② 事業競争力の変化
③ 運営および事業収支リスク（事業リスク）
④ 業務委託先に対する支払増加
⑤ 事故、自然災害などの発生

⑵ リスク要因への対応

BOTの場合の上記リスク要因に対し、PFI事業の妥当性や事業収支計画等の分析による長期キャッシュフローを各種シナリオ別に策定したうえで、以下のような対応を検討します。

① DSCR

キャッシュフローの余裕度を示すDSCRによって確認を行います。どの程度の余裕度でPFIファイナンスを供与すべきか、PFIの事業リスクに応じて十分かなどの検討を行います。経済環境の変化、事業競争力の変化、事業リスク、業務委託先に対する支払増加、事故、自然災害などの発生により、DSCRが一定水準に低下した場合、配当停止や現金留保といったスキーム上の措置を講じることにより、元利金返済キャッシュフロー減少リスクを軽減することができます。

② 現金準備

経済環境の変化、事業競争力の変化、事業リスク、業務委託先に対する支払増加、事故、自然災害などの発生の影響がある期間中にPFIのキャッシュフローが減少するリスクに対応するため、一定期間の元利金および運営費相当額を現金準備により確保しておくことにより、元利金返済キャッシュフロー減少リスクを軽減します。個別案件ごとに、どの程度必要か想定・検討します。

③ スポンサーサポート

経済環境の変化、事業競争力の変化、事業リスク、業務委託先に対する支払増加、事故、自然災害などの発生の影響がある期間中にPFIのキャッシュフローが減少するリスクに対応するため、スポンサーによるサポート（追加出資など）内容を確認します。スポンサーサポートにより、元利金返済キャッシュフロー減少リスクを軽減することができます。

④ 損害保険

事故、自然災害などの発生の影響がある期間中に、PFIのキャッシュフローが減少するリスクおよび復旧費用の支払を賄うため、損害保険を付保します。損害保険支払により、元利金返済キャッシュフロー減少リスクを軽減することができます。付保された損害保険の内容や範囲を把握します。

5　業務委託先（維持管理・運営企業）のデフォルトリスク

(1)　リスク要因とその確認

業務委託先がデフォルトした際、代替する業務委託先がない場合、PFIの事業継続性が失われ、PFIファイナンスの元利金返済キャッシュフローが減少する可能性があります。以下の確認が必要となります。

① 業務委託先の信用力

② 業務委託先の交代および交代を実現するための手当（業務委託先デフォルト時のSPCによる緊急対応策など）

③ スポンサーサポート

(2)　リスク要因への対応

① 業務委託先の信用力

一般に、業務委託先は交代可能なスキームになっていることが多いと考えられます。業務委託先の信用力を検討する必要がある案件では、既存の取引先でない場合は、格付機関から格付を取得している先、上場企業など信頼できる決算書類（財務諸表）を公開している先については、公開情報をもとに信用力の判断を行います。また、業務委託先が格付を取得しておらず、上場企業などではない場合は、財務内容などを定期的に入手することができる仕組みとなっていることの確認が必要となります。

② 業務委託先の交代

業務委託先がデフォルトした際、代替する業務委託先との交代までの期間中にPFIのキャッシュフローが減少するリスクに対応するため、SPCによる緊急対応策、スポンサーによるサポート（交代先の探索、必要資金の追加出資など）内容などを確認します。これらのスキーム上の措置を講じることにより、業務委託先交代にかかわるリスクを軽減します。

③ 現金準備

代替する業務委託先との交代までの期間にPFIのキャッシュフローが減少するリスクに対応するため、一定期間の元利金および運営費相当額を現金準備により確保しておくことで、業務委託先交代にかかわるリスクを軽減します。

期間、金利、格付

1 期　間

PFIファイナンスの期間は、10～30年程度となります。一般に、建設期間からのファイナンスとなり、完成後、一定の期間までのフルアモチ返済となります。これまでのPFI事業の多くはBTO方式で、公共施設などを建設する箱もの事業となります。建設する建物などの減価償却期間、割賦債権の支払期間およびPFI事業期間などを考慮した、長期にわたるファイナンス期間となります。

2 金　利

PFIファイナンスの金利は、リスクにより異なりますが、個々に定義するスワップレートを基準とした固定金利が一般的です。固定金利とするのは、公共セクターが予算管理を行いやすいということ、プロジェクトにおける(キャッシュフロー）変動要因を排除することなどの理由によるものです。建設開始前に金利条件を固める場合が多く、１年以上先の先日付で固定金利の契約を締結することもあります。

金利の比較対象としては、公共セクターが発行している公共債・借入金レートやスポンサーの発行している社債や借入金レートなどがあります。

金利は需給関係で決定しますので、金融危機の場合と長く金融緩和が続く場合とでは、同じリスク評価でもスプレッドに大きな違いが生じます。

3 格　付

大型のPFIファイナンスの場合は、格付機関による格付が付与されている場合もあります。

通常案件では、格付は付与されていません。一般的に、BTOでは、主なリスクの所在である公共セクター、スポンサーの信用力や契約内容などを評価します。BOTでは、そのほかに事業キャッシュフローの減少リスクや業務委託先のデフォルトリスクなどを評価します。

主な契約書

1 PFI基本協定書

公共セクターとコンソーシアム企業との間で、落札後に基本事項（SPCの設立など）を規定、締結します。PFI事業の基本となる契約です。

2 出資者誓約書

出資を行うコンソーシアム企業が、PFI事業について誓約を行うために締結します。

3 PFI事業契約書

公共セクターとSPCとの間で締結します。事業全体の委託について、事業の内容・範囲などを規定します。

4 業務契約

コンソーシアム企業が、SPCから委託を受けたPFI事業における各業務を実施するにあたり、締結します。業務の内容詳細について規定します。

5 公有財産貸付契約

公共セクターとSPCとの間で締結します。PFI事業における土地の利用に関する事項を規定します。

6　保険契約

コンソーシアム企業が、公共施設等の建設工事中および完成稼働後の維持管理において、一定のリスクを回避するために損害保険会社と締結します。

7　担保契約

PFIファイナンスにおける譲渡担保や質権設定を規定します。一般に、PFI事業から生じる債権について担保設定を行います。

8　協 定 書（ダイレクトアグリーメント）

公共セクターとPFIファイナンス貸付人である金融機関等との間で締結します。担保契約等の前提となる契約です。

9　金銭消費貸借契約（PFIファイナンス）

SPCとPFIファイナンス貸付人との間で締結します。各種コベナンツなどが規定されます。

ま と め

PFIファイナンスは、民間の資金と経営能力・技術力（ノウハウ）を活用し、公共施設の設計・建設や維持管理・運営を行う公共事業に対するファイナンスであり、社会的意義が高い事業が対象となります。また、PFI法の改正により導入されたコンセッション（concession）方式（公共施設等運営権の付与）など、民間のノウハウを活用した公共事業が引き続き利用されると考えられています。方式によりリスクの所在が異なるため、スキームの分析が必要となります。また、長期間のファイナンスとなるため、公共セクターのリスクでない場合は、特に事業継続の有効性についての判断が重要なポイントとなります。

参　考

内閣府民間資金等活用事業推進室HP

日本PFI・PPP協会HP

リスク顕在化事例

当初予定していた案件の運営契約更新方針の変更

（PFI案件ではないコーポレートの開発案件ですが、行政との間の対応として、起こりうる事象です）

〈 事象！〉

行政による地域開発事案において複合商業施設の運営を落札し、当初の契約期間の更新を前提として長期間の運用を想定した施設を建設し運営を開始しました。

その後、行政の方針変更により運営契約の更新は行われずに立ち退きを余儀なくされ、施設の解体費用やテナントへの立退料なども含め不測の損害が発生すると同時に、開発を行った借入人のローンの弁済スケジュールのリスケジュール対応が必要となりました。

〈 生かす！〉

行政の担当者との間で約束した事項については必ず書面に残し、可能な限り行政の手続を経ておく必要があると考えられます。また、後日議会の承認などが得られるかについては不透明なため、契約書等に記載のない前提条件に依拠せずにプロジェクトを計画する必要があります。

V

コーポレートファイナンス

V－1

劣後ローン

◘ 概　　要

劣後ローンとは、劣後特約付ローンのことをいいます。一般の負債よりも返済順位が劣後するため、劣後ローンと呼ばれています。経済条件としては、返済順位の劣後、利息繰延べ（キャッシュアウトの制限）、期限一括（bullet）返済などの所与の条件があり、経済効果としては、シニアローン（一般の負債）よりも金利が高くなります。ハイブリッド（hybrid）証券などと呼ばれている、資本と負債の両面の性質をもった証券などを裏付けとしたローンについても、同様の性質をもったローンとなります。

ここでは、事業再生におけるDDS（Debt Debt Swap）など業績悪化企業に対する金融支援を目的とする資本性ローンではなく、主としてBBB格以上の投資適格企業（金融機関を除く事業法人）が調達する資本性の劣後ローンについて説明を行います。

◘ スキーム図

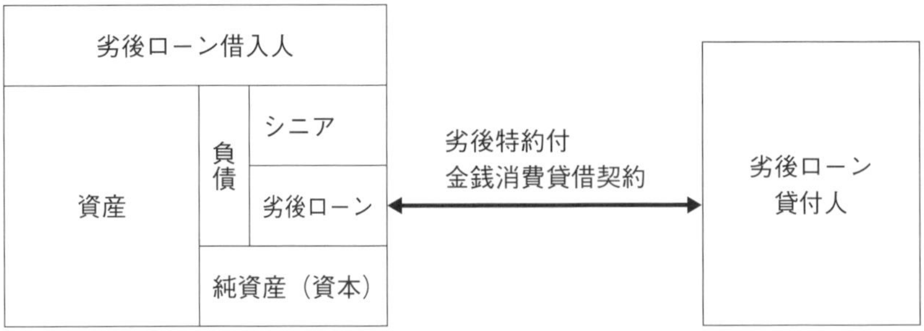

◘ スキーム図解説

① 劣後ローン借入人は、劣後ローンでの資金調達、財務戦略について、アレンジャーと検討を行い、劣後ローンでの借入れを決定します。

② アレンジャーは劣後ローン借入人と合意した金利・期間などの条件をもとに、劣後ローン貸付人の招聘を行います。劣後ローン借入人が直接招聘を行う場合もあります。

③ 劣後ローン貸付人は、劣後ローン借入人と劣後特約付金銭消費貸借契約を締結します。

④ 劣後ローン貸付人は、劣後ローン借入人から劣後ローンの元利金支払を受けます。

主なスキーム構成者

1 劣後ローン借入人

劣後ローンの借入れを行う企業のことをいいます。劣後ローンは自己資本（純資産）に近い性質をもつため、実質自己資本の金額、比率を一定以上に維持することを主な目的としています。ここでは、金融機関を除く事業法人が借入人となる場合を想定しています。

2 格付機関

金融商品または法人の信用状態に関する評価の結果について、記号または数字を用いて表示した等級を付与する会社です。日本の格付機関は、格付投資情報センター（R&I）など7社があります。

3 劣後ローン貸付人

劣後ローン借入人である企業に対して、一般の負債よりも返済順位が劣後するローンにより資金提供を行う銀行などのことをいいます。

主なリスクの所在

1 劣後ローン借入人のデフォルトリスク

(1) リスク要因とその確認

劣後ローンの元利金返済キャッシュフローに影響を与える可能性がある、劣後ローン借入人の信用状況について確認を行います。

(2) リスク要因への対応

劣後ローン借入人の信用状況が悪化した場合、デフォルトにより、元利金返済キャッシュフローが確保されない可能性があります。劣後ローンについては、格付機関から格付を取得している場合があり、格付情報を参考に信用力の判断を行います。劣後ローンが格付を取得していない場合は、劣後ローン借入人の財務内容などを定期的に入手することができる仕組みとなっていることの確認が必要となります。

なお、利息繰延べ条項により、利息の支払が一定期間行われない可能性も考慮します。

2 利息繰延べ（PIK、Payment in Kind）条項

⑴ リスク要因とその確認

負債であるにもかかわらず資本性をもち、資本として評価される条件の一つとして、利息繰延べ条項があります。純粋な資本である株式にたとえると無配となります。劣後ローンに利息繰延べが発生した場合、利息支払のキャッシュフローに影響がありますので、その確認を行います。

⑵ リスク要因への対応

資本性をもつ劣後ローンについては、利息繰延べ条項について、あらかじめ確認を行うことが必要となります。

① 累積型と非累積型

繰延べ可能であるものの、利息が累積され、累積された利息に対して利息が付与されるものを累積型といいます。これに対し、繰延べ可能期間が限定されず、利息が累積されないものを非累積型といいます。契約内容の検証を行い、利息繰延べとなる可能性と、繰延べ後の利息支払キャッシュフローの確認を行います。

② 強制繰延べと任意繰延べ

劣後ローン契約時に一定の条件を定め、この条件に抵触した場合、利息が繰り延べられるものを強制繰延べといいます。これに対し、劣後ローン契約時に定めた、利息繰延べができる権利について、行使するかどうかを劣後ローン借入人が決定できるものを任意繰延べといいます。任意繰延べの権利行使については、劣後ローン借入人が劣後ローン貸付人など投資家の意向を踏まえ、利息の支払を行う可能性があります。契約内容の検証を行い、利息

繰延べとなる可能性と、繰延べ後の利息支払キャッシュフローの確認を行います。

3 期限前返済

(1) リスク要因とその確認

劣後ローンの契約には、一般的に一定期間経過後の期限前返済（call）条項が規定されています。期限前返済が行われた場合、もしくは行われなかった場合、それぞれについて劣後ローン貸付人が想定した、メインシナリオであるキャッシュフローと異なるキャッシュフローとなる可能性があります。

(2) リスク要因への対応

期限前返済条項の内容について確認を行います。一般的には、ノンコール（non call、期限前返済禁止）期間経過後は、各利払日や税務事由、資本性変更事由の発生時に期限前返済は可能となります。また、ノンコール期間経過後は、金利のステップアップ（step-up）となる期間が規定されており、ノンコール期間の金利に一定の利率が加算されます。なお、リプレイスメント（replacement）が規定されている場合は、期限前返済されたローンにかわる資金調達について、期限前返済を行う劣後ローンと同等以上の資本性をもつことが必要とされます。

期限前返済が行われる場合、行われない場合、どちらが選択されても対応できるよう、各要素について、契約内容、キャッシュフローの確認を行います。

期間、金利、格付

1 期　　間

劣後ローンの期間は、一般的に30～60年程度となります。期限のない永久劣後ローンもあります。通常、劣後ローンには、期限前返済条項が規定されています。ノンコール（期限前返済禁止）期間は、一般的に５年以上となりますので、劣後ローンの期間は5年～期限までと考えることができます。実務上は、劣後ローン借入人の経済合理性から、5年もしくは金利のステップアップ時で期間が終了する（期限前返済が行われる）可能性が高くなります。

2 金　利

劣後ローンの金利は、TIBORを基準金利とした変動金利が一般的です。スプレッドは、シニアローン（一般のコーポレートローン）の金利に比較して高くなります。シニアローンに比較して返済順位が劣後する（一般的に優先株式と同等となる）ことが理由です。

金利の比較対象としては、劣後ローン借入人の発行している社債や借入金レートなどがあります。

なお、ステップアップがある場合は、ステップアップ幅は1％以下となることが一般的です。ステップアップ幅を高く設定すると、期限前返済の蓋然性が高まり、資本性調達の側面である期限の定めがない、もしくは超長期であるという特徴が失われてしまうためです。

3 格　付

劣後ローンは、一般的に格付を取得する場合が多くあり、格付機関によりハイブリッド証券などの評価基準が明示され、これに準じて格付が付与されています。劣後ローンの契約内容により、コーポレートの（長期）格付からは1～3程度のノッチ差がつく場合があります。

なお、期間が短いなど、契約内容により、純然たる資本性を伴うものではない劣後ローンについては、格付を取得せず、シニアローンとの元利金返済の可能性の差がほとんどない場合もあります。

主な契約書

金銭消費貸借契約書（劣後ローン）

劣後ローンの契約書のことをいいます。借入人と貸付人との間で締結します。返済順位、各種コベナンツなどが規定されます。

ま と め

劣後ローン貸付人は、シニアローンと比較したリスクとリターンについて検討することがポイントとなります。契約内容により、資本性の高いものからシニアローンとの差がほとんどないものまで、いくつかの段階があります。リスクは公表されている格付が参考になります。また、リターンは期間を考慮して検討することが必要となります。劣後ローン借入人の信用力と契約内容の分析を行うことで、リスク評価によっては、高いリターンを享受できる場合もあります。

プラスα

▶中小企業庁「中小企業者のためのエクイティ・ファイナンス基礎情報」

(https://www.chusho.meti.go.jp/kinyu/shikinguri/equityfinance/index.html)

本書は、ローンを中心とした投資の解説書ですが、本来の意味の投資であるエクイティファイナンスが、中小企業向けにも拡大しています。これを受け、中小企業庁では、「中小企業者のためのエクイティ・ファイナンスの基礎情報」を公開しています。

オルタナティブローンやサステナブルファイナンスに取り組む金融機関にとって、エクイティファイナンスは、特に中小企業における資金調達の一手段として重要な地位を占めることから、エクイティファイナンスに対する理解を深めることが肝要となります。

同書では、資本性ローンを含めたエクイティファイナンスについて、資金の出し手となる中小企業の取引先や金融機関、PEファンド等との間での経済面、ガバナンス面でのバランスのとり方や、出口戦略の想定、各種ファイナンス手段のメリットデメリットを踏まえること、アフターコロナを見据えた事業転換や事業化など、まさにサステナブルな資金調達方法についてわかりやすく解説されています。

ぜひ、参考にしていただきたい情報です。

V－2

バイアウトファイナンス

◘ 概　　要

バイアウト（Buyout）ファイナンスとは、LBO（Leveraged Buyout）、MBO（Management Buyout）などの手法により、企業や事業部門の買収を行う際に、被買収側の企業や事業部門（対象会社）から生じるキャッシュフローを返済原資として行われるローンのことをいいます。基本的にはコーポレートローンですが、バイアウトに伴い一定の制限が加わります。買収側は、PE（Private Equity）ファンドが主体となり（被買収企業の経営者や取引関係者がこれに加わる場合があります）、買収後の企業や事業部門の企業価値向上を目指します。財務上の特徴として、のれんが計上されることがあります。のれんはBS、PLに影響を与えるため、この点を踏まえた検討が必要となります。

◘ スキーム図解説

① PEファンド、経営陣（スポンサー）は、対象会社の買収を目的としたSPC（買収目的会社）を設立します。

② スポンサーは、SPCの資金調達（バイアウトファイナンス）方法を検討し、バイアウトファイナンス貸付人を選定します。

③ SPCは資金調達を行い、対象会社株式の購入代金を支払います（ステップ1）。SPCの資産は購入する対象会社株式がその大半を占めますが、株式のキャッシュフロー（SPCのキャッシュイン）は対象会社株式の配当のみとなるため、対象会社のすべての資産が担保となります（全資産担保）。

④ SPCと対象会社が合併します（ステップ2、ステップ3）。これにより、SPC向けバイアウトファイナンスは、合併した新対象会社向けバイアウトファイナンスとなります。

⑤ SPCもしくはスポンサーは、SPCと対象会社もしくは新対象会社の事業の進捗状況やキャッシュフローの状況について、定期的に報告を行います。

⑥ バイアウトファイナンスのローンの返済は、新対象会社（SPCが借入人の場合は対象会社株式の配当）の支払により行われます。

◘ スキーム図

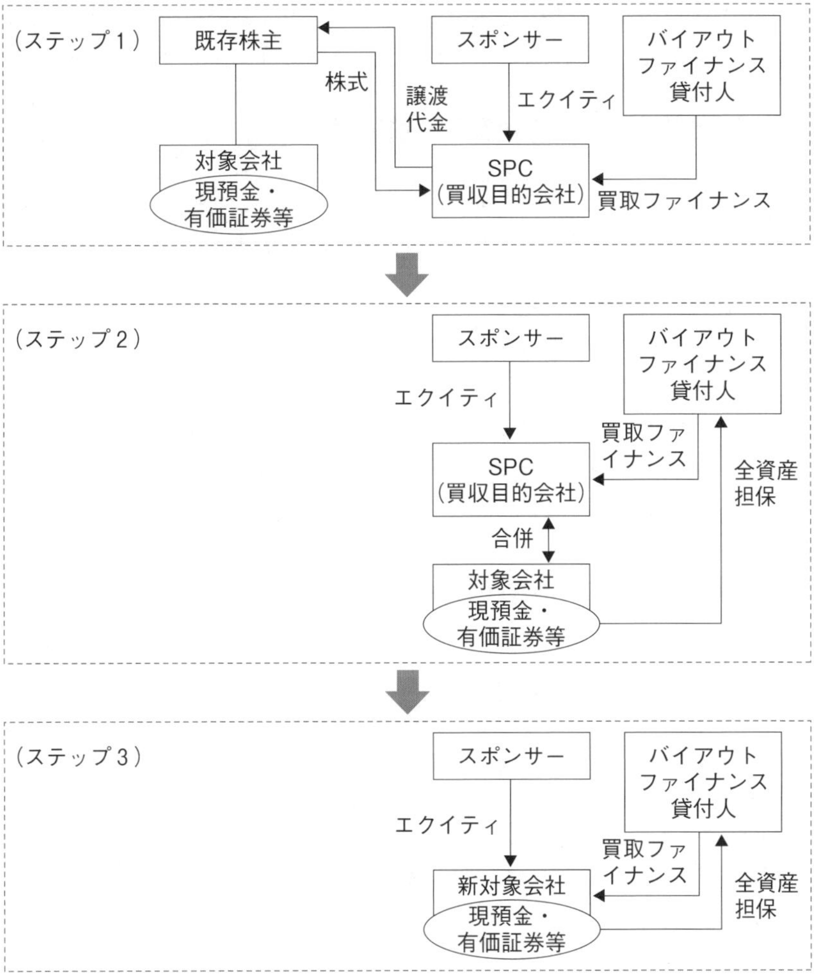
（ステップ1）
既存株主
スポンサー
バイアウト
ファイナンス
貸付人
株式
譲渡
代金
エクイティ
対象会社
現預金・
有価証券等
SPC
（買収目的会社）
買取ファイナンス
（ステップ2）
スポンサー
バイアウト
ファイナンス
貸付人
エクイティ
買取ファ
イナンス
SPC
（買収目的会社）
全資産
担保
合併
対象会社
現預金・
有価証券等
（ステップ3）
スポンサー
バイアウト
ファイナンス
貸付人
エクイティ
買取ファ
イナンス
新対象会社
全資産
担保
現預金・
有価証券等

主なスキーム構成者

1 売り手（既存株主）

被買収企業の株式を保有し実質的な支配力を有する企業や個人のことをいいます。保有株式を譲渡することにより、スポンサーに経営を委ねます。

2 被買収企業、事業部門（対象会社）

買収される側の企業や事業部門のことをいいます。経営の主体が変わることにより、事業や管理の方法が大きく変わる場合があります。

3 SPC（買収目的会社）

被買収企業や事業部門を買収するために設立された企業のことをいいます。買収資金のすべてを自己資金で賄う場合はSPCを必要としませんが、自己資金＋借入金で賄う場合にSPCを設立します。バイアウトファイナンスの借入人となります。

4 PEファンド、経営陣（スポンサー）

被買収企業や事業部門を買収する実質的な主体のことをいいます。買収目的会社のスポンサー（出資者、株主）となり、実質的な経営陣となります。

5 バイアウトファイナンス貸付人

SPCに対して、対象会社およびSPCの資産を担保としてローンにより資金提供を行う銀行などのことをいいます。

主なリスクの所在

1 対象会社のデフォルトリスク

(1) リスク要因とその確認

対象会社がデフォルトした場合、対象会社から生じるキャッシュフローを返済原資とするバイアウトファイナンスの元利金返済に影響を与える可能性があります。

(2) リスク要因への対応

対象会社のBS（Balance Sheet）、PL（Profit and Loss Statement）、CF（Cash Flow Statement）をもとにした事業計画（projection）、事業分析（DD、business due-diligence）などを把握するとともに、事業計画の進捗状況を確認します。また、経営主体であるPEファンドなどの経営方針、過去の投資実績を参考に将来キャッシュフローの蓋然性について確認を行います。

2 SPCのデフォルトリスク

(1) リスク要因とその確認

バイアウトファイナンス借入人となるSPCがデフォルトした場合、対象会社から生じるキャッシュフロー（主に配当）が、SPCを通じて返済原資となっているバイアウトファイナンスの元利金返済に影響を与える可能性があります。

(2) リスク要因に対する対応

① 担保範囲、連帯保証の確認

SPCの保有する対象会社の株式などSPCの資産がすべてバイアウトファイナンスの担保となっているか、対象会社がSPCの連帯保証人（併存的債務引受、免責的債務引受などを含む）となっているかなどについて確認を行います。

② 合併が行われる場合の留意点

SPCと対象会社の合併が行われる仕組みである場合、議決権行使やその他法的側面において、合併が支障なく行われる契約となっているか確認を行います。なお、税務上、許認可などの問題により、合併を行わない仕組みとなる場合もあります。この場合は①の確認を行います。

3　スポンサーのデフォルトリスク

⑴　リスク要因とその確認

スポンサーであるPEファンドなどがデフォルトした場合、対象会社の経営方針などの変更により、バイアウトファイナンスの返済原資である対象会社のキャッシュフローに影響を与える可能性があります。

⑵　リスク要因への対応

①　サステナビリティの確認

スポンサーであるPEファンドは、通常、実際の出資者（株主）である投資事業有限責任組合（LP、Limited Partnership）のGP（General Partner、投資事業有限責任組合契約に関する法律における無限責任組合員）となっています。PEファンドの出資母体や系列、過去の投資実績など、PEファンド自体のサステナビリティ（sustainability、持続可能性）について、確認を行うことが必要となります。

②　スポンサーが個人の場合の留意点

対象会社の経営陣は、対象企業の象徴（顔）である場合が多く、MBOの場合など、スポンサーとしての立場を有することがあります。また、円滑な事業承継を目的としたバイアウトファイナンスの場合は、後継者がスポンサーとなります。個人がスポンサーとなる場合のデフォルトリスクへの対応は、スポンサーの保有する対象会社やSPCの株式を担保とすることで、万が一の場合の影響を小さくします。

4　リファイナンスリスク

⑴　リスク要因とその確認

バイアウトファイナンスの返済方法は、バルーン（balloon、最終回の支払が大きい返済）による場合もしくはブレット（bullet、期限一括返済）とアモチ（amortization、分割返済）の組合せによる場合が一般的です。バルーンおよびブレットの最終回の支払は手元資金ではなく、リファイナンス資金で賄われますので、リファイナンスが不調となる場合、バイアウトファイナンスの元利金返済に影響を与える可能性があります。

なお、スポンサーによる事業売却（譲渡）が実施される際には、期限前返済が行われる場合が一般的です。この場合のリスクについては、「5　期限前返済」に記載します。

(2)　リスク要因への対応

①　事業計画の妥当性の検証

事業計画の妥当性について検証を行います。当初予定されている、バイアウトファイナンスのローンの期限までのキャッシュフローが予定どおりであれば、リファイナンスの不確実性は低くなります。

②　期間の確認

スポンサーであるPEファンドの投資期間を踏まえ、「PEファンドの投資期間＞バイアウトファイナンスのローン期間」となっているかどうか確認を行います。また、チェンジオブコントロール（change of control）条項により、スポンサーが変更する（一定の議決権を下回る）場合、バイアウトファイナンスにおける期限の利益喪失事由となるかどうか確認を行います。期間とチェンジオブコントロールにより、スポンサー変更によるリファイナンスリスクを回避します。

③　メインバンクの存在確認

リファイナンスの主体となるメインバンクの存在について確認を行います。メインバンクのリファイナンスに対する関与度により、リファイナンスの確実性の判断を行います。

5　期限前返済

(1)　リスク要因とその確認

バイアウトファイナンスのローン期限前に返済が行われる場合、元本回収は早期に図れるものの、利息のキャッシュフローが減少します。

(2) リスク要因への対応

バイアウトファイナンスでは、対象会社に対する制約事項が多く存在します。たとえば、全資産担保、各種報告義務、財務制限（DSCR（Debt Service Coverage Ratio、一定期間の元利金支払前のキャッシュフロー÷同一定期間の元利金支払予定金額）、EBITDA（Earnings Before Interest, Taxes, Depreciation and Amortization、利払い前、税引き前、償却前利益）など）、預金口座・借入制限、設備投資制限、配当制限などです。事業計画が順調に推移している場合、期限前返済を行い、制約事項の少ない新たな金銭消費貸借契約によるリファイナンスを行うことが一般的です。期限前返済が行われることを前提に、バイアウトファイナンスへの取組みを行うことが、リスク要因への対応となります。

期間、金利、格付

1 期　間

バイアウトファイナンスのローンの期間は、５～７年程度が一般的です。キャッシュフローの安定性やレバレッジ、担保によるカバーなどにより決定されます。返済方法は、通常バルーンとなりますが、トランチング（tranching、区分）により、アモチとブレットの組合せとなる場合もあります。

なお、運転資金の調達枠として、同時にリボルビングクレジットファシリティ（revolving credit facility、リボルバー（revolver）ともいいます）を設定する場合もあります。枠の設定期間も５～７年程度となりますが、借入期間は短期（１年以内）での一括返済（必要な場合は再度枠内で借入れを行う仕組み）となります。

2 金　利

バイアウトファイナンスのローン金利は、TIBORを基準金利とした変動金利が一般的です。期限前返済、リファイナンス時への対応が比較的容易であることが理由です。スプレッドは、シニアローン（一般のコーポレートローン）の金利に比較して高くなります。シニアローンに比較して、買収直後は負債比率が高くなること、経営主体が変わることによるリスクが伴うこと、5～7年程度の長期のコミットメントとなること、正ののれん計上の場合利益水準が低下することなどが理由です。

金利の比較対象としては、対象会社の発行している（していた）社債や対象会社の被買収前の借入金レートなどがあります。

なお、リスクに見合ったリターンという観点から、プライシンググリッド（pricing grid、達成度に応じてスプレッドが調整される仕組み）が適用される場合があります。財務コベナンツをもとに、負債の比率が低下する場合、金利を段階的に低下させる一方、負債の比率が上昇する場合、金利を段階的に上昇させるなどの内容とすることで、財務内容を金利に反映させます。

3 格　付

バイアウトファイナンスのローンは、一般的に格付を取得する場合は多くありません。一部の大型案件などの場合は、格付機関により格付が付与されています。また、メザニンローンがある場合などは、リスクの評価を明確にするため、格付が付与されることがあります。メザニンローンは、シニアローンの格付からは1ノッチ程度の差がつく場合があります。

主な契約書

1 M&A契約（株式譲渡契約、SPA）

売り手である被買収企業の株主と買い手であるSPCとの間で締結します。株式譲渡の条件を規定します。譲渡株価については、一般的に第三者の意見書を取得します。

2　金銭消費貸借契約（バイアウトファイナンス）

借入人であるSPCとバイアウトファイナンス貸付人との間で締結します。各種コベナンツなどが規定されます。

3　担保契約

バイアウトファイナンスにおける担保・質権などの設定契約となります。通常、SPCと対象会社の全資産およびスポンサーが保有するSPC株式がバイアウトファイナンスの担保となります。

4　保証契約

SPCの借入金（元利金）返済について、対象会社およびその関連会社等が保証を行うための契約のことをいいます。SPCのキャッシュフローは、対象会社からの配当のみとなる場合が多く、実際にキャッシュフローを創出させる事業会社から保証を受ける仕組みとします。

5　債権者間契約

メザニンローンがある場合、シニアローン債権者との間で締結する場合があります。返済原資であるキャッシュフローのウォーターフォールなどを規定します。

6　契約書以外の必要書類

(1)　事業計画（BS、PL、CF）

買収後の事業計画を示す資料です。スポンサーやデューデリジェンスを行ったコンサルティング会社などが原案を作成し、新たな経営陣が承認する計画となります。

(2)　デューデリジェンスレポート（税務・会計、法務、ビジネスなど）

買収時の対象会社の事業を査定した資料です。税理士法人、監査法人、弁護士事務所、コンサルティング会社など、各分野における専門家が作成しています。

まとめ

バイアウトファイナンスのローンは、基本的にはコーポレートローンと同様、企業が事業により生み出すキャッシュフローをもとに返済原資が賄われる仕組みとなっています。経営主体が変わること、多くの場合のれんの計上があること、負債比率が高いことや総合取引メリットが制限されることなどを考慮したうえで、ローンの取組可否を判断することとなります。対象企業のビジネスモデルや業界でのポジションを理解し、将来性を判断することで、リスクと比較して高いリターンを享受することも可能となります。

リスク顕在化事例

①　当初事業計画を下回る事業実績によるコベナンツ抵触

〈事象！〉

バイアウトファイナンスにおける当初事業計画の見通しを、過去の事業実績をもとに作成していたため、その後の環境変化のために業績が計画から大幅に下振れる状況となりました。そのため、スポンサー（エクイティ出資者）の追加出資やリスケジュール等で対応することになりました。

〈生かす！〉

コロナ禍による経済の急減速を経験した現在、経営環境が変化すると売上や利益が大幅に低下する可能性があることは明らかとなっています。将来計画のストレス耐性の検証を必須事項とし、スポンサーとのリスク分担を明確にしたうえで、バイアウトファイナンスの取組みを進めていくことが肝要です。

②　当初設定した設備投資費用不足によるコベナンツ抵触

〈事象！〉

当初、各年の設備投資費用の上限額をバイアウトファイナンスのローンコベナンツとして設定したところ、設備投資費用の支出が当初予定より遅れ、当該支出が後年度支出となったことから、上限額を超える年にコベナンツ抵触となりました。

事業継続のために必要な設備投資費用であり、コベナンツ抵触を解消するためにローン契約の変更などの手続を行う必要が発生しました。

〈 生かす！〉

本事象は、当初設定した各年の設備投資費用のうち、当該年度の上限額から実際の支出額を差し引いた額を翌年の設備投資費用の上限額に上乗せするなどの手当で対応ができます。設備投資費用の支出制限を将来の支出時期に応じて柔軟に対応できるように借入人と貸付人との間でローン契約作成時に合意し、明文化しておくことで、軽微な変更を包含することができます。

Ⅵ

リパッケージ

Ⅵ－1

CBリパッケージローン

◆ 概　要

CB（Convertible Bond）リパッケージローンは、転換社債債券をSPVが買い入れ、CBリパッケージローン貸付人がSPVにCB購入資金を融資するスキームです。CBにかかわるスワップ契約から生じるキャッシュフローをもとに、リパッケージローンの返済が行われます。CBを直接購入する場合と比較して、時価評価が必須ではないことやコールオプション（call option、購入選択権）により期限前返済が行われる可能性があるなどの特徴があります。

◆ スキーム図

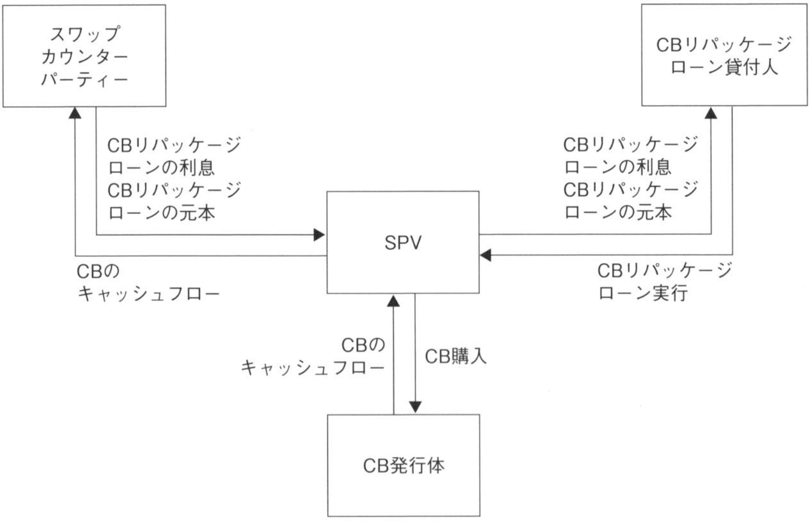

◆ スキーム図解説

① アレンジャーはSPVを設立、CBリパッケージローン貸付人を招聘、SPVは資金調達を行います。

② SPVは、アレンジャーなどからCBを購入し、スワップカウンターパーティーとスワップ契約などを締結します。

③ SPVは、スワップカウンターパーティーからキャッシュフローを受け、CBリパッケージローンの返済を行います。

④ アレンジャーもしくはSPVは、必要に応じ、CBリパッケージローンのパフォーマンス（デリバティブの時価、発行体の信用力など）について報告を行います。

⑤ CBリパッケージローンの返済は、CBの償還資金、アレンジャーやSPVのコールオプション行使によるCB売却資金などを原資として行われます。

主なスキーム構成者

1 転換社債発行体

CBの発行体です。通常、発行時格付BBB以上の企業となります。ほとんどの場合、上場企業となるため財務内容は公開されています。

2 SPV（CBリパッケージローン借入人）

Special Purpose Vehicleの略称です。CBリパッケージローン貸付人から資金供与を受け、CBを購入します。また、スワップカウンターパーティーとの間でスワップ契約を締結します。通常、ケイマンSPCや信託が利用されます。

3 スワップカウンターパーティー

SPVとスワップ契約を締結する金融機関です。通常、CBリパッケージローンのアレンジを行う格付BBB以上の金融機関またはそのグループ会社となります。

4 アレンジャー

関係者と交渉し、案件の組成を行います。通常、スワップカウンターパーティーと同一またはスワップカウンターパーティーのグループ会社となります。CBの取扱いを行うため、証券会社が就任する場合がほとんどです。

5 CBリパッケージローン貸付人

SPVに対し、CBおよびスワップ契約を裏付資産として資金供与を行う銀行などのことをいいます。

主なリスクの所在

1　原債務者のデフォルトリスク

(1)　リスク要因とその確認

原債務者のデフォルトにより、CBの元本および利息が減少します。これにより、CBリパッケージローンの元利金が減少する可能性があるため、その確認が必要です。

(2)　リスク要因への対応

CB発行体である原債務者は、格付機関から格付を取得している場合が多いため、格付情報等を参考に信用力の判断を行います。原債務者が格付を取得していない場合は、財務内容などを定期的に入手することができる仕組みとなっていることの確認を行います。

2　デフォルト債券からの回収リスク

(1)　リスク要因とその確認

原債務者がデフォルトした場合、CBもデフォルトします。CBリパッケージローンの元利金の回収は、デフォルトしたCBからの回収金額によって変わることになりますので、その確認が必要です。

(2)　リスク要因への対応

担保および劣後性の有無について確認を行い、発行体向けローンの回収との相違があるかどうか確認を行います。

3　債券の価格変動リスク

(1)　リスク要因とその確認

CBを予定償還日前に売却する場合、売却代金が額面金額および経過利息相当額を下回る可能性があるため、その確認が必要です。

⑵ リスク要因への対応

CBの価格変動リスクが顕在化しないよう、期中に借入人が任意に債券売却を行うことができない仕組みとなっていることを確認します。ただし、CBリパッケージローン貸付人の権利（put、プット）として期中に債券売却を行う仕組みとなっている場合は、特に問題とはなりません。

4 プリペイリスク

⑴ リスク要因とその確認

以下の場合、プリペイ（prepayment、期限前償還）の条件または買入価格によっては、予定されているキャッシュフローの減少が生じることとなるため、その確認が必要です。

① CB保有者であるSPVが、CBの予定償還日前に、ローンの期限前返済を行うことが可能なオプション（option、選択権）を行使する場合。

② 発行体が買入消却やCBの期限前償還を行うことができるオプションを行使する場合。

⑵ リスク要因への対応

プリペイによってSPVが受領する元利金でCBリパッケージローンの元利金を賄うことができるか確認を行います。ローンの元利金を賄うことができない場合、スワップ取引などにより、リスクヘッジができているか確認を行います。

5 スワップカウンターパーティーのデフォルトリスク

⑴ リスク要因とその確認

スワップカウンターパーティーがデフォルトした場合、スワップ契約は終了し、CBリパッケージローンは期限前返済されることが一般的です。CBはデフォルトしていないものの、CBリパッケージローンの元利金の回収に影響を与えることになるため、信用力の確認が必要です。スワップカウンターパーティーは、通常、SPVの金利スワップ（interest rate swap）、キャッシュフロースワップ（cash flow swap）、コールオプション（call option）などの要素をもつ、コーラブルアセットスワップ（callable asset swap）などといわれるスワップ取引の相手方となります。

(2) **リスク要因への対応**

スワップカウンターパーティーは格付機関から格付を取得している場合がほとんどであるため、格付情報等を参考に信用力の判断を行います。スワップカウンターパーティーが格付を取得していない場合は、財務内容などを定期的に入手することができる仕組みとなっていることの確認が必要となります。

期間、金利、格付

1 期　　間

CBリパッケージローンの期間は、1～5年程度となります。原債権（債券）であるCBの償還期日までの期間が契約上の期間となります。

なお、プライマリーのCBリパッケージローンの場合は、CBの期間とローンの期間は一致しますが、セカンダリーのCBリパッケージローンの場合は、CBの残存期間がローンの期間となるため、理論上は1年を切り数カ月程度の期間となる場合もあります。

2 金　　利

CBリパッケージローンの金利は、リスクにより異なりますが、TIBORを基準金利とした変動金利が一般的です。

金利の比較対象としては、CB発行体の発行している社債や借入金レートなどがあります。

金利は需給関係で決定するため、金融危機の場合と長く金融緩和が続く場合とでは、同じリスク評価でもスプレッドに大きな違いが生じます。

3　格　　付

CBリパッケージローンの場合、格付機関による格付が付与されていることがあります。格付機関が格付を付与する際は、基本的にはCB発行体とスワップカウンターパーティーの格付（信用力）をCBリパッケージローンの格付に反映することになります。

金融機関が評価を行う場合、CBリパッケージローンは、主としてリスクの所在であるCB発行体の信用力を分析することになります。なお、スワップカウンターパーティーの役割も大きいため、信用力の高いスワップカウンターパーティーであることを確認する必要があります。

主な契約書

1　スワップ契約

スワップカウンターパーティーとSPVとの間で締結します。裏付資産であるCBを参照するスワップ契約です。

2　担保権（質権）設定契約

SPV、SPVの債権者（CBリパッケージローン貸付人、スワップカウンターパーティーなど）、カストディアン（custodian、SPVにかわってCBの管理を行う者）との間で締結します。

3　金銭消費貸借契約（CBリパッケージ）

CBリパッケージローン貸付人と借入人であるSPVとの間で締結します。各種誓約事項などが規定されます。

まとめ

CBリパッケージローンでは、CB発行体のリスクを検討することが重要なポイントとなります。CBのリスクと異なる点は、スワップカウンターパーティーのリスクが加わることです。また、CBそのものに金利がない場合でも、CBリパッケージローンではスワップ契約を通してスワップカウンターパーティーが保有するCBの購入選択権などの価値を金利に組み込むことにより、社債や借入金レートとの間では比較優位な金利条件となります。

なお、CBの価値の取引は、市場のボラティリティが大きい場合などに動きが出ます。CBの権利であるワラント（warrant）行使、その他CBにかかわる取引が行われる場合に対応するため、CBリパッケージローンには期限前返済オプションが付与されています。従って、たとえば5年で予定していたキャッシュフローが6カ月で終了してしまうことを想定しておく必要があります。CBリパッケージローン特有の要素を十分に認識して貸付人となる場合、有効な投資機会となります。

参　考

JPX（日本取引所グループ）HP、CB上場銘柄一覧

プラスα

▶転換社債型新株予約権付社債（転換社債）

転換社債型新株予約権付社債（転換社債）は、一定の価格で株式と交換できる権利のついた社債です。英語名のConvertible Bondの頭文字をとって「CB」とも呼ばれます。普通社債にはない株式への転換権がついている分、利率は普通社債よりも低く設定されています。

転換するときは、あらかじめ決められた価格（転換価格）で株式に転換します。転換しなければ、普通社債と同じように毎年一定の利払いがあり、満期には額面金額が償還されます。

［図１　株価が上がるとCBの値段も連動して上がる］

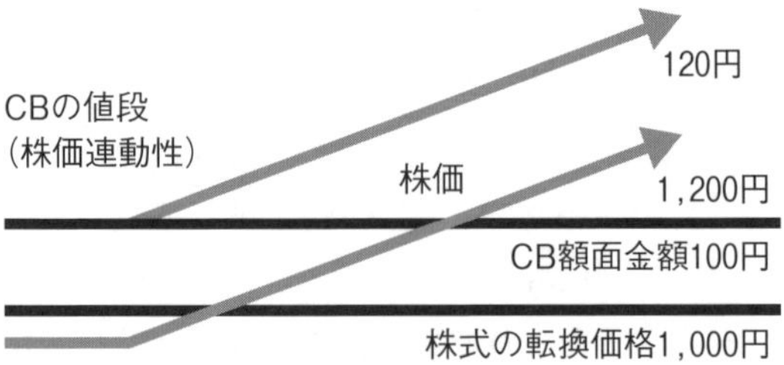

［図２　株価が下がっても社債としての価格（利回り）が下支えとなりCBの値段は一定水準より下がりにくくなる］

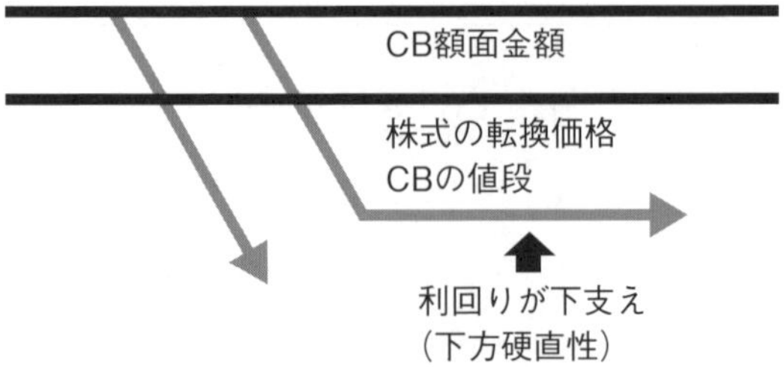

「額面100円、転換価格1,000円」のCBを発行している会社の株価が、1,000円から1,200円になったとします。この時に転換する場合、時価1,200円の株式を1,000円で取得できることになり、CBの時価も理論上は120円になってもおかしくないことになります。このようにCBの価格と株価は連動する傾向にあります（図１）。

一方、株価が下がった場合には、CBの債券としての利回りがCBの価格を下支えするので、CBの値段は一定水準より下がりにくくなるという性格があります（図２）。

（出典）　日本証券業協会

Ⅵ－2

SBリパッケージローン

◆ 概　　要

SB（Straight Bond）リパッケージローンは、社債債券をSPVが買い入れ、SBリパッケージローン貸付人はSPVにSB購入資金を融資するスキームです。SBの元利金支払から生じるキャッシュフローをもとに、リパッケージローンの返済が行われます。SBを直接購入する場合と比較して、時価評価が必須ではないことやSBのキャッシュフローをSBリパッケージローン貸付人のニーズにあわせて変更することが可能であること（具体的には、固定金利を変動金利にする、あるいは、外貨建ての社債を円建てにする）などの特徴があります。また、発行体企業によっては、社債は担保付きとしている場合があり、ローン貸付人の意向で無担保の融資ではなく、有担保のSBリパッケージローンを選択することもあります。

◆ スキーム図

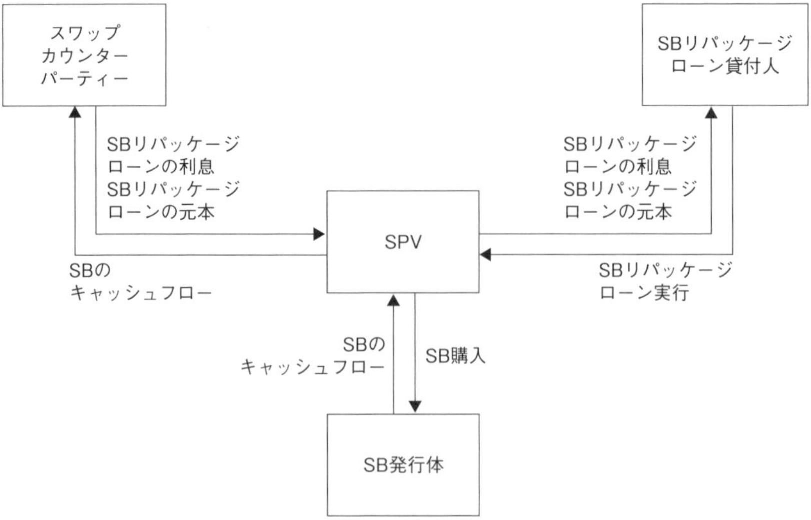

◆ スキーム図解説

① アレンジャーはSPVを設立、SBリパッケージローン貸付人を招聘、SPVは資金調達を行います。
② SPVは、アレンジャーなどからSBを購入し、スワップカウンターパーティーとスワップ契約を締結します。
③ SPVは、スワップカウンターパーティーからキャッシュフローを受け、SBリパッケージローンの返済を行います。
④ アレンジャーもしくはSPVは、必要に応じ、SBリパッケージローンのパフォーマンス（デリバティブの時価、発行体の信用力など）について報告を行います。
⑤ SBリパッケージローンの返済は、主としてSBの償還により行われます。

主なスキーム構成者

1　社債発行体

SBの発行体です。通常、発行時格付BBB以上の企業となります。ほとんどの場合、上場企業となるため財務内容は公開されています。

2　SPV（SBリパッケージローン借入人）

Special Purpose Vehicleの略称です。SBリパッケージローン貸付人から資金供与を受け、SBを購入します。また、スワップカウンターパーティーとの間でスワップ契約を締結します。通常、ケイマンSPCや信託が利用されます。

3　スワップカウンターパーティー

SPVとスワップ契約を締結する金融機関です。通常、SBリパッケージローンのアレンジを行う格付BBB以上の金融機関またはそのグループ会社となります。

4　アレンジャー

関係者と交渉し、案件の組成を行います。通常、スワップカウンターパーティーと同一またはスワップカウンターパーティーのグループ会社となります。SBの取扱いを行うため、証券会社が就任する場合がほとんどです。

5　SBリパッケージローン貸付人

SPVに対し、SBおよびスワップ契約を裏付資産として資金供与を行う銀行などのことをいいます。

主なリスクの所在

1 原債務者のデフォルトリスク

⑴ リスク要因とその確認

原債務者のデフォルトにより、SBの元本および利息が減少します。これにより、SBリパッケージローンの元利金が減少する可能性があるため、その確認が必要です。

⑵ リスク要因への対応

SB発行体である原債務者は、格付機関から格付を取得している場合が多いため、格付情報等を参考に信用力の判断を行います。原債務者が格付を取得していない場合は、財務内容などを定期的に入手することができる仕組みとなっていることの確認を行います。

2 デフォルト債券からの回収リスク

⑴ リスク要因とその確認

原債務者がデフォルトした場合、SBもデフォルトします。SBリパッケージローンの元利金の回収は、デフォルトしたSBからの回収金額によって変わることになるため、その確認が必要です。

⑵ リスク要因への対応

担保および劣後性の有無について確認を行い、発行体向けローンの回収との相違があるかどうか確認を行います。

3 債券の価格変動リスク

⑴ リスク要因とその確認

SBを予定償還日前に売却する場合、売却代金が額面金額および経過利息相当額を下回る可能性があるため、その確認が必要です。

(2) リスク要因への対応

SBの価格変動リスクが顕在化しないよう、期中に借入人が任意に債券売却を行うことができない仕組みとなっていることを確認します。ただし、SBリパッケージローン貸付人の権利（put、プット）として期中に債券売却を行う仕組みとなっている場合は、特に問題とはなりません。

4 プリペイリスク

(1) リスク要因とその確認

以下の場合、プリペイ（prepayment、期限前償還）の条件または買入価格によっては、予定されているキャッシュフローの減少が生じることとなるため、その確認が必要です。

① SB保有者であるSPVが、SBの予定償還日前にローンの期限前償還を行うことが可能なオプション（option、選択権）を行使する場合。

② 発行体がSBを買入消却する場合。

(2) リスク要因への対応

プリペイによってSPVが受領する元利金でSBリパッケージローンの元利金を賄うことができるか確認を行います。ローンの元利金を賄うことができない場合、スワップ取引などにより、リスクヘッジができているか確認を行います。

5 スワップカウンターパーティーのデフォルトリスク

(1) リスク要因とその確認

スワップカウンターパーティーがデフォルトした場合、スワップ契約は終了し、SBリパッケージローンは期限前返済されることが一般的です。SBはデフォルトしていないものの、SBリパッケージローンの元利金の回収に影響を与えることになるため、信用力の確認が必要です。スワップカウンターパーティーは主に、SPVの金利スワップ（interest rate swap）、キャッシュフロースワップ（cash flow swap）取引の相手方となります。

(2) リスク要因への対応

スワップカウンターパーティーは格付機関から格付を取得している場合がほとんどであるため、格付情報等を参考に信用力の判断を行います。スワップカウンターパーティーが格付を取得していない場合は、財務内容などを定期的に入手することができる仕組みとなっていることの確認が必要となります。

期間、金利、格付

1 期　　間

SBリパッケージローンの期間は、1～10年程度となります。原債権（債券）であるSBの償還期日までの期間が契約上の期間となります。

なお、プライマリーのSBリパッケージローンの場合は、SBの期間とローンの期間は一致しますが、セカンダリーのSBリパッケージローンの場合は、SBの残存期間がローンの期間となるため、理論上は1年を切り数カ月程度の期間となる場合もあります。

2 金　　利

SBリパッケージローンの金利は、リスクにより異なりますが、TIBORを基準金利とした変動金利が一般的です。

金利の比較対象としては、SB発行体の発行している社債や借入金レートなどがあります。

金利は需給関係で決定するため、金融危機の場合と長く金融緩和が続く場合とでは、同じリスク評価でもスプレッドに大きな違いが生じます。

3 格　　付

SBリパッケージローンの場合、格付機関による格付が付与されていることがあります。格付機関が格付を付与する際は、基本的にはSB発行体とスワップカウンターパーティーの格付をSBリパッケージローンの格付に反映することになります。

金融機関が評価を行う場合、SBリパッケージローンは、主としてリスクの所在であるSB発行体の信用力を分析することになります。なお、スワップカウンターパーティーの役割も大きいため、信用力の高いスワップカウンターパーティーであることを確認する必要があります。

裏付資産となる社債は、公募債を発行する場合は通常格付を取得しますが、私募債の場合は格付を取得しないことが一般的です。

主な契約書

1 金利スワップ契約

スワップカウンターパーティーとSPVとの間で締結します。裏付資産であるSBを参照するスワップ契約です。

2 担保（質権）設定契約

SPV、SPVの債権者（SBリパッケージローン貸付人、スワップカウンターパーティーなど）、カストディアン（custodian、SPVにかわってSBの管理を行う者）との間で締結します。

3 金銭消費貸借契約（SBリパッケージ）

SBリパッケージローン貸付人と借入人であるSPVとの間で締結します。各種誓約事項などが規定されます。

ま と め

SBリパッケージローンでは、SB発行体のリスクを検討することが重要なポイントとなります。SBのリスクと異なる点は、スワップカウンターパーティーのリスクが加わることです。また、SBそのものの金利よりもSBリパッケージローンの組成費用などを差し引く分、金利が低下しますが、貸出金利と比べて有利となる場合や、長期の貸出金取引を行う機会がない場合などには、有効な投資機会となります。

Ⅵ－3

CLOリパッケージローン

◘ 概　要

CLO（Collateralized Loan Obligation、ローン担保証券）リパッケージローンとは、CLOのキャッシュフローをもとに元利金の返済が行われるローンのことをいいます。CLOは主に米国で組成され、キャッシュフローの源泉となる原債務者（レバレッジドローン借入人）は、主に米国の非投資適格の企業となります。CLOは、格付機関による格付が付与されていますので、一般的には、格付機関のレポートをもとに、投資判断を行います。CLOリパッケージローンは、組成を行うアレンジャーと詳細を決定しながら、投資を行うこともできます。ここでは、米国CLOをリパッケージしたローンについて説明を行います。

◘ スキーム図（本ケースではCLOのAAA部分のリパッケージを想定しています）

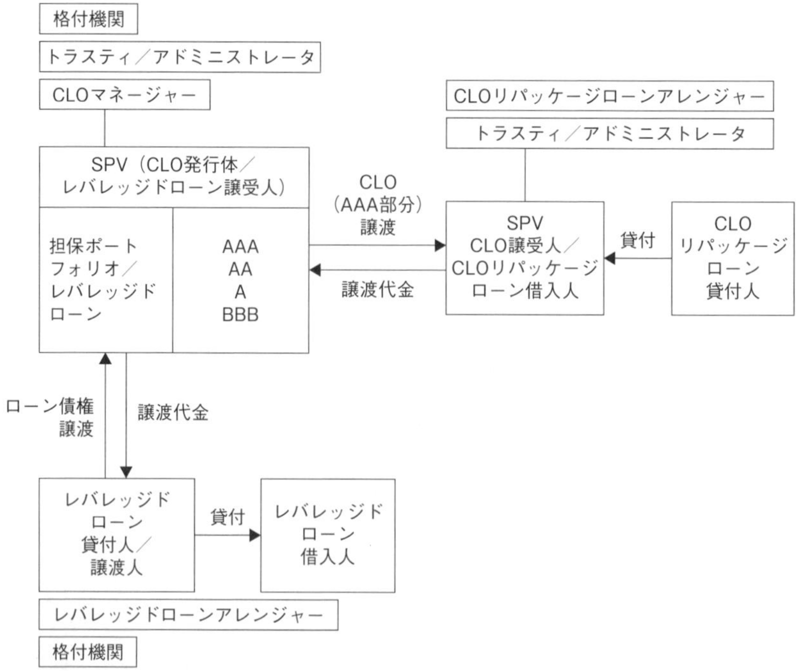

◘ スキーム図解説

① レバレッジドローンアレンジャーは、レバレッジドローン借入人（非投資適格）との間で、レバレッジドローン契約をアレンジ、レバレッジドローン貸付人はレバレッジドローンを実行します。

② レバレッジドローン貸付人は、実行したレバレッジドローンをCLO発行体であるSPVに譲渡します。

③ CLO発行体SPVは、CLO発行により資金調達を行い、レバレッジドローン貸付人に譲受代金を支払います。CLO発行体SPVのポートフォリオのマネジメントは、CLOマネージャーが行います。

④ CLOリパッケージローンのアレンジャーは、CLOリパッケージローン貸付人から借り入れた資金により、CLO投資家SPVでCLO（AAA部分）を購入します。

⑤ CLOリパッケージローンの返済は、レバレッジドローン借入人の支払によりCLO（AAA部分）のキャッシュフローを通じて行われます。

⑥ CLOリパッケージローン貸付人は、CLOリパッケージローンアレンジャー等から、貸付期間中のレバレッジドローンおよびCLOの状況（パフォーマンスや各種コベナンツ等）について、定期的に報告を受けます。

主なスキーム構成者

1 レバレッジドローン原債務者

レバレッジドローンの借入人で、金融機関等から主にシンジケートローンで資金調達を行います。借入人は、レバレッジ（DEレシオ、Debt Equity Ratio、負債資本倍率等）が高く、一般的に非投資適格（投資適格のBBB－に格付が満たない）企業となります。

2 レバレッジドローン貸付人

レバレッジドローンの貸付人は、主にシンジケートローンの参加者である金融機関等となります。貸付人は、アレンジャーが組成するレバレッジドローンの諸条件を考慮して、シンジケートローンに参加します。

3 レバレッジドローンアレンジャー

レバレッジドローンのスキームを構築し、原債務者・格付機関などスキーム関係者との折衝を行いながら、案件の組成を行います。通常、証券会社や銀行が就任します。

4 格付機関（レバレッジドローン）

レバレッジドローンの格付を行います。格付機関とは、金融商品または法人の信用状態に関する評価の結果について、記号または数字を用いて表示した等級を付与する会社です。レバレッジドローンの格付は、一般的にBB＋以下となります。

5 CLO発行体（SPV）

CLO発行のための器のことをいいます。CLO発行で得た資金でレバレッジドローンを購入します。SPVは器であるため、事務を行うトラスティ等が管理業務を行います。

6 CLOマネージャー

CLOに組み入れるレバレッジドローンのポートフォリオをマネジメントします。当初のポートフォリオ選定、期中のポートフォリオ入替えなどを行います。

7 CLOアレンジャー

CLOストラクチャー全体のスキームを構築し、格付機関やCLOマネージャー、投資家などのスキーム関係者との折衝を行いながら、案件の組成を行います。通常、証券会社や銀行が就任します。

8 格付機関（CLO）

CLOの格付を行います。格付機関とは、金融商品または法人の信用状態に関する評価の結果について、記号または数字を用いて表示した等級を付与する会社です。CLOの格付は、一般的にAAA～BBとなります。CLOには格付がつかない劣後（エクィティ）部分が一般的にポートフォリオ全体の10%程度あります。

9 トラスティ

CLO発行体（SPV）の管理業務を行います。SPVの資産であるレバレッジドローンの管理等を通じ、CLO発行体としてのSPVと関係者間の事務手続を行います。

10 CLO投資家（SPV）

CLOリパッケージローンの債務者となる器のことをいいます。CLOリパッケージローン貸付人から借入れを行い、CLOを購入します。多くの場合、SPVには信託が就任し、管理を行います。

11 CLOリパッケージローンアレンジャー

CLOリパッケージローンストラクチャー全体のスキームを構築し、CLOマネージャーやCLOリパッケージローン貸付人などスキーム関係者との折衝を行いながら、案件の組成を行います。通常、CLOアレンジャーや証券会社、銀行が就任します。

12 CLOリパッケージローン貸付人

SPVに対して、CLOを裏付資産として、ローンにより資金提供を行う金融機関等のことをいいます。

主なリスクの所在

1 原債務者のデフォルトリスク（CLO部分）

(1) リスク要因とその確認

CLO原債務者は、レバレッジドローンの債務者になります。債務者はCLOマネージャーが選定し、通常100～200社程度（CLOプール（pool））になります。レバレッジドローンのデフォルトにより、同ローンの元本および利息の回収が減少します。この要因については、以下の事項の確認を行います。

① レバレッジドローンの要件

格付、担保等の要件の確認を行います。一般的なCLOプールの要件と同様であれば、過去のデフォルト率、回収率を参考にすることができます。

② レバレッジドローン実行からの経過期間、ローン実行時期

経過期間が長いほど、CLOプール全体の傾向が正確に把握できます。また、ローン実行時期などにより、貸出条件等が異なる場合があります。

⑵ リスク要因への対応

① 原債務者の信用リスク

CLOの各トランシェは原債務者のデフォルトによりエクィティ部分から段階的に影響を受けます。キャッシュフロー減少要因として、原債務者のデフォルトおよびデフォルト後の回収率低下があります。デフォルトをしないまでも原債務者の信用力の変化、特に信用力の低下については把握しなければいけません。ただ、CLOマネージャーにより原債務者の入替えが行われることもあります。そのためCLOプールの信用力の変化について、格付機関が公表する加重平均格付（WARF、Weighted Average Rating Factor）を利用するのが一般的です。レバレッジドローンの債務者の格付はCCC～BB程度で、加重平均格付はBゾーンになっていると考えられます。

原債務者の信用リスクは、CLOリパッケージローンアレンジャー作成のレポートやCLOマネージャーとの対話、格付機関のレポートを参考に、レバレッジドローン契約内容やデフォルトの定義、各デフォルト段階での想定される格付や回収方法について確認を行い、想定のパフォーマンスが現実的か必要に応じストレスをかけて検証します。

② 優先劣後構造

CLOリパッケージローンの裏付資産対象となるAAAなどのCLOトランシェは、多少の原債務者がデフォルトしても償還に問題がないように優先劣後構造により信用補完が施されています。たとえば、AAA格の劣後比率は一般的に35～40％程度なので、CLOプールのうち30％デフォルトしても償還されることになります。そのため、CLOプールの劣後水準の妥当性の検証が必要になります。また、急激なCLOプールの信用力低下に備えるためOCテスト（Overcollateralization test、超過担保テスト）が決められているのが一般的ですので、その水準などを確認しておきます。

2 プリペイリスク（CLO部分）

⑴ リスク要因とその確認

変動金利のレバレッジドローンの原債務者のプリペイは、原債務者の財務状況や市場スプレッド低下などの経済合理性により生じますが、CLOのプリペイはCLO投資家の市場スプレッドが低下すると起こりやすくなります。CLO投資家の市場スプレッドが低下すると、アレンジャーはそのスプレッド水準で再組成し、レバレッジドローンの原債務者へこれまでより低下したスプレッド水準を提示できるようになり、CLOのリファイナンス（CLO再組成）が起こりやすくなります。

また、CLOがプリペイされないまでも裏付けとなっている個別のレバレッジドローンがプリペイされる場合があります。その場合、再投資期間内であれば再投資されますが、それがあらかじめ決められた一定のルールに基づいたものか、信用力の点で特段問題ないかなどを確認します。

元本の回収が減少するものではありませんが、償還が早まる場合やこれにより利息の回収総額が減少する場合があります。

プリペイとなる状況の要因については、以下の事項の確認を行います。

① レバレッジドローンおよびCLOの市場スプレッド水準

② 個別レバレッジドローンのプリペイ資金の流れ（再投資もしくは償還等）

(2) リスク要因への対応

CLOのプリペイあるいはその裏付資産となる個別のレバレッジドローンのプリペイはCLOリパケージローンに大きな影響を与えるものではありませんが、再投資の状況などによりICテスト（Interest Coverage test）がパスできないことにより償還時期に影響を与える場合があります。CLOリパッケージローンアレンジャー作成のレポートやCLOマネージャーとの対話、格付機関のレポートを参考に検証を行います。

3 原債務者デフォルト後の回収リスク（担保）

(1) リスク要因とその確認

デフォルトした個別レバレッジドローン債権から回収を行う場合、回収率について考慮する必要があります。全資産担保が原則となりますが、資産状況は各債務者により異なります。

⑵ リスク要因への対応

レバレッジドローンの過去のデフォルト率や格付別のデフォルト率および全資産担保の回収率等、CLOリパッケージローンアレンジャー作成のレポートやCLOマネージャーとの対話、格付機関のレポートを参考に、投資するCLOのポートフォリオと比較、検討を行います。

4 CLOマネージャーとその交代のリスク（CLO部分）

⑴ リスク要因とその確認

CLOマネージャーの役割はとても重要です。個別レバレッジドローンの選定、レバレッジドローンの入替えの可否判断、ポートフォリオ構成、OCテストやICテストの遵守、パフォーマンス報告などCLOのポートフォリオをどのように構築、維持し、最終償還させるかの責任を負います。

CLOはCLOマネージャーが個別レバレッジドローンを積み上げ、一定期間残高を維持するよう入替えなどの再投資を行い、その後格付の高い部分から順次償還を迎えていく商品です。法定償還期間は10〜十数年程度となり、エクィティ投資家がコールすることにより、CLO自体がプリペイされることもあります。一方で、投資後すぐにコールがかからないよう、一定のノンコール期間が設定されています。

CLOマネージャーの構築するポートフォリオ構成によって、プールの信用力低下や個別レバレッジドローンのデフォルト増加などの事象が起こりえます。

また、CLOマネージャーの契約違反、デフォルト等交代事由が発生した場合、CLOの運用にマイナスの影響が発生するリスクがあります。

⑵ リスク要因への対応

CLOのスキーム特性を理解したうえで、当該CLOマネージャーが信頼に足るのか、経験や実績はどうなのかなどを確認したうえで、判断する必要があります。

CLOマネージャーが交代する場合も、交代決定後、後任マネージャーが選出され就任するまで、当初のCLOマネージャーはCLO裏付資産の運用を継続する義務を負うことを確認します。その際、後任のCLOマネージャーの経験や実績などの確認も必要で、運用にどのような影響・リスクが顕在化するか、CLOリパッケージローンアレンジャー作成のレポートやCLOマネージャーとの対話、格付機関のレポートを参考に確認を行います。

5 資金管理に関するリスク（CLO&リパッケージローン部分）

⑴ リスク要因とその確認

CLOリパッケージローンには、２つの資金管理に関するリスクが存在します。

① レバレッジドローンの元利金を原債務者から回収し、CLO発行体SPVに引き渡すレバレッジドローンのエージェント等の管理者や資金管理口座

② ①の資金をCLO発行体SPVから投資家であるCLOリパッケージローンSPVに引き渡す管理者およびその資金管理口座

それぞれにおいて管理者の破綻や、資金管理口座がある金融機関の破綻などにより、CLOリパッケージローンの元本回収にマイナスの影響が発生しますので、回収方法の確認が必要です。

⑵ リスク要因への対応

適切な管理者が資金の流れについて的確な資金管理を行っているか、また管理者の指示により安全性の高い口座で管理されているのかを確認することが重要です。

CLOからリパッケージローンへの資金については、その管理者が回収金を債務者から回収してSPVに引き渡すまでの日数を確認し、許容範囲にあるか判断し、対応します。

期間、金利、格付

1 期　　間

一般的にCLOを裏付資産としたCLOリパッケージローンの期間は、優先

部分のAAAなどへの投資であることやコールが想定されることから実質4～7年程度となります。

実際のCLOの原債権であるレバレッジドローンは5～7年程度です。CLOマネージャーが組成を行ううえで、エクイティ投資家、デット投資家との間で、再投資期間、ノンコール期間などを決定し、原債権のレバレジッドローンの最終返済までの期間を考慮し、CLOのリーガルマチュリティ(legal maturity、法定償還期間）を設定します。一般的に10～十数年になります。そのCLOの期間にあわせ、一定の事務処理期間を考慮しリパッケージローンの期間を設定します。

2 金　利

CLOリパッケージローンの金利は、現状ではLIBORを基準金利とした変動金利が一般的です。CLO自体は通常米ドル建てLIBORを基準金利とした商品ですが、LIBOR停止の際の円滑な移行を目的として、2022年以降LIBOR以外の基準金利、たとえばSOFR（Secured Overnight Financing Rate、担保付翌日物調達金利）を基準金利としたCLOが発行されています。裏付資産となるCLOの格付別のトランシェのリスクにより異なりますが、CLOのAAA格の最上位トランシェに対するローン貸付人となる場合は、安全性は高いものとなります。

金利の比較対象としては、同格付の他の裏付資産の流動化ローンや証券化ノート（note、債券）などがあります。

3 格　付

一般的にCLOリパッケージローンの裏付資産となるCLOの格付は、AAA～BBとなります。AAA格の劣後比率は35～40％程度、CLOリパッケージローンはAAA格を裏付資産とする場合がほとんどです。

なお、CLO2.0（注）以降、S&P、Moody'sにおいて、CLOのAAA格が格下げとなった事例はありません。

（注） CLO2.0：2008年のリーマンショック以降、格付基準が厳格化されたもの

をいいます。主に劣後比率や再投資期間、裏付資産を保守的に見積もり、格付がされるようになりました。

主な契約書（CLO[1]～[3]、CLOリパッケージ[4]）

CLOリパッケージローンは関係当事者が多数存在します。ここではローン取上げに際し、少なくとも確認する必要がある契約書等を記載しています。

1　マネジメント契約（Collateral Management Agreement）

CLO発行体SPVとCLOマネージャーとの間で締結される契約です。マネージャーは、レバレッジドローンのポートフォリオのマネジメントを行います。

2　債券発行要綱（Indenture Offering Circular）

目論見書とも呼ばれています。債券発行要綱のなかで、CLO発行体SPVとトラスティとの契約が規定されています。トラスティはSPVの管理業務を行います。

3　譲渡契約書（Assignment Agreement）

CLO発行体SPVとレバレッジドローン貸付人との間で締結されるレバレッジドローン譲渡についての契約です。CLO発行体SPVのポートフォリオ構成に不可欠な契約となります。また、格付機関は、譲渡契約書により譲渡されたレバレッジドローンのポートフォリオについて格付を行います。

4　金銭消費貸借契約（CLOリパッケージ）

CLOリパッケージローン貸付人と借入人であるSPVとの間で締結します。各種誓約事項などが想定されます。

まとめ

CLOは、コーポレート向けのローンの集合体と考えると、マクロの視点ではコーポレートファイナンスとして理解しやすいものとなっています。その集合体のAAAなどの優先部分がリパッケージローンの裏付資産となります。

一方、ミクロの視点では、①原債務者が海外の企業であること、②全資産担保のレバレッジドローンという日本では実務の取扱いが少ないローンであること、③マネージャーの運用手腕等がキャッシュフローに及ぼす影響が大きいことなど、ストラクチャーを含めた案件特性の理解を深めることができない場合、リスクの正確な把握ができない可能性があります。

他の流動化、証券化ローンよりも、CLOリパッケージローンアレンジャー、CLOマネージャー、格付機関との対話をより高い頻度で行うことにより、ローン実行後のポートフォリオの信用力の変化や個別レバレッジドローンのデフォルト予測をある程度想定し、想定との差異を正確に把握することで、想定内の事象としてとらえることがポイントとなります。

プラスα

▶リスクリテンション

金融庁が証券化商品のリスク評価について、格付重視（格付偏重）の日本の金融機関に対し、2019年３月15日に留意事項を公表しています。

金融機関がローンなどの証券化商品に投資する際、原資産５％以上を当初債権者（譲渡人）が保有、もしくは原資産の質などから適切な組成がなされていることが必要で、これがないと判断する場合には、リスクウェイトが増加します。

適切な組成についてはQ&Aに示されており、「証券化商品の投資に当たっては、信用リスク等の観点から、原資産の質につき深度ある分析を行うことが特に重要となります」とあります。

いずれにしても、スキームの理解と、CLOマネージャー、CLOリパッケージローンアレンジャーとの有事（リスクウェイト増を含む）を想定した対話が不可欠となります。

Ⅶ

リスクパートイン

Ⅶ－1

クレジットリンクローン(CLL)(シングルネーム)

◆ 概　要

CLL（Credit Linked Loan）とは、CDS（Credit Default Swap）取引に基づき、国債などの安全資産（担保資産）のリスクと交換した企業（参照企業）の信用リスクをもとに、融資を行うものです（ここでは国（ソブリン）などのリスクではなく、企業のリスクについて説明します)。融資先は、通常SPVとなり、SPVがCDS取引を行います。CLLにおける企業の信用リスクは、3CE（Credit Event）と呼ばれるデフォルト事由をもとにします。貸出における一般的なデフォルト事由は2CEですが、CLLにおいては、これにリストラクチャリング（restructuring、債務の条件変更）と呼ばれるいわゆるリスケが加わります。このほかにもデフォルト時の損失金額はデリバティブの業界団体であるISDA（International Swaps and Derivatives Association）によるオークション（auction、入札）等で決定されるなどの特徴があります。

◆ スキーム図解説

① アレンジャーはSPVを設立、CLL貸付人を招聘、SPVは資金調達を行います。
② SPVは担保資産（国債など）を購入、また、スワップカウンターパーティーとの間でクレジットデフォルトスワップ、金利スワップ、キャッシュフロースワップ契約を締結します。
③ SPVは、スワップカウンターパーティーからキャッシュフローを受け取り、CLLの返済を行います。
④ アレンジャーもしくはSPVは、必要に応じ、CLLのパフォーマンス（デリバティブの時価、参照企業の信用力など）について報告を行います。
⑤ CLLの返済は、担保資産（国債など）の償還により行われます。

◘ スキーム図

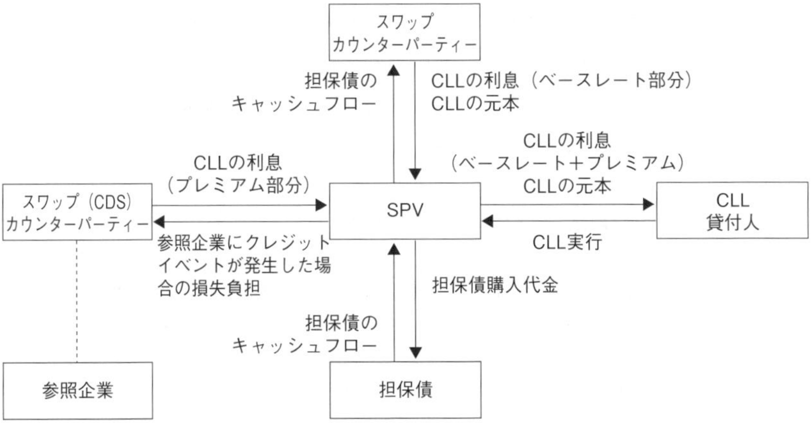

日本のCDS取引の代表的な指標は、アイトラックス・ジャパン（Markit iTraxx Japan）があり、JPX（日本取引所グループ）のHPなどでマーケット状況の確認を行うことができます。

主なスキーム構成者

1　SPV

Special Purpose Vehicleの略称です。クレジットリンクローン（以下、CLL）貸付人から資金供与を受け、国債などの安全資産を購入します。また、スワップカウンターパーティーとの間でスワップ契約を締結します。通常、ケイマンSPCや信託が利用されます。

2　スワップカウンターパーティー

SPVとスワップ契約を締結する金融機関のことをいいます。通常、CLLのアレンジを行う格付BBB以上の金融機関となります。

3　アレンジャー

関係者と交渉し、案件の組成を行います。通常、スワップカウンターパーティーと同一またはスワップカウンターパーティーのグループ会社である銀行、証券会社などとなります。

4　CLL貸付人

SPVに対し、国債などおよびスワップ契約を裏付資産として資金供与を行う銀行などのことをいいます。

主なリスクの所在

1　参照企業のデフォルトリスク

(1)　リスク要因とその確認

CDS契約におけるクレジットイベント観測期間内に、参照企業がデフォルト（クレジットイベントが発生）した場合、SPVはあらかじめ定められた決済手続（主にオークション決済）に基づき、クレジットイベントによる損失相当額をスワップカウンターパーティーに支払います。参照企業のデフォルトリスクについて、CLLの元利金支払キャッシュフローに影響を与える以下の事項について確認を行います。

① 参照企業の信用力

② クレジットイベントの定義

(2) リスク要因への対応

① 参照企業の信用力

参照企業は格付機関から格付を取得している場合が多いため、格付情報等を参考に信用力の判断を行います。

参照企業が格付を取得していない場合は、財務内容などを定期的に入手することができる仕組みとなっていることの確認が必要となります。

なお、CLLにおけるクレジットイベントは3CE（Credit Event）が一般的です。3CEとは、bankruptcy（破産）、failure to pay（支払不履行）、restructuring（債務の条件変更）のことをいいます。貸出におけるデフォルト事由とCLLにおけるクレジットイベントは、まったく同様とは限らないので、その違いを考慮する必要があります。

② クレジットイベントの定義

クレジットイベントの確認を行う場合、法的破綻もしくはこれに準じるもの（銀行取引約定書や一般的な金銭消費貸借契約に定義されているもの）以外のクレジットイベントの項目および手続方法について、契約書などによる確認が必要となります。

2 スワップカウンターパーティーのデフォルトリスク

(1) リスク要因とその確認

スワップ契約におけるSPVの相手方であるスワップカウンターパーティーがデフォルトした場合、スワップ契約が終了します。その場合、SPVは保有する担保資産を市場で売却することにより、CLLを期限前返済します。スワップカウンターパーティーデフォルト時のスワップの時価および担保資産の時価によっては、CLLの元利金支払キャッシュフローが確保できない可能性があるため、その確認が必要です。

⑵ リスク要因に対する対応

① スワップカウンターパーティーの信用力

スワップカウンターパーティーは格付機関から格付を取得している場合がほとんどであるため、格付情報等を参考に信用力の判断を行います。スワップカウンターパーティーが格付を取得していない場合は、財務内容などを定期的に入手することができる仕組みとなっていることの確認が必要となります。

② スワップカウンターパーティーリスク回避措置

スワップカウンターパーティーのデフォルトリスクを回避する措置、具体的には、スワップカウンターパーティーがデフォルトした際の期限前返済の場合にCLLの元利金支払が確保できる仕組み（超過担保（資産）など）とすることで、リスクを回避します。この場合は、CLLの金利に影響があります（リスクを許容する場合よりも金利が低下します）。

3 担保資産のデフォルトリスク

⑴ リスク要因とその確認

SPVが保有する担保資産がデフォルトした場合、スワップ契約が終了します。その場合、SPVが締結しているスワップ契約を清算してCLLを期限前返済します。担保資産デフォルト時のスワップ取引の時価および担保資産の時価（回収金額）により、CLLの元利金支払キャッシュフローが確保できない可能性があります。

⑵ リスク要因への対応

担保資産は格付機関から格付を取得している場合が多いため、格付情報等を参考に信用力の判断を行います。担保資産が格付を取得していない場合は、財務内容などを定期的に入手することができる仕組みとなっていることの確認が必要となります。なお、担保資産は、通常、国債や格付の高い金融機関の預金、債券などとなりますので、参照企業やスワップカウンターパーティーのデフォルトリスクと比較してリスクの小さいものとなります。

4 クレジットイベントによる損失金額

(1) リスク要因とその確認

参照企業にクレジットイベントが発生した場合、一般的に行われるオークション決済などにより、損失金額が確定します。クレジットイベント後の決済方法について確認を行います。

(2) リスク要因への対応

クレジットイベント後の決済方法について確認を行います。決済対象債務の条件（劣後性など）の確認を行い、参照組織の借入金の回収との違いを確認します。決済方法はオークション方式が一般的で、この場合は、回収率決定（算出）プロセスが共通化されており透明性が高くなっています。他の方式で決済を行う場合には、回収率決定（算出）について、オークション方式との違いを確認します。

なお、クレジットイベントによる損失金額の変動を回避する措置、具体的には、クレジットイベント発生時の損失金額をあらかじめ定めておく仕組みとすることで、損失金額の変動リスクを回避することができます。この場合は、CLLの金利に影響があります。

期間、金利、格付

1 期　　間

CLLの期間は、一般的に５年～５年３カ月となります。５年のCDSの取引量が多く、マーケットの流動性が高いためです。また、主な担保資産である国債の取引限月が３、６、９、12月であるため、３、６、９、12月の20日近辺を期日とするCLLが多くなります。たとえば、１月に国債を担保資産とするCLLを約定して貸出を実行する場合、期日は５年後の国債の償還日である

3月20日近辺とします。この場合のCLLの期間は5年2カ月となります。

2 金　　利

CLL（シングルネーム）の金利は、リスクにより異なりますが、TIBORを基準金利とした変動金利が一般的です。

金利の比較対象としては、参照企業の発行している社債や参照企業の借入金レートなどがあります。

金利はCDSマーケット参加者の需給関係で決定しますので、金融危機の場合や機関投資家（特に外国人）の動向などにより、同じリスク評価でもスプレッドに大きな違いが生じます。

3 格　　付

CLLの場合、格付機関による格付が付与されていることがあります。CLLに格付を取得する理由は、リスクの所在が参照企業、スワップカウンターパーティー、担保資産それぞれに存在することや、貸出におけるデフォルト事由とCLLにおけるクレジットイベントは、まったく同様とは限らないため、それらを総合的に判断する必要があるためです。

金融機関が評価を行う場合、CLLの評価は、主たるリスクの所在である参照企業の3CEに対する信用力を分析することになります。その他、スワップカウンターパーティー、担保資産などの分析も含め判断を行います。

主な契約書

1 スワップ契約

スワップカウンターパーティーとSPVとの間で締結します。裏付資産である担保資産と参照企業を参照するスワップ契約です。通常、CDSと金利スワップの取引契約となります。

2　担保設定契約

SPV、SPVの債権者（CLL貸付人、スワップカウンターパーティーなど）、カストディアン（custodian、SPVにかわって国債等の管理を行う者）との間で締結します。

3　金銭消費貸借契約（CLL）

CLL貸付人と借入人であるSPVとの間で締結します。各種誓約事項などが規定されます。

まとめ

CLLはデリバティブ取引であるCDSを内包しているため、デリバティブの仕組みを理解して取り組むことが重要なポイントとなります。また、アレンジャーによって、金利（レート）が大きく異なることもあるなど、CDSのボラティリティ（volatility）は高く、まさにマーケット動向に左右されます。CLL貸付人は、参照企業のリスクをとっていますが、CDSの相手方は参照企業のリスクを外しています。従って、参照企業のリスクを外したいというデリバティブ取引の相手方などがいなければ、CDS取引は成立しないことになります。理論的には、CDS取引の相手方が存在すれば、常時組成可能なローンですので、ポートフォリオ分散や収益性向上の観点など、一定の目的のもとに一定の金額の範囲内で取り組むことが重要となります。

参　考

JPX（日本取引所グループ）HP
IHSマークイット社HP

リスク顕在化事例

CLLの参照企業としていた企業のコンプライアインス問題発覚

〈 事象！〉

コンプライアンス問題が発覚したことで参照企業のCDSスプレッド急上昇。同時にCLLの価値（時価）が急落したことにより、追加引当てなど急落時点からCLLのマチュリティ（最終返済期日）までの保有コストが想定外に増大しました。

〈 生かす！〉

CDSスプレッドは株価上昇や下落による影響のほかにもさまざまな要因で変動します。これらを踏まえたうえで、まず投資するCLLの他商品とのスプレッドの優位性の理由を理解します。そのうえで、将来的な価値（時価）下落や、シンジケートローン、バイラテラルローン、SB等とのスプレッドの違いをよく吟味してCLLへの投資を行うことが肝要です。検討した範囲であれば想定内のコストとして許容することができます。

プラスα

▶アイトラックス・ジャパン構成銘柄（2022年３月10日現在）

- ACOM CO., LTD.
- AEON CO., LTD.
- ANA HOLDINGS INC.
- FUJITSU LIMITED
- HITACHI, LTD.
- HONDA MOTOR CO., LTD.
- ITOCHU CORPORATION
- JAPAN TOBACCO INC.
- JFE HOLDINGS, INC.
- KAWASAKI HEAVY INDUSTRIES, LTD.
- KAWASAKI KISEN KAISHA, LTD.
- KINTETSU GROUP HOLDINGS CO., LTD.
- KOBE STEEL, LTD.
- KOMATSU LTD.
- MARUBENI CORPORATION
- MITSUBISHI CORPORATION
- MITSUBISHI HEAVY INDUSTRIES, LTD.
- MITSUI & CO., LTD.
- MITSUI CHEMICALS, INC.
- MITSUI O.S.K. LINES, LTD.
- NEC CORPORATION
- NIPPON PAPER INDUSTRIES CO.,LTD.
- NIPPON STEEL CORPORATION
- NIPPON YUSEN KABUSHIKI KAISHA
- NISSAN MOTOR CO., LTD.
- OJI HOLDINGS CORPORATION
- ORIX CORPORATION
- PANASONIC CORPORATION
- RAKUTEN GROUP, INC.
- RICOH COMPANY, LTD.
- SHIMIZU CORPORATION
- SOFTBANK GROUP CORP.
- SONY GROUP CORPORATION
- SUMITOMO CHEMICAL COMPANY, LIMITED
- SUMITOMO CORPORATION
- SUMITOMO REALTY & DEVELOPMENT CO., LTD.
- TAKEDA PHARMACEUTICAL COMPANY LIMITED
- TOKYO ELECTRIC POWER COMPANY HOLDINGS, INCORPORATED
- TOSHIBA CORPORATION
- TOYOTA MOTOR CORPORATION

VII－2

エクスポージャーリンク型ABL

◇ 概　要

エクスポージャーリンク型ABL（Asset Backed Loan）は、エクスポージャーリンク型ABL貸付人が貸し出す資金をもとに預金を設定し、金融機関が保有する貸付債権のエクスポージャーに対し預金に質権設定することにより金融機関が保全を図る仕組みです。特定の企業グループや特定の業種への与信エクスポージャーが大きい場合、金融機関がCPM（Credit Portfolio Management）の観点から、リスク軽減を図る方法の一つとして行われています。公表はされていませんが、保全の方法は変わるものの、貸付債権の保全を目的とするほかの仕組みもいくつか行われています。ここでは、預金を用いて保全を行うスキームを説明します。

◇ スキーム図（本ケースではSPVは信託を想定しています）

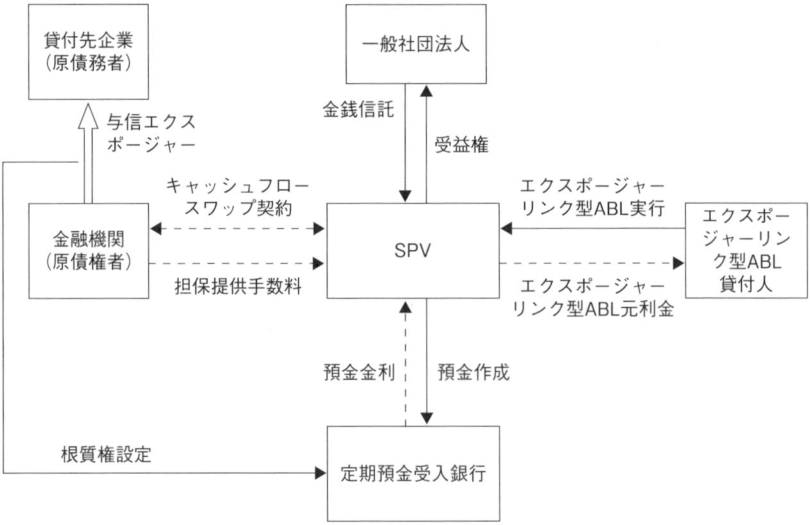

スキーム図解説

① 原債権者である金融機関は、エクスポージャーリンク型ABL貸付人を招聘、SPVは資金調達を行います。

② SPVは担保資産（定期預金など）を設定、原債権者との間で担保（質権）設定契約を締結します。また、スワップカウンターパーティーとキャッシュフロースワップ契約を締結します。

③ SPVは、スワップカウンターパーティーからキャッシュフローを、原債権者から担保提供手数料を受け取り、エクスポージャーリンク型ABLのスキーム維持費用に充当した後、エクスポージャーリンク型ABLの返済を行います。

④ 原債権者もしくはSPVは、必要に応じ、エクスポージャーリンク型ABLのパフォーマンス（原債務者企業の信用力など）について報告を行います。

⑤ エクスポージャーリンク型ABLの返済は、担保資産（定期預金など）の償還により行われます。

主なスキーム構成者

1 原債務者

金融機関の貸出先企業のことをいいます。金融機関にとっての大口貸出（与信）先である場合が一般的です。

2 原債権者（金融機関）

貸出先企業のエクスポージャー（exposure、リスク資産の度合い）に対して保全を行う金融機関のことをいいます。エクスポージャーリンク型ABLの組成により、特定のエクスポージャーの保全を強化、非保全の圧縮を図ります。

3 一般社団法人

信託スキームにおける信託受益者となります。信託ABLのスキームでは、ABLによる一部受益権償還後においても受益者の存在が不可欠となるため、スキームの構成者として存在する場合があります。

4 SPV

エクスポージャーリンク型ABL貸付人からの資金供与を受け、エクスポージャーを保全する目的の預金などを設定します。また、スワップカウンターパーティーとの間でスワップ契約を締結します。通常、信託が利用されます。

5 スワップカウンターパーティー

SPVとスワップ契約を締結する金融機関のことをいいます。エクスポージャーリンク型ABL貸付人に支払う元利金の源泉となる預金などの利息および担保提供手数料のキャッシュフローの整合などを行います。通常、金融機関である原債権者もしくは原債権者のグループ会社となり、原債権者のほかにアレンジャーがある場合は、アレンジャーもしくはアレンジャーのグループ会社となります。

6　定期預金受入銀行

預金を用いて保全を行う場合、定期預金の預入先の銀行となります。本預金には原債権者のために担保権が設定されます。

7　エクスポージャーリンク型ABL貸付人

SPVに対し、原債権者の原債務者向けの貸出などを実質の裏付資産として、資金供与を行う銀行などのことをいいます。

主なリスクの所在

1　原債務者のデフォルトリスク

(1)　リスク要因とその確認

原債務者に質権実行事由（デフォルト）が生じた場合、原債権者は預金等に設定した質権を実行します。この場合、エクスポージャーリンク型ABLの元利金支払に充当するキャッシュフローが不足することになりますので、その確認を行います。

(2)　リスク要因への対応

原債務者は格付機関から格付を取得している場合が多いため、格付情報等を参考に信用力の判断を行います。原債務者が格付を取得していない場合は、財務内容などを定期的に入手することができる仕組みとなっていることの確認を行います。

2 原債権者のデフォルトリスク

(1) リスク要因とその確認

原債権者である金融機関がデフォルトした場合、SPVへの担保提供手数料の支払が行われなくなり、金利支払のキャッシュフローが不足することになります。

(2) リスク要因への対応

原債権者は格付機関から格付を取得している場合がほとんどであるため、格付情報等を参考に信用力の判断を行います。原債権者が格付を取得していない場合は、財務内容などを定期的に入手することができる仕組みとなっているか確認が必要となります。

なお、原債権者からSPVへの担保提供手数料の支払が当初一括して行われる場合、SPVの倒産隔離が図られていることで、金利支払のキャッシュフローへの影響を抑えることができます。

3 定期預金受入銀行のデフォルトリスク

(1) リスク要因とその確認

定期預金受入銀行がデフォルトした場合、質権設定ABLの元利金支払のキャッシュフローが不足する可能性があります。なお、定期預金受入銀行は、原債権者である金融機関となる場合が一般的です。

(2) リスク要因への対応

定期預金受入銀行は格付機関から格付を取得している場合がほとんどであるため、格付情報等を参考に信用力の判断を行います。定期預金受入銀行が格付を取得していない場合は、財務内容などを定期的に入手することができる仕組みとなっているか確認が必要となります。

4 スワップカウンターパーティーリスク

(1) リスク要因とその確認

スワップカウンターパーティーがデフォルトした場合、SPVへのキャッシュフロースワップが行われなくなるため、金利支払のキャッシュフローが不足することになります。なお、スワップカウンターパーティーは、原債権者である金融機関となる場合が一般的です。

(2) リスク要因への対応

スワップカウンターパーティーは格付機関から格付を取得している場合がほとんどであるため、格付情報等を参考に信用力の判断を行います。スワップカウンターパーティーが格付を取得していない場合は、財務内容などを定期的に入手することができる仕組みとなっているか確認が必要となります。

期間、金利、格付

1 期　　間

エクスポージャーリンク型ABLの期間は、2～5年程度となります。オリジネーターである原債権者にとって、類似の効果を得ることができる他のスキームも同様の期間となります。原債権者にとっては、長期間、低コストで原債務者のリスクコントロールを行いたい一方、エクスポージャーリンク型ABL貸付人は、原債務者の信用状況が変化しないと考える期間での投資を検討するため、両者がメリットを享受できる期間がABLの期間となります。

2 金　　利

エクスポージャーリンク型ABLの金利は、リスクにより異なりますが、TIBORを基準金利とした変動金利が一般的です。

金利の比較対象としては、原債務者の発行している社債や借入金レートなどがあります。

金利は需給関係で決定するため、原債権者がリスクコントロールを行うインセンティブが高い場合や金融危機の場合と長く金融緩和が続く場合とでは、同じリスク評価でもスプレッドに大きな違いが生じます。

3 格　付

エクスポージャーリンク型ABLは、多くの場合、格付を取得していません。主たるリスクの所在である原債務者の格付などを参考に検討します。なお、その他スキーム構成者（スワップカウンターパーティー、担保資産である定期預金受入銀行）のリスクも存在するため、総合的なリスクを判断しやすくすることを目的に、格付機関から、その他スキーム構成者のリスクを加味した格付を取得する場合があります。

主な契約書

1 キャッシュフロースワップ契約

SPVとスワップカウンターパーティー（主に原債権者）との間で締結します。SPVの調達と運用のミスマッチを調整します。

2 信託契約

SPVが信託の場合、締結されます。信託の行う借入れ（信託ABL）や借入資金の運用（定期預金）、スワップ契約の締結など、信託の目的や内容を規定します。

3 定期預金契約

SPVが定期預金受入銀行（主に原債権者）との間で締結します。通常はABL期間と同期間の定期預金を設定します。

4 担保（質権）設定契約

原債権者である金融機関がSPVの保有する定期預金に対して質権を設定します。原債権者は、この契約により参照するエクスポージャーの保全を行います。

5　金銭消費貸借契約（エクスポージャーリンク型ABL）

借入人であるSPVとエクスポージャーリンク型ABL貸付人との間で締結します。各種コベナンツなどが規定されます。

まとめ

エクスポージャーリンク型ABLまたは類似の効果を得ることが可能なスキームについては、原債権者である金融機関のエクスポージャーコントロールを目的に行われるものです。債権譲渡やCDS、保証などと同じリスクコントロール手段の一つで、原債権者である金融機関が実施します。原債権者である金融機関は、定期預金受入れによりリスクコントロールを行いますが、外貨建てエクスポージャーのコントロールの場合は、為替リスク回避のため外貨定期預金を受け入れますので、外貨調達も同時に行うことができます。現在、エクスポージャーリンク型ABL貸付人となっている金融機関（銀行）も、将来、オリジネーターとなり、リスクコントロールを行う場合も考えられます。オリジネーターである原債権者の意図を理解しながら、リスクリターンを検討することが、取組みにあたっての重要なポイントとなります。

Ⅶ－3

貸付債権譲渡

◇ 概　要

貸付債権譲渡は、原債権者である金融機関が保有する原債務者向け貸付債権の譲渡を受けるものです。貸付債権譲渡の対価を支払い、貸付債権を譲り受けると、新たな債権者となります。貸付債権の譲渡は、原則として、原債務者の譲渡承諾を得ることにより、第三者および債務者対抗要件を具備します。これにより、真正譲渡の要件を確保します。譲渡契約はJSLAがひな型を公表していますので、これを利用することで契約を円滑に進めることができます。

◇ スキーム図

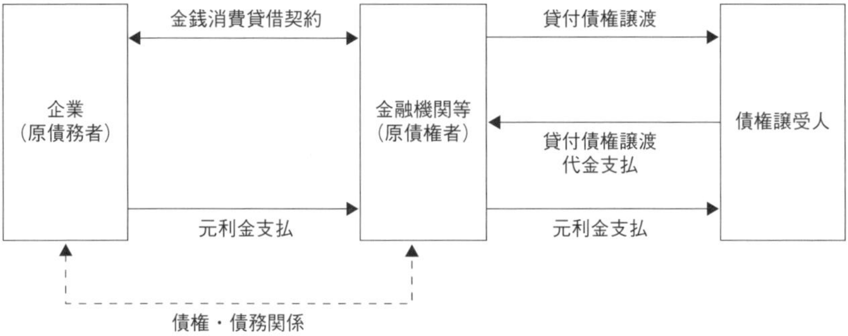

◘ スキーム図解説

① 原債権者は、原債務者との金銭消費貸借契約に基づく貸付債権の譲渡について、アレンジャーと検討を行います。

② アレンジャーは、原債権者と合意した債権譲渡対抗要件具備方法や金利などの譲渡条件をもとに、債権譲受人に対し、貸付債権譲渡の紹介を行います。原債権者が直接紹介を行う場合もあります。

③ 債権譲受人は、原債権者もしくは（アレンジャーが一時的に、原債権者から譲渡を受け、債権譲受人に譲渡を行う場合）アレンジャーと貸付債権譲渡契約を締結します。

④ アレンジャーおよび原債権者は債権譲渡対抗要件具備などを行い、債権譲受人は貸付債権譲受代金を支払い、貸付債権が移転します。

⑤ 債権譲受人が新たな債権者となり、原債務者は（原債権者がサービサーを行う場合は原債権者を通じ）、債権譲受人に対し、借入金元利金の支払を行います。

主なスキーム構成者

1　原債務者

原債権者である金融機関等から金銭消費貸借契約により借入れを行う企業などとなります。

2　原債権者（JSLA定義では、原貸付人）

原債権である貸付を原債務者に対して実行した金融機関等をいいます。一般的に、銀行となる場合が多く、アレンジャーとなることもあります。

3　アレンジャー

原債権者と交渉を行い、案件の組成を行います。通常、原債権者である銀行が就任します。純粋にアレンジャーとなる場合や一旦債権を譲り受けた後、譲渡する場合などもあります。

4　エージェント

シンジケートローンの譲渡の場合、原債務者からの返済元利金を貸付人（債権譲受人を含む）に支払う役割を担います。

5　債権譲受人

原債権者（譲渡人）に対価を支払い、貸付債権を譲り受ける者をいいます。通常、金融機関が譲受人となります。

主なリスクの所在

1　原債務者のデフォルトリスク

⑴　リスク要因とその確認

原債務者がデフォルトした場合、譲り受けた貸出債権の元利金支払に充当するキャッシュフローが不足することになるため、原債務者の信用力の確認が必要となります。

⑵　リスク要因への対応

原債務者の信用力について検討する際、既存の貸出取引先でない場合は、格付機関から格付を取得している先、上場企業など信頼できる決算書類（財務諸表）を公開している先については、公開情報を参考に信用力の判断を行います。また、原債務者が格付を取得しておらず、上場企業などではない場合は、財務内容などを定期的に入手することができる仕組みとすることで、期中も原債務者の信用力を定期的に把握します。

2　原債権者のデフォルトリスク

⑴　リスク要因とその確認

原債権者がデフォルトした場合、債権譲渡の真正譲渡が否定されるリスク、原債権者がサービサーを兼ねている場合には返済金のコミングリング（commingling、混同）リスクなどにより、譲り受けた貸出債権の元利金支払に充当するキャッシュフローが不足する可能性があります。原債権者の信用力の確認とともに、真正譲渡やサービサーについて、確認が必要となります。

⑵　リスク要因への対応

①　真正譲渡の有効性の確認

原債務者と原債権者との間の金銭消費貸借契約、原債権者と債権譲受人との間の貸付債権譲渡契約および貸付債権譲渡対抗要件などについて確認を行います（民法第467・468条、動産及び債権の譲渡の対抗要件に関する民法の特例等に関する法律第４条参照)。

② 原債権者のサービサー受任

原債権者が貸付債権譲渡後にサービサーとなり、原債務者から元利金返済を受ける場合は、上記①に加え、サービサーにおける資金滞留期間などコミングリングリスクについて、回収キャッシュフローの確認を行います。

3 オーバーパー債権譲受けのリスク

(1) リスク要因とその確認

オーバーパー債権とは、貸付債権の残存元本金額を上回る金額を譲渡金額とする場合のことをいいます。譲受人は、オーバーパー部分を貸付債権残存期間にわたって償却していきます。具体的には、利息の返済のうち一部を元本償却に充当します。また、貸付債権が原債務者のグループ会社や保証機関により保証が付与されている場合があります。このような場合に、以下のリスクが存在しますので、その確認が必要です。

① プリペイ（prepayment、期限前返済）

プリペイ（期限前返済）が行われた場合、原債務者の返済金額とオーバーパー部分に差額が発生するため、オーバーパー部分の未償却分の元金支払に充当するキャッシュフローが不足することになります。

② 原債務者のデフォルト

保証が付与されている貸付債権で、原債務者がデフォルトした場合、保証人はオーバーパー部分については保証履行を行いません。従って、オーバーパー部分の未償却分の元金支払に充当するキャッシュフローが不足することになります。

(2) リスク要因への対応

オーバーパー部分について、原債権者である貸付債権譲渡人が引き続き一定の義務を負っているかどうか確認を行います。

① プリペイ（期限前返済）

プリペイの際の未償却部分について、原債権者が支払の義務を負う契約とすることで、リスクを軽減することができます。

② **保証付貸付債権**

保証が付与されている貸付債権については、保証されない金額について、原債権者が支払の義務を負う契約とすることで、リスクを軽減することができます。また、原債権者が支払の義務を負わない場合は、金利などほかの条件を加味したうえで、リスクリターンの検討を行います。

期間、金利、格付

1 期　間

貸付債権譲渡の対象となる貸付債権の残存期間は、数カ月～10年程度となります。原債務者と原債権者で締結している金銭消費貸借契約の債権譲渡となりますので、この契約期間（最終償還期日）までの期間が、譲り受けた貸付債権の期間となります。原債務者の信用力を貸付債権譲受人が評価したうえで、期間のリスクをとることができる場合、15～20年程度となる場合もあります。

2 金　利

貸付債権譲渡の際の金利は、リスクにより異なりますが、譲渡対象となる貸付債権の金利決定方法をそのまま参照します。具体的には、対象となる貸付債権の金利が6カ月円TIBORベースの変動金利の場合には、貸付債権譲渡の際の金利も6カ月円TIBORベースの変動金利となります。

金利の比較対象としては、原債務者の発行している社債や借入金レートなどがあります。

金利は需給関係で決定するため、金融危機の場合と長く金融緩和が続く場合とでは、同じリスク評価でもスプレッドに大きな違いが生じます。

3 格　付

貸付債権譲渡は、主なリスクの所在である原債務者の格付を参考にします。貸付債権譲渡の仕組みについては、リスクの所在が原債務者に集約されるため、格付を取得しないことが一般的です。

主な契約書

1 金銭消費貸借契約

原債務者と原債権者である金融機関との間で締結している融資契約です。相対（1対1）契約の場合や、シンジケートローン契約の場合があります。

2 債権譲渡契約

原債権者（譲渡人）と譲受人が締結します。債権譲渡の前提条件や譲渡金額、対抗要件具備の方法などが規定されます。

ま と め

貸付債権譲渡は、原債務者が譲渡承諾を行うことにより、譲受人が原債務者にとっての新たな借入先となる真正譲渡のスキームが一般的です。原債務者と原債権者との間の金銭消費貸借契約（原契約）がそのまま引き継がれるため、原契約の内容と債権譲渡契約の内容を確認することで、主な契約上のリスクについて把握することができます。

原債権者である譲渡人が、譲渡した貸付債権以外にも、同じ原債務者向けの貸付債権を保有する場合があります。この場合、原債権者と譲受人は、同じ原債務者に対するリスクを負担しています。従って、原債務者の有事の際、譲受人は、原債権者の対応も考慮できることになります（回収の観点からは競合関係になる可能性があります）。

その他、随伴する担保や保証がある場合は、原債権の債権譲渡とともにその移転が確実に行われるかどうかを確認することにより、リスクの所在を正確に把握することができます。

参　考

JSLA（日本ローン債権市場協会）HP

Ⅶ－4

ローンパーティシペーション

◆ 概　要

ローンパーティシペーション（loan participation、貸出参加利益権）とは、金融機関と企業（原債務者）との間の金銭消費貸借契約を維持したまま、元利金支払請求権に投資家が参加することをいいます。金融機関（原債権者）と投資家（参加者）との間で、ローンパーティシペーション契約を締結し、投資家が参加利益権購入代金を金融機関に支払います。原債務者は元利金の支払を必ず原債権者に対して行うため、原債権者のリスクの検討も必要となります。債権譲渡とは異なり、対抗要件は取得しません。貸出参加利益権がローンであるかについては、参加する金融機関により異なりますが、一般的には、原債務者および原債権者リスクのローンと考えられています。

◆ スキーム図

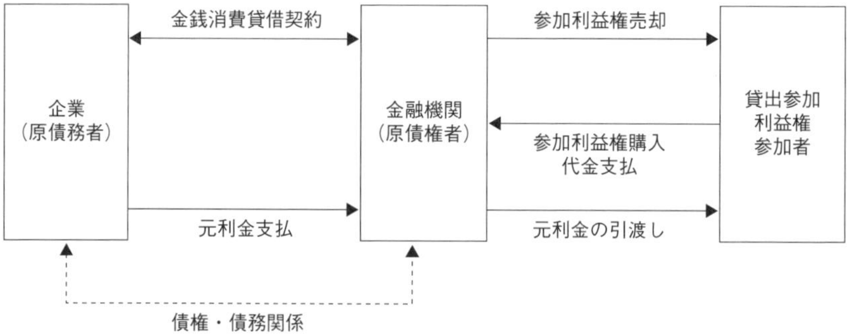

◘ スキーム図解説

① 原債権者は、原債務者との金銭消費貸借契約に基づく貸付債権のリスクパートアウトについて、アレンジャーと検討を行います。

② アレンジャーは原債権者と合意した金利などの条件をもとに、貸出参加利益権参加者に対し、ローンパーティシペーションの紹介を行います。原債権者が直接紹介を行う場合もあります。

③ 貸出参加利益権参加者は、原債権者とローンパーティシペーション（貸出参加）契約を締結、参加利益権を購入します。

④ 原債権者は、原債務者から貸付債権の元利金支払を受け、貸出参加利益権参加者に対し、ローンパーティシペーションの元利金の支払を行います。

主なスキーム構成者

1 原債務者（企業）

原債権者である金融機関から金銭消費貸借契約により借入れを行う企業などとなります。

2 原債権者（金融機関）

ローンパーティシペーション契約を締結することで、原債務者のリスクパートアウトを行う金融機関のことをいいます。一般に銀行となる場合が多く、アレンジャーとなることもあります。

3 アレンジャー

原債権者と交渉を行い、案件の組成を行います。通常、原債権者である銀行が就任します。

4 貸出参加利益権参加者

原債権者との間でローンパーティシペーション契約を締結します。原債権者に対価を支払い、参加利益を享受する金融機関のことをいいます。

主なリスクの所在

1 原債務者のデフォルトリスク

(1) リスク要因とその確認

原債務者がデフォルトした場合、参加した貸出参加利益権の元利金支払に充当するキャッシュフローが不足することになるため、原債務者の信用力の確認が必要となります。

(2) リスク要因への対応

原債務者の信用力について検討する際、既存の貸出取引先でない場合は、格付機関から格付を取得している先、上場企業など信頼できる決算書類（財務諸表）を公開している先については、公開情報をもとに信用力の判断を行います。また、原債務者が格付を取得しておらず、上場企業などではない場合は、財務内容などを定期的に入手することができる仕組みとすることで、期中も原債務者の信用力を定期的に把握します。

2 原債権者のデフォルトリスク

(1) リスク要因とその確認

原債権者がデフォルトした場合、参加した貸出参加利益権の元利金支払に充当するキャッシュフローが不足する可能性がありますので、その確認を行います。

(2) リスク要因への対応

① 原債権者の信用力低下時の措置の確認

原債権者と参加者との間のローンパーティシペーション契約について、原債権者の信用力低下時の措置が規定されているか確認を行います。具体的には、原債権者の信用力低下時には貸付債権譲渡契約に変更することなどが検討可能性のある措置となります。貸出参加利益権の参加者は、原債務者の債権者ではないため、原債務者に直接請求することはできません。

② 原債権者のコミングル（commingling）

原債務者は原債権者に対し、貸付債権の元利金支払を行います。原債権者における資金滞留期間などコミングリング（commingling、混同）リスクについて、回収キャッシュフローの確認を行います。

3 オーバーパー債権への参加リスク

(1) リスク要因とその確認

オーバーパー債権とは、貸付債権の残存元本金額を上回る金額を参加金額とする場合のことをいいます。ローンパーティシペーション取引においても市場環境により、オーバーパーによる取引が行われる場合があります。参加者は、オーバーパー部分を参加する貸付債権残存期間にわたって償却していきます。また、貸付債権が原債務者のグループ会社や保証機関により保証が付与されている場合があります。このような場合に、以下のリスクが存在しますので、その確認が必要です。

① プリペイ（期限前返済）

プリペイ（期限前返済）が行われた場合、原債務者の返済金額とオーバーパー部分に差額が発生するため、オーバーパー部分の未償却分の元金支払に充当するキャッシュフローが不足することになります。

② 原債務者のデフォルト

保証が付与されている貸付債権で、原債務者がデフォルトした場合、保証人はオーバーパー部分については保証履行を行いません。従って、オーバーパー部分の未償却分の元金支払に充当するキャッシュフローが不足することになります。

⑵ リスク要因への対応

オーバーパー部分について、原債権者が、引き続き一定の義務を負っているかどうか確認を行います。

① プリペイ（prepayment、期限前返済）

プリペイの際の未償却部分について、原債権者が支払の義務を負う契約とすることで、リスクを軽減することができます。

② 保証付きの貸付債権

保証が付与されている貸付債権については、保証されない金額について、原債権者が支払の義務を負う契約とすることで、リスクを軽減することができます。また、原債権者が支払の義務を負わない場合は、金利などほかの条件を加味したうえでリスクリターンの検討を行います。

期間、金利、格付

1 期　　間

ローンパーティシペーションの期間は、数カ月～10年程度となります。原債務者と原債権者で締結している金銭消費貸借契約への貸出参加となるため、この契約期間（最終償還期日）までの期間が、参加した貸付債権の期間となります。原債務者および原債権者の信用力を参加者が評価したうえで、期間のリスクをとることができる場合、15～20年程度となる場合もあります。

2 金　　利

ローンパーティシペーションの際の金利は、リスクにより異なりますが、参加対象となる貸付債権の金利決定方法をそのまま参照します。具体的には、対象となる貸付債権の金利が６カ月円TIBORベースの変動金利の場合には、貸付債権参加の際の金利も６カ月円TIBORベースの変動金利となります。

金利の比較対象としては、原債務者の発行している社債や借入金レートなどがあります。

金利は需給関係で決定するため、金融危機の場合と長く金融緩和が続く場合とでは、同じリスク評価でもスプレッドに大きな違いが生じます。

3 格　　付

ローンパーティシペーションは、主なリスクの所在である原債務者の格付を参考にします。原債権者のリスクも存在するため、特に長期の場合は、原債権者の格付も参考にすることが必要となります。ローンパーティシペーションの仕組みについては、格付を取得しないことが一般的です。

主な契約書

1 金銭消費貸借契約

原債務者と原債権者である金融機関との間で締結している融資契約です。相対（1対1）契約の場合や、シンジケートローン契約の場合があります。

2 ローンパーティシペーション（貸出参加）契約

原債権者と参加者との間で締結します。貸出参加の前提条件や参加金額などが規定されます。

ま と め

ローンパーティシペーションは、原債務者にサイレント（silent）で行われる場合が一般的です。原債務者と原債権者との間の金銭消費貸借契約（原契約）がそのまま引き継がれるため、原契約の内容とローンパーティシペーション契約の内容を確認することで、契約上のリスクについて把握することができます。

原債権者が保有する同じ原債務者向けの貸付債権のすべてをローンパーティシペーションによりリスクパートアウトを行わない限り、原債権者は、引き続き同じ原債務者に対するリスクを負担しています。従って、原債務者の有事の際、参加者は、原債権者の対応も考慮できることになります。なお、貸付債権譲渡との最大の違いは、原債権者のリスクをとる（原債権者から法的に遮断されていない）ことになります。

参 考

日本公認会計士協会HP

Ⅷ

サステナブルファイナンス

ポジティブインパクトファイナンス

◘ 概　要

ポジティブインパクトファイナンスは、PIF（Positive Impact Finance）と呼ばれています。借り手企業の活動が、環境・社会・経済のいずれかの側面に与える影響を包括的に分析・評価し、特定された正の影響（ポジティブインパクト）のさらなる向上と、負の影響（ネガティブインパクト）の低減に向けた取組みを支援するローンのことをいいます。

日本では、インパクト金融志向宣言を行う金融機関が増加するなど、インパクトの考え方が浸透してきています。

◘ スキーム図

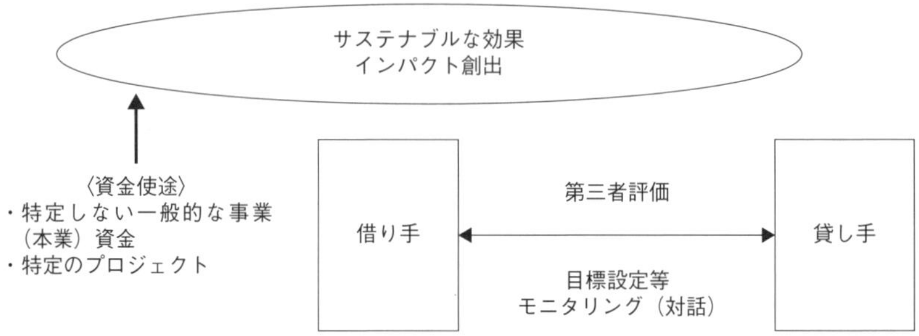

◘ 原則／国内指針

・GIIN（グローバルインパクト投資ネットワーク）‘インパクト投資の４つの特徴を提示（2019）’
・MP（インパクトマネジメントプロジェクト）‘インパクトを５つの側面から把握（2017）’
・IFC（国際金融公社）『インパクト投資の運用原則（2019）』
・UNEP FI（国連環境計画ファイナンスイニシアティブ）『ポジティブインパクト金融原則（2017）』
・環境省『グリーンから始めるインパクト評価ガイド（2021）』
・環境省『インパクトファイナンスの基本的考え方（2020/７/15）』

◆ 定　義

PIFとは、以下の4つの要素をすべて満たすものをいいます。なお、本定義はUNEP FI『ポジティブインパクト金融原則（2017）』等を基礎として環境省『インパクトファイナンスの基本的考え方（2020年7月15日）』にてまとめられたものです。

要素①：投融資時に、環境、社会、経済のいずれの側面においても重大なネガティブインパクトを適切に緩和・管理することを前提に、少なくとも1つの側面においてポジティブなインパクトを生み出す意図をもつもの。

要素②：インパクトの評価およびモニタリングを行うもの。

要素③：インパクトの評価結果およびモニタリング結果の情報開示を行うもの。

要素④：中長期的な視点に基づき、個々の金融機関／投資家にとって適切なリスクリターンを確保しようとするもの。

◆ 環境面等サステナビリティのメリット

① インパクトベースの新たなビジネスモデル構築と資本市場のパラダイムシフトの加速……PIFの普及拡大を通じて、借り手や金融機関等のESG投融資による環境・社会・経済的課題へのコミットメントが明確化されることが期待されます。これにより、インパクトを基盤とした新たなビジネスモデル構築と資本市場のパラダイムシフトが加速し、脱炭素社会への移行、SDGsを具現化した持続可能な社会・経済づくりにつながると考えられます。

② 新たな社会づくりの軸としてのサステナビリティの向上……アフターコロナの社会づくりにおいて、コロナ禍からの回復をよりグリーンかつ安全で豊かな未来の礎とすることを目指す「グリーンリカバリー」という考え方が欧州を中心に広がり始めています。サステナビリティがアフターコロナの社会づくりの軸となり、環境・社会・経済に対しポジティブなインパクトを与えることを意図するPIFが、社会のサステナビリティの向上を支えていくことが期待されます。

主なリスクの所在

1　借り手のクレジットリスク

(1)　リスク要因とその確認

通常のローンと同様、借り手企業のクレジットリスクが主なリスクとなります。PIFのキャッシュフローは、通常、他のローンと同様の返済順位に設定されます。したがって、金融機関は、通常のローンと同様、借り手企業に対するクレジットリスクを確認します。

(2)　リスク要因に対する対応

通常のローンと同様、借り手企業のクレジットリスクを精査、判断します。PIFにより、結果としてクレジットリスクが低下することもあるかもしれませんが、ローン実行時にPIFのみを理由として、急激に信用力が高まることはありません。

2　風評リスク

(1)　リスク要因とその確認

PIFとしての評価等を開示することによる風評リスクがあります。PIFにおけるポジティブインパクトとネガティブインパクト等を開示することにより、ステークホルダーのみでなく、開示資料を閲覧する第三者から、風評（実態と異なる噂の流布等）が発生する可能性があります。

(2)　リスク要因に対する対応

PIFの評価等は、開示資料となりますので、通常の開示同様、守秘義務や表現方法について十分に確認（必要に応じて関係者にも確認）することで、リスク回避は可能となります。

3　ウォッシュリスク

⑴　リスク要因とその確認

借り手企業の資金使途等に対するリスクがあります。風評リスクにもなります。ローンが異なる資金使途へ充当される場合や当初想定した効果そのものが実態と整合せず効果が出ない、もしくはマイナスの効果となる場合があります。このような場合、PIFの形態を利用した実態の伴わないサステナブルファイナンスであると社会的に評価されるリスクが発生します。

⑵　リスク要因に対する対応

借り手企業と貸し手である金融機関は、選定した知見のある第三者評価機関等とウォッシュリスクの可能性をゼロにするべく協議を行います。形式のみでなく、各プリンシプル（原則）や過去事例等を踏まえたローンの内容、評価書の内容とすることで、リスク回避は可能となります。

4　プリンシプルリスク

⑴　リスク要因とその確認

PIFの依拠する各種プリンシプルが、変更されるリスクがあります。PIFは、UNEP FIの「ポジティブインパクト金融原則」等にのっとり実施していますが、これらのプリンシプルが変更されることにより、ローン期間中に別途手当が必要となるリスクがあります。

⑵　リスク要因に対する対応

プリンシプルの変更可能性について、貸し手やアレンジャーとなる金融機関が、ローン実行時までに十分な確認を行います。また、変更可能性がある場合については、変更後のプリンシプルに追随するための開示等が可能かどうか、借り手企業と確認を行います。

主な要素

1 必要な要素

PIFは、定義に示した①～④の要素が必要となります。このローンにおけるインパクトとは、以下のような条件を満たす必要があります。

・組織（借り手）によって引き起こされるポジティブまたはネガティブな環境、社会または経済に対する変化のことをいいます。直接的な成果物や結果（アウトプット）ではなく、それにより環境、社会または経済面にどのような違いを生み出したかという効果（アウトカム）を指します。

・インパクトには、意図して発生させるものと意図せずして発生させるものが存在しますが、PIFにおいては、インパクトを生み出す意図をもって行うことが前提となります。

・大きなポジティブインパクトの発現が見込まれる場合でも、付随して発現しうる重大なネガティブインパクトが相殺されるという考え方ではありません。しかし、少なくとも重大なネガティブインパクトを適切に緩和・管理していく必要があります。

2 主要な開示要素

金融機関等は、ファイナンス時には、インパクトに関する意図、特定したコア・インパクト、KPI（Key Performance Indicator、重要業績評価指標）や事前評価について、ファイナンス後には、モニタリングの結果について、情報開示を行います。あわせて、インパクトの管理体制に関する情報も開示します。

3 資金使途

企業向けの使途制限のない銀行ローン等のコーポレートファイナンスでは、資金使途は問われません。ただし、特定のポジティブインパクトをねらったプロジェクトファイナンス等については、当該特定のポジティブインパクトが対象となります。

4 目標設定

ポジティブ、ネガティブそれぞれのコア・インパクトについて、原則として定量的な事前評価を行ったうえで、期待されるアウトカム（期待される成果・結果）について測定可能なKPIおよび目標を設定します。一方で、コア・インパクトの領域によっては、定量的な指標だけでは十分な評価ができず定性的な評価を組み合わせることが妥当な場合も存在するため、この場合は定量評価に加えて定性評価を適切に併用します。

また、十分な検討の結果、アウトカム（環境、社会または経済面にどのように違いを生み出したかという効果）に関するKPIの設定が困難を極める場合は、アウトプット（直接的な成果物や結果）によるKPIの設定、あるいはマネジメント（インパクトを生み出すための管理・体制の構築）に関するKPIを代替的に使用することができます。ただし、この場合はそれら代替的指標からアウトカム、インパクト発現に至る因果関係を明確に示します。

なお、KPIは定性・定量を問わず、事後評価において達成状況がはっきりと判断できるものでなければなりません。

5 レポーティング／評価の基本事項

PIFのレポーティング、評価の基本事項は以下のとおりです。

(1) インパクトの特定

投融資によって生み出そうとするポジティブインパクトと、緩和・管理すべきネガティブインパクトを明確化し、インパクトの領域を特定します。

コーポレートファイナンスのようなインパクト包括型の場合、借り手企業がかかわる多様なインパクト領域を包括的に分析するUNEP FIの「ポジティブインパクト金融原則」の考え方を活用することができます。

プロジェクトファイナンスのような「インパクト特定型」の場合、個別のインパクトを５つの側面から掘り下げるIMP（Impact Management Project）

の考え方を活用できます。IMPの考え方とは、WHAT（何を）、WHO（だれが）、HOW MUCH（どの程度）、CONTRIBUTION（企業の寄与度合い）、RISK（リスク）を明らかにするものです。

日本国内の事業におけるインパクトニーズの特定について、インパクトの包括的な分析および特定にあたっては、SDGsの項目やSDGsをもとにしてUNEP FIが策定したインパクトレーダー等を活用することが有効です。

⑵　インパクトの事前評価

インパクト評価にあたっては、まず、創出を目指すポジティブインパクトの大きさを明らかにします。同時に、重大なネガティブインパクトが適切に緩和・管理されていることを確認します。

次に、モニタリングの際に適切な評価が可能となるよう、比較可能なKPIや目標を設定します。

⑶　インパクトの事前評価結果の確認

インパクトファイナンスの効果を最大化するためには、単にインパクト評価を行うだけではなく、その結果を分類し、現状や次に移行すべきステップを明らかにすることが重要です。事前評価結果を①ポジティブインパクト、②ポジティブインパクトトランジション、③ポジティブインパクトに該当しない、の３段階に分類し、これにより、現状の把握、確認を行うことで、借り手がより望ましい方向に移行していく動機として活用します。

①ポジティブインパクトとは、環境、社会、経済のうち少なくとも１つに大きなポジティブインパクトを与え、重大なネガティブインパクトが適切に緩和・管理されている状態のことをいいます。

②ポジティブインパクトトランジションとは、環境、社会、経済のうち少なくとも１つに大きなポジティブインパクトを与えているが、ネガティブインパクトは現在緩和（管理）されておらず、ネガティブインパクトの緩和に向けた中長期的なビジョンや移行計画を借り手が策定し実行し始めている等、ポジティブインパクトの分類に移行しうるプロセスに入っている状態のことをいいます。

③ポジティブインパクトに該当しないとは、ポジティブインパクトの有無

にかかわらず、ネガティブインパクトがまったく緩和（管理）されておらず、ポジティブインパクトの分類に移行しうるプロセスも行われていない状態をいいます。

6　レビュー／外部評価

⑴　独立性のある機関による評価（レビュー）

インパクトファイナンスを標榜するためには、適切なインパクト評価がなされていることが求められます。この適切性を担保し、客観的な説明を行うため、一般的に専門的知識および一定の独立性を有する内部の部門または第三者機関による外部評価等によるレビューを受けます。

この場合、十分な知見をもっていると思われる主体であっても、第三者によるレビューを受けることにより、結果的に、内部のみでの検討では見落とされてきた新たな視点、考え方を導入できる効果も期待できます。

⑵　モニタリング

金融機関等は、特定したコア・インパクトについてKPIに基づいた測定を定期的に行い、目標と整合するか否かのモニタリングを行います。モニタリングは、インパクトの実現に向けたエンゲージメント（対話）の機会とします。有効なモニタリングを行うためには、借り手やプロジェクトに関する十分な情報開示が重要であるため、開示が不十分な場合には、金融機関等がエンゲージメント等を通じてこれを促します。

⑶　インパクト管理体制の構築

意図したポジティブインパクトの発現やネガティブインパクトの緩和・管理を確実に実施するため、金融機関等は、インパクトの管理体制を適切に構築しておくことが重要となります。また、借り手がポジティブインパクトの発現とネガティブインパクトの緩和・管理状況を把握し、金融機関等によるインパクトのモニタリングと情報開示を実現するため、金融機関等は、借り手のインパクトの管理体制の構築を促します。

主なスキーム構成者のメリット

1 借り手のメリット

(1) コミットメントの可視化とステークホルダーとの信頼関係強化

借り手がPIFを通じて資金調達を行う際には、借り手の事業活動を通じて発現を目指すインパクトへのコミットメントを示し、金融機関等がKPIに基づいた評価等を行います。このため、借り手の環境・社会・経済的課題へのコミットメントがより「見える化」され、これによって、借り手が環境・社会・経済的課題を解決しようとする目的に沿った事業活動に取り組んでいることを客観的に示すことができます。これにより従業員を含むステークホルダーとの信頼関係の強化やより高い評価の獲得とその波及効果が期待できます。

(2) 企業のサステナビリティ経営の強化と企業価値向上

PIFへの取組みを通じて、ESG情報の開示を推進するだけでなく、社会的ニーズの大きな成長分野における新規ビジネス機会の獲得、他社との差別化、現地のニーズに応じた課題解決事業への取組みによる国際競争力の向上等が実現可能となります。これらを通じ、サステナビリティ経営の強化、企業価値向上が期待できます。

2 貸し手のメリット

(1) 自らのESG投融資の理念の実現、社会的支持の獲得と競争力の向上

インパクトを考慮した投資活動によって、ESG投融資の取組みを発展させ、インパクトへのコミットメントを示し、金融機関等自身の環境・社会・経済的課題を解決しようとする目的に寄与することができます。

同時に、PIFの提供により、借り手である企業が環境・社会・経済的課題を解決しようとする目的に沿った事業活動を推進することに貢献できます。こうした取組みは、PIFがもたらす環境的、社会的インパクトの実現に関心

の高い、ミレニアル世代をはじめとした人々からの社会的支持の獲得を促し、金融機関／投資家としての競争力の維持・向上にも資すると考えられます。

⑵ 中長期的志向による適切なリスクリターンの確保に寄与

インパクトファイナンスは、金融機関等にとって、次の点から、中長期的な時間軸に立ったポートフォリオ全体の適切なリスクリターンの確保に資すると考えることができます。

① インパクトに関する借り手の多面的理解に基づく深いエンゲージメントを通じて、企業価値や新たな事業機会に対する金融機関／投資家自身の「目利き力」の向上が期待できます。

② ポジティブインパクトの大きい、またはインパクトニーズの大きな成長分野へのビジネスの機会を借り手に提供することになるため、借り手の企業価値向上が期待できます。

③ 重大なネガティブインパクトを発現させる可能性のある投融資先企業に対し、インパクトの所在の特定と評価、エンゲージメントを行うことになるため、ネガティブインパクトの緩和や、トランジションの促進によるダウンサイドリスクの低減につなげることができます。

まとめ

PIFでは、ポジティブインパクトとネガティブインパクトを借り手自身が認識することにより、借り手が環境・社会・経済的課題についてコミットメントを行います。専門的知識を有する第三者等が評価を行うことで、借り手の取組みが客観的に評価され、ステークホルダーとのより強固な関係の構築が可能となります。

貸し手においては、PIFを普及・実行することで、借り手の企業価値向上を後押しするだけではなく、借り手のネガティブインパクトが軽減されることで、リスクリターンの適正化も期待できます。

PIFに取り組む際には、評価する第三者の選定も考慮する必要があります。

原則に沿った評価となることは必須ですが、第三者の知見・経験、評価内容の充実度や開示資料のわかりやすさなども含めて確認することをお勧めします。

事　例

地域金融機関を貸し手としたポジティブインパクトファイナンス

2021年11月、静岡銀行はエネジンと、ポジティブインパクトファイナンス契約を締結しました。本ローン（中小企業向けPFI）実行に際しては、第三者意見を日本格付研究所（JCR）から取得しています。JCRは、評価レポート作成者である静岡経済研究所による分析・評価を参照し、原則（プリンシプル）と適合していることを確認しています。

同社は、LPガスの卸売・小売事業者で、主力の「LPガス事業」のほか、「環境・新エネルギー事業」「ハウジング&ライフサポート事業」を展開しています。また、本業を通じたSDGs活動の実践や地域と連携した防災活動など、地域に密着した企業活動にも積極的に取り組んでいます。

静岡銀行・静岡経済研究所と同社は、同社の企業活動が「環境」「社会」「経済」に与えるインパクトを特定し、特定インパクトに関連したKPIを設定しました。KPIの達成および進捗状況について、静岡銀行と同社は、日頃の対話を通じて確認するほか、少なくとも年に1回は、会合の場を設け形式的ではないモニタリングを実施することとしています。

本ローンで設定したKPIをSDGsの視点で紐づけすると、「目標4：質の高い教育をみんなに（ターゲット4.4）」「目標5：ジェンダー平等を実現しよう（ターゲット5.5）」「目標7：エネルギーをみんなにそしてクリーンに（ターゲット7.2）」「目標8：働きがいも経済成長も（ターゲット8.2、8.8、8.5）」「目標11：住み続けられるまちづくりを（ターゲット11.5）」「目標12：つくる責任、つかう責任（ターゲット12.4、12.5）」「目標13：気候変動に具体的な対策を（ターゲット13.1、13.3）」「目標17：パートナーシップで目標を達成しよう（ターゲット17.17）」に貢献することとなります。

SDGsの目標達成に向けた企業活動を、金融機関や評価機関が審査・評価することを通じて、可視化を促進することで、持続可能な社会の実現に貢献するPIFの存在価値が発揮されます。

プラスα

▶IMM

一般的には、International Monetary Market（国際マーケットのうちシカゴの通貨先物市場）のことを示す場合が多いですが、サステナブルファイナンスでは、Impact Measurement and Managementのことで、インパクトを最大化するためのインパクトの測定・管理のことをいいます。

定義としては、「ビジネス上の活動が人や地球に与えるポジティブとネガティブ両方の影響を特定し検討することを含み、そのうえで自身の目的と整合させつつネガティブな影響を低減し、ポジティブな影響を最大化する方法を見出し、実践する、反復的なプロセス」となります。

また、定義をプロセスに当てはめると、基本要素として、①インパクト・ゴールと期待値の設定、②戦略策定、③測定指標の決定と目標値の設定、④インパクト・パフォーマンスの管理、の４つの要素があり、これらを行うことがインパクトの測定・管理となります。

IMMは投資を起点としているため、実務においてローンの場合、IMM詳細について応用して解釈することが必要な場合があります。

インパクト投資（エクイティ、ローン）を実行する場合には、欠かせないワードとなります。覚えておきましょう。

Ⅷ－2

サステナビリティリンクローン

◘ 概　要

サステナビリティリンクローンは、SLL（Sustainability Linked Loan）と呼ばれています。借り手企業が掲げるESG戦略と整合した取組目標を設定し、サステナビリティパフォーマンスの向上を促すローンのことをいいます。取組目標のことをSPTs（Sustainability Performance Targets）といい、貸し手である金融機関は、借り手との対話をはじめ、プライシンググリット（達成度に応じてスプレッドが調整される仕組み）等の取組目標に対する正負のインセンティブを通じて、借り手を支援します。

◘ スキーム図

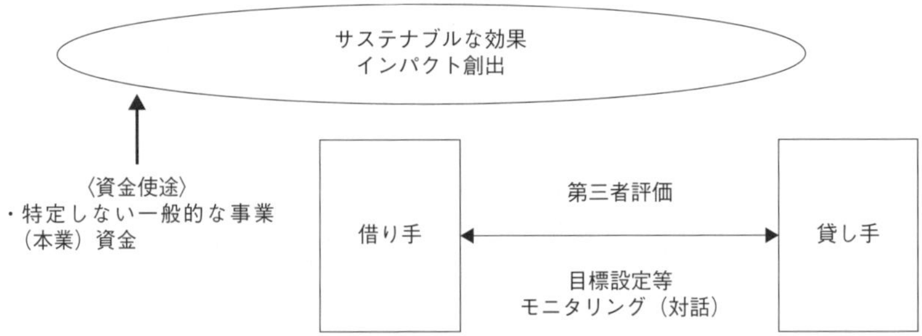

◘ 原則名／国内指針

・LMA、APLMA、LSTA『サステナビリティ・リンク・ローン原則2022』
・ICMA『サステナビリティ・リンク・ボンド原則　自主的ガイドライン2020年6月』
・環境省『グリーンローン及びサステナビリティ・リンク・ローンガイドライン2022年版』

◆ 定　義

サステナビリティリンクローン（SLL）とは、借り手が野心的かつ事前に定められたサステナビリティパフォーマンスターゲット（SPTs）を達成することを奨励するローンであり、具体的には、①借り手の包括的な社会的責任に係る戦略で掲げられたサステナビリティ目標とSPTsとの関係が整理され、②適切なSPTsを事前に設定してサステナビリティの改善度合いを評価・測定し、③それらに関するローン実行後のレポーティングを通じ透明性が確保されたローンのことをいいます。

環境・社会面で持続可能な経済活動と成長を促進し支援することを目的として、2019年3月にローンマーケットアソシエーション（LMA）等により、サステナビリティリンクローン原則が策定され、その後2回改訂されました。

◆ 環境面等サステナビリティのメリット

① 地球環境の保全等への貢献……SLLの普及が進むことにより、借り手におけるサステナビリティ経営の高度化・維持が期待されます。環境面等で持続可能な経済活動への民間資金の導入が拡大し、自然資本の劣化の防止等の環境保全が図られます。

② SLL推進を通じた社会・経済問題の解決への貢献……SLLの普及を通じて持続可能な社会の形成に資する事業を推進することにより、エネルギーコストの低減、エネルギー安全保障の強化、地域経済活性化、災害時のレジリエンスの向上等の社会課題の解決を図ることができます。

主なリスクの所在

1 借り手のクレジットリスク

(1) リスク要因とその確認

通常のローンと同様、借り手企業のクレジットリスクが主なリスクとなります。SLLのキャッシュフローは、通常、他のローンと同様の返済順位に設定されます。したがって、金融機関は、通常のローンと同様、借り手企業に対するクレジットリスクを確認します。

(2) リスク要因に対する対応

通常のローンと同様、借り手企業のクレジットリスクを精査、判断します。SLLにより、結果としてクレジットリスクが低下することもあるかもしれませんが、ローン実行時にSLLのみを理由として、急激に信用力が高まることはありません。

2 風評リスク

(1) リスク要因とその確認

SLLとしての評価等を開示することによる風評リスクがあります。SLLにおけるSPTs等を開示することにより、ステークホルダーのみでなく、開示資料を閲覧する第三者から、風評（実態と異なる噂の流布等）が発生する可能性があります。

(2) リスク要因に対する対応

SLLの評価等は、開示資料となりますので、通常の開示同様、守秘義務や表現方法について十分に確認（必要に応じて関係者にも確認）することで、リスク回避は可能となります。

3　ウォッシュリスク

(1)　リスク要因とその確認

借り手企業の資金使途等に関するリスクがあります。風評リスクにもなります。ローンが異なる資金使途へ充当される場合や当初想定した効果そのものが実態と整合せず効果が出ない、もしくはマイナスの効果となる場合があります。このような場合、SLLの形態を利用した実態の伴わないサステナブルファイナンスであると社会的に評価されるリスクが発生します。

(2)　リスク要因に対する対応

借り手企業と貸し手である金融機関は、選定した知見のある第三者評価機関等とウォッシュリスクについての可能性をゼロにするべく協議を行います。形式のみでなく、各プリンシプル（原則）や過去事例等を踏まえたローンの内容、評価書の内容とすることで、リスク回避は可能となります。

4　プリンシプルリスク

(1)　リスク要因とその確認

SLLの依拠する各種プリンシプルが、変更されることのリスクがあります。SLLは、「サステナビリティ・リンク・ローン原則」等にのっとり実施していますが、これらのプリンシプルが変更されることにより、ローン期間中に別途手当が必要となるリスクがあります。

(2)　リスク要因に対する対応

プリンシプルの変更可能性について、貸し手やアレンジャーとなる金融機関が、ローン実行時までに十分な確認を行います。また、変更可能性がある場合については、変更後のプリンシプルに追随するための開示等が可能かどうか、借り手企業と確認を行います。

主な要素

1　必要な要素

SLLには、以下の５つの要素が必要となります。

要素①：KPIの選定

借り手のサステナビリティ目標の達成状況は、サステナビリティ関連のKPIを使用して測定されるため、KPIは借り手の中核となるサステナビリティおよび事業戦略、借り手の属するセクターの円滑な環境・社会およびガバナンスの課題にとって重要であり、経営陣のもとで管理されるものとします。

要素②：SPTsの設定

借り手は、選定したKPIごとに１つ以上のSPTsを設定し、コミットする目標の野心度合い（借り手のトラックレコードの延長線でないもの）およびそれが達成可能な現実的なものであることを表明します。また、KPIの大幅な改善に結びつけられる、従来どおりの事業シナリオを超えるものとします。

要素③：ローンの特性

借り手のSPTsに関する成果に連動して、利率が変動する等、借り手の目標とローンの財務的・構造的特性の変化を結びつけ、なんらかの影響をもたらすようにします。

要素④：レポーティング

借り手は、SPTsに関する最新情報（KPIの値、外部機関によるESG評価等）を、１年に１回以上、ローンに参加している金融機関等に提供する必要があります。

要素⑤：検証（Verification）

借り手は、１年に１回以上、外部機関からSPTsに関するパフォーマンスの算定の検証を受け、その結果を開示します。

2 主要な開示要素

借り手は、守秘義務や競争上の配慮をしたうえで、SLLに関するSPTsの概要とSPTsに関して内部で開発した、またはすでに存在する専門性の内容等を、ウェブサイト等を通じて一般に開示します。その後、年1回はレビューではなく外部検証を受けることをSLL原則では求めています。

また、借り手が、SLLを受けたことを表明し社会からの支持を得るためには、サステナビリティに関する透明性を確保することが必要となります。SLLの自己評価の結果についても、通常、ウェブサイト等を通じて一般に開示します。

3 資金使途

資金使途は特定のプロジェクトに限定されず、一般事業目的に使用されることが多くあります。ファイナンスの種類としては、ローン商品、保証枠(Guarantee Lines)、信用状等さまざまなファシリティがあります。

4 目標設定

(1) SPTsの設定方法

借り手のサステナビリティに係るパフォーマンスを測定するため、取引ごとに、借り手と貸し手の間でSPTsを交渉します。あわせてKPIについても、借り手のサステナビリティ戦略等にあわせ設定します。

借り手は、「サステナビリティコーディネーター」または「サステナビリティストラクチャリングエージェント」を1社または複数選定し、SLL商品を組成することができます。選定されたコーディネーターやエージェントは、借り手のKPIやSPTsの設定に関する交渉を支援します。

(2) SPTsの目標設定におけるベンチマーク

選択したKPIに関する測定実績（可能な限り3年以上）と可能な限り将来にわたる予測をベースとして、借り手自身の長期的パフォーマンスに基づくSPTsを設定します。同業他社等の比較が可能な場合は、同業他社のパフォーマンスに対するSPTsの相対的位置づけも考慮します。さらに、科学的根拠のあるシナリオ、国・地域・国際的な公式目標、その他ESGテーマに関する関連指標を考慮します。

(3) 貸出条件との連動

事前に設定したSPTsに関する借り手のパフォーマンスと貸出条件等を連動させることで、SLLは借り手のサステナビリティの向上を目指します。なお、金利等の貸出条件との連動が動機づけとして必ずしも有効に機能しないと考えられる場合、以下のインセンティブが考えられます。

・SPTs達成時に、達成した事実やサステナビリティ経営に積極的な企業である旨、貸し手のHP等で開示します。

・SPTs達成時に、外部機関から、達成した事実やサステナビリティ経営の高度化が認められる旨の意見書やそれに類する書類の発行を受けます。

・借り手がSPTsを達成しない場合には、たとえば借り手が、引き上げる金利相当額を拠出する等を通じて社会のサステナビリティの向上（ポジティブインパクト）に資する取組み（サステナビリティに資するプロジェクトや活動への寄付行為等）を行います。

5 レポーティング

借り手は、可能な場合には、貸し手がSPTsについてモニタリングを行うため、外部機関によるESG評価等を取得するなど、貸し手がSPTsの達成状況に関する最新情報を入手できる体制整備を行い、少なくとも1年に1回以上、貸し手に報告を行います。

借り手は、SLLであることを表明する場合には、第三者が達成状況を判別できるよう、SPTsに関する情報を一般に開示します。開示する場合、当該情報を借り手の年次報告書、CSR報告書、環境報告書、統合報告書等に含めること、またはウェブサイト等に掲載することが考えられます。

借り手が中小企業であり、SPTsに関する情報を開示することがむずかしい場合は、その概要にとどめる等、開示内容を簡素化することができます。また、貸し手のウェブサイトやグリーンファイナンスポータル（環境省）等に掲載することも考えられます。

6　検証／外部評価

(1)　外部機関による検証

借り手は、各KPIのSPTsに対するパフォーマンスレベルについて、独立した外部機関による検証を少なくとも年１回以上受けることとします。借り手は、検証結果を貸し手に報告します。また、外部機関によるSPTsに関するパフォーマンス検証結果について、通常、ウェブサイト等を通じて一般的に開示します。

(2)　貸し手による達成状況評価

借り手によるレポーティングが完了し、外部検証が行われた後、貸し手はすみやかに開示または報告された情報に基づき、SPTsに関する借り手の達成状況を評価します。

主なスキーム構成者のメリット

1　借り手のメリット

(1)　サステナビリティ経営の高度化

借り手はSLLを活用することにより野心的なSPTsを設定し、その達成に向けて強く動機づけられ、それが組織内のサステナビリティに関する戦略立案と遂行、リスクマネジメント、ガバナンスの体制整備につながる可能性があり、TCFD等のESG情報開示にも応えることができます。

こうした取組みは、借り手の中長期的なESG評価の向上につながり、ひいては企業価値の向上に資すると考えられます。また、自社のみならず、ESG課題への対応としてサプライチェーン全体の管理を強化することで、サプライチェーン全体におけるサステナビリティ経営の強化につながる可能性があります。

⑵ 環境面等で持続可能な経済活動の推進に関する積極性のアピールを通じた社会的な支持の獲得

借り手はSLLによる資金調達をすることにより、環境面等で持続可能な経済活動の推進に関し積極的であることを発信でき、それを通じて社会的な支持の獲得につながる可能性があります。

⑶ サステナビリティパフォーマンスが向上することによる貸出条件等におけるインセンティブ

SLLでは、借り手のサステナビリティパフォーマンスの向上を促すため、SPTsに連動して金利が変動する等のインセンティブが組み込まれます。借り手としては、自社のサステナビリティ経営を高度化することによって、ESG融資を選好する金融機関等から、比較的（相対的）好条件で資金を調達できる可能性があります。

⑷ 新たな貸し手との関係構築による資金調達基盤の強化・安定

借り手が資金調達基盤を強化するためには、資金調達手段の多様化が有効です。SLLを受け、必要な情報を開示し透明性を確保することで、ESG融資を選好する金融機関等との新たな関係を築き、資金調達基盤の強化・安定につながる可能性があります。

2 貸し手のメリット

⑴ ESG投融資の一つとしての融資

一定規模のESG投融資を行うことをコミットしている金融機関等にとっては、SLLは、自らのコミットメントに明確に合致し、かつ、借り手のデフォルト等がない限り安定的なキャッシュフローをもたらす融資対象となります。コミットメントを行っていない貸し手についても、SLLとして融資することで、借り手のデフォルト等がない限り安定的なキャッシュフローを得つつ、環境・社会面等で持続可能な経済活動を支援していることを発信し、資金供給を通じ持続可能な社会の実現に貢献することができます。

⑵ 借り手のサステナビリティパフォーマンス向上の動機づけ

貸出条件等とサステナビリティパフォーマンスを関連づけることにより、

貸し手は、借り手が貸出期間にわたって自らのサステナビリティ経営を高度化するよう動機づけることができます。その結果、借り手の企業価値の維持・向上および信用力の向上が図られます。

(3) 借り手とのサステナビリティに関する深い対話

SPTsやサステナビリティ目標を通じ、借り手と事業課題について深く対話することで、借り手の真のニーズを起点とするソリューションの提供など、深いリレーションからビジネス機会の獲得につなげることができます。

まとめ

SLLは、KPIとともにSPTs（野心的なサステナビリティパフォーマンス）を設定するという、一般的な理解を得るための説明を要件とするサステナブルファイナンスです。包括的な社会的責任に係る戦略として、借り手自身がサステナビリティ目標を掲げることが前提となります。

中長期的なサステナビリティ経営のもと、TCFDやESG評価の向上につながるもので、これらを意識した過去３年以上のパフォーマンスのある企業が主な対象となります。

貸し手においては、SLLを実行することで、借り手のサステナビリティ経営を後押しするだけではなく、借り手のサプライチェーンや業界全体のサステナビリティ経営への貢献が期待できます。

SLLに取り組む際には、借り手自身が、過去のパフォーマンスと今後の中長期的なサステナビリティ経営を意識し、経営陣のもとでKPI・SPTsを管理することが重要なポイントとなります。

事　例

地域金融機関を貸し手としたサステナビリティリンクローン

2021年９月、静岡銀行は山一金属とサステナビリティリンクローン契約を締結しました。本ローン実行に際しては、第三者意見を日本格付研究所

(JCR) から取得しています。第三者評価機関であるJCRは、サステナビリティリンクローン原則等で推奨されている評価の透明性および客観性確保のため、山一金属の「サステナビリティ戦略とKPI(重要業績評価指標、Key Performance Indicator) 及びSPT (Sustainability Performance Targets) の設定」「融資条件と期中のモニタリング体制」について第三者評価を行いました。

同社は、使用済アルミ缶・アルミラミネート箔のリサイクル事業を開始し、主要事業として、30年以上にわたりアルミ缶を再生させる「CAN TO CAN リサイクル」に取り組んでいます。同社は、企業理念および環境方針に基づく環境負荷低減や資源の有効活用に係る取組みの進捗を確認するため、環境配慮製品の販売比率をKPIとし、総販売量に占める環境配慮製品販売比率を8割以上で維持することをSPTに設定しました。

静岡銀行と同社は、最終返済期限到来までSPT進捗の確認および金利見直しのタイミングを毎年設定し、ローン期間中はSPTの進捗状況とローン条件等が連動すること(インセンティブ)、最終返済期限到来時には、最終的なサステナビリティ達成度について確認を行うこととしています。

本ローンで設定したKPIならびにSPTをSDGsの視点で紐づけすると、「目標7:エネルギーをみんなにそしてクリーンに(ターゲット7.3)」「目標8:働きがいも経済成長も(ターゲット8.4)」「目標9:産業と技術革新の基盤をつくろう(ターゲット9.4)」「目標11:住み続けられるまちづくりを(ターゲット11.6)」「目標12:つくる責任、つかう責任(ターゲット12.2、12.4、12.5)」「目標13:気候変動に具体的な対策を(ターゲット13.1)」に貢献することになります。本事例は、「環境省グリーンファイナンスポータル」に掲載されています。

プラスα

▶サステナビリティパフォーマンスターゲット（SPTs）のKPIの例

主な要素で示した借り手と貸し手で決定し設定するKPIについて、例示が公開されています。借り手のサステナビリティ戦略にあわせた目標設定の参考として活用できます。

［図表］　サステナビリティリンクローンにおけるSPTsのKPIの例

カテゴリー	事例
エネルギー効率	・年間省エネ量（電力MWh/GWh、その他エネルギーGJ/TJ） ・温室効果ガス排出の年間削減量／削減貢献量（CO2換算量） ・ビジネス単位当りのエネルギーパフォーマンス（MWh/m²、MWh/個、MWh/t等）等
温室効果ガス排出	・資金調達者により製造もしくは販売される製品に関するまたは生産・製造サイクルにおける温室効果ガス排出量の削減 ・自社排出量のみならず、企業活動の上流から下流にかかわるサプライチェーン全体における温室効果ガス排出量（スコープ１（自社の工場・オフィス・車両等からの直接排出量）、スコープ２（電力等の自社で消費したエネルギーからの間接排出量）およびスコープ３（その他の間接排出量）の合計値）の削減（MJ、MWh、pkm、tkm、従業員１人当りまたは投資額当りの炭素強度、または絶対量） ・ネットゼロシナリオに沿った低炭素・炭素除去技術への設備投資割合（%）等
再生可能エネルギー	・資金調達者による再生可能エネルギーの生産量もしくは使用量の増加（GW、%） ・再生可能エネルギー生産量と総エネルギー生産量の比率（%） ・再生可能エネルギー生産に関連して回避されたGHG排出量等
水消費	・資金調達者による水消費量の削減 ・資金調達者による水のリサイクル率の改善等
排水処理	・資金調達者による排水処理量、再使用量等
持続可能な調達	・認証された持続可能な原材料・供給品の調達量増加 ・サステナビリティ配慮のある包装を用いた製品の割合等
サーキュラー・エコノミー	・天然資源投入量の増減 ・廃棄物処理におけるリサイクル率 ・環境負荷低減効果のある再生材や再生可能資源等の使用 ・廃棄物削減量を増加させる製品への変更等

持続可能な農業・食品・林業	・適切なラベルや認証を用いた持続可能な製品または高品質な製品の生産量もしくは調達量の増加（km^2、トン、％） ・持続可能性に係るトレーサビリティが確立している製品の増加（％） ・認証制度（FSC、PEFCなど）に基づく森林の管理割合（％）等
生物多様性	・生物多様性・生態系の保全・保護の改善（植林または森林再生土地面積の増加、FSC 等の持続可能な森林の認証面積の増加、MSC・ASC等の認証水産物の調達量の増加、生物多様性の保全に資する製品・サービスの販売量の増加）（km^2または％等） ・保護・回復した固有種・動植物の絶対数等
気候変動に対する適応	・砂漠・荒廃地を農地化した面積の増加 ・適応策あるいはリジリエンス強化のための投資後に生じた異常気象による（財政、人道的、生態学的）損害の減少・削減（金額または％） ・気象現象によるサプライチェーンおよび／または事業活動の中断の日数の減少等
グローバルESG評価	・資金調達者のESG格付の改善、もしくは認知されたESG認証の達成等

（出典）　環境省「グリーンローン及びサステナビリティ・リンク・ローンガイドライン2022年版」

Ⅷ－3

トランジションファイナンス

◘ 概　要

トランジションファイナンスは、脱炭素社会の実現に向けて、長期的な戦略にのっとり、着実なGHG（Greenhouse Gus、温室効果ガス）削減の取組みを行う借り手企業に対し、その取組みを支援するローンのことをいいます。経済産業省がトランジションファイナンスモデル事業（第三者評価費用の負担軽減等のインセンティブを付与）を実施するなど、脱炭素を国内で推進・普及していく役割も担っています。

◘ スキーム図

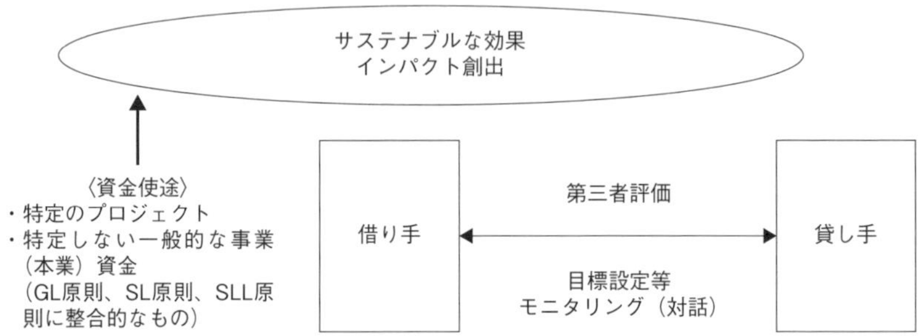

◘ 原則名／国内指針

・ICMA『クライメート・トランジション・ファイナンス・ハンドブック　発行体向けガイダンス（2020年12月９日）』
・金融庁・経済産業省・環境省『クライメート・トランジション・ファイナンスに関する基本方針（2021年５月）』

Climate Transition Finance

◆ 定　義

トランジションファイナンス（TF）とは、気候変動への対策を検討している企業が、脱炭素社会の実現に向けて長期的な戦略にのっとった温室効果ガス削減の取組みを行っている場合にその取組みを支援することを目的とした金融手法のことをいいます。特にわが国においては、2050年のカーボンニュートラル実現を目指すため、パリ協定に整合的な目標設定を行い、一定の要素を満たしたうえで、資金調達を行う動きを支援するためのファイナンス（資金供給）として位置づけられます。なお、今後わが国では脱炭素に向けて業種別のロードマップを策定予定ですが、現状ロードマップが策定されている業種は鉄鋼、化学、電力、ガス分野など一部にとどまっています。

◆ 環境面等のサステナビリティのメリット

TFの定義である、気候変動への対策を検討している企業が、脱炭素社会の実現に向けて長期的な戦略にのっとった温室効果ガス削減の取組みを行っている場合にその取組みを支援することを目的とした金融手法を通じたサステナブルな社会の実現です。特に、わが国においては、2050年のカーボンニュートラル実現を目指すため、パリ協定に整合的な目標設定を行い、資金調達を行う動きを支援するためのファイナンス（資金供給）として位置づけられます。

TFは社会的外部効果として、公正な移行を実現します。公正な移行とは、グリーン経済への移行による実質的な利益が広く共有されるとともに、経済的な不利益を被る立場にある者（国であれ、地域、産業、コミュニティ、労働者、消費者であれ）への支援を目指すものです。公正な移行の概念は、持続可能な開発目標（SDGs）のいくつかと紐づいており、特に目標13の気候変動対策、目標10の不平等の是正、目標８の働きがいと経済成長の両立、目標７のみんなが使えるクリーンエネルギーを含んでいます。

パリ協定（2015年）の目標実現の過程において、温室効果ガス多排出セクターでは、雇用に重大な影響が懸念されます。借り手がどのようにして「公正な移行」の諸要素を脱炭素化に向けた戦略全体のなかに組み込んでいるのか、貸し手等が理解することも必要となります。

主なリスクの所在

1 借り手のクレジットリスク

(1) リスク要因とその確認

通常のローンと同様、借り手企業のクレジットリスクが主なリスクとなります。TFのキャッシュフローは、通常、他のローンと同様の返済順位に設定されます。したがって、金融機関は、通常のローンと同様、借り手企業に対するクレジットリスクを確認します。

(2) リスク要因に対する対応

通常のローンと同様、借り手企業のクレジットリスクを精査、判断します。TFにより、結果としてクレジットリスクが低下することもあるかもしれませんが、ローン実行時にTFのみを理由として、急激に信用力が高まることはありません。

2 風評リスク

(1) リスク要因とその確認

TFとしての評価等を開示することによる風評リスクがあります。TFにおいて脱炭素社会の実現に向けた取組み等を開示することにより、ステークホルダーのみでなく、開示資料を閲覧する第三者から、風評（実態と異なる噂の流布等）が発生する可能性があります。

(2) リスク要因に対する対応

TFの評価等は開示資料となりますので、通常の開示同様、守秘義務や表現方法について十分に確認（必要に応じて関係者にも確認）することで、リスク回避は可能となります。

3 ウォッシュリスク

(1) リスク要因とその確認

借り手企業の資金使途等に関するリスクがあります。風評リスクにもなります。ローンが異なる資金使途へ充当される場合や当初想定した効果そのものが実態と整合せず効果が出ない、もしくはマイナスの効果となる場合があります。このような場合、TFの形態を利用した実態の伴わないサステナブルファイナンスであると社会的に評価されるリスクが発生します。

(2) リスク要因に対する対応

借り手企業と貸し手である金融機関は、選定した知見のある第三者評価機関等とウォッシュリスクについての可能性をゼロにするべく協議を行います。形式のみでなく、各プリンシプル（原則）や過去事例等を踏まえたローンの内容、評価書の内容とすることで、リスク回避は可能となります。

4 プリンシプルリスク

(1) リスク要因とその確認

TFの依拠する各種プリンシプルが、変更されることのリスクがあります。TFは「クライメート・トランジション・ファイナンス・ハンドブック」、「クライメート・トランジション・ファイナンスに関する基本方針」にのっとり実施していますが、これらのプリンシプルが変更されることにより、ローン期間中に別途手当が必要となるリスクがあります。

(2) リスク要因に対する対応

プリンシプルの変更可能性について、貸し手やアレンジャーとなる金融機関が、ローン実行時までに十分な確認を行います。また、変更可能性がある場合については、変更後のプリンシプルに追随するための開示等が可能かどうか、借り手企業と確認を行います。

主な要素

1　必要な要素

TFにおいては、４つの重要な推奨開示要素が示されています。

要素①：借り手のクライメート・トランジション戦略とガバナンス

TFを活用した資金調達の目的は、借り手によるクライメート・トランジションファイナンス戦略の実現です。負債性金融商品に「トランジション（移行）」という表示を付す場合、それは借り手が、気候関連リスクに効果的に対応するとともに、パリ協定の目標と整合性をとることに寄与するかたちで、ビジネスモデルを変革するために実施されるものとなり、さらにこれを開示するものとなります。

要素②：ビジネスモデルにおける環境面のマテリアリティ

計画したクライメート・トランジションファイナンスのロードマップは、借り手のビジネスモデルにおいて環境面のマテリアルな部分に関連するものとします。

要素③：科学的根拠のあるクライメート・トランジション戦略（目標とロードマップを含む）

借り手のクライメート・トランジション戦略は、科学的根拠のある目標とトランジションロードマップに基づくものとします。なお、計画したトランジションのロードマップは以下の要件を満たすものとします。

- 長期間、一貫性のある測定方法により定量的に測定可能なこと
- 認知度が高く、科学的根拠のある経路と整合し、科学的根拠のある経路をベンチマークまたはそれ以外のかたちで参照している（そのようなロードマップが存在する場合）こと
- 中間目標を含むかたちで公表されていること（理想的には主要な財務諸表などの開示）
- 独立した第三者による保証または検証などの裏付けがあること

要素④：実施の透明性

借り手は、TFにおいて透明性や信頼性を担保するために、トランジション戦略の実行のための資金である旨の計画等の開示を行います。ただし、守秘義務や競争上の観点から一般に開示することが困難な場合には、情報を一般に開示せず、貸し手や外部評価機関のみに報告することも可能です。同様に、資金調達者が中小企業であり、貸し手や外部評価機関に対する報告内容と同じ内容を一般に開示することが困難である場合には、以下についての記載を概要にとどめる等、開示内容を簡素化することも可能です。

・投資計画は、実践可能な範囲で各投資対象の金額、成果とインパクトを紐づけて開示します。
・資金調達後には、当初の計画と実際の支出、成果、インパクトの差異の有無について説明し、また、差異が生じている場合にはその理由を説明します。

2　主要な開示要素

TFの主要な開示要素は、必要な要素に示した①～④となります。

3　資金使途

TFの4つの開示要素を満たす金融商品は、「トランジションファイナンス」になりえます。調達した資金の充当対象（資金使途）は幅広くなります。TFでは、資金調達者がパリ協定と整合的な長期目標を実現するための戦略を明確に求められ、この戦略に基づき、資金使途が通常の事業活動ではない旨を投資計画等に明示します。これにより、脱炭素社会の実現に向けた重要なファイナンス手段となります。

4　目標設定

TFで資金調達する借り手は、①脱炭素化に向けた目標を掲げ、その達成に向けた戦略・計画を策定しており、戦略・計画に則した取組みを実施するための原資を調達する主体、および②他者の脱炭素化に向けたトランジションを可能にするための活動（投融資を含む）の原資を調達する主体となります。

目標は、2050年の長期目標に加え、中間目標（短中期目標）を含み、長期間、一貫性のある測定方法とします。また、目標は、科学的根拠のある目標とします。

排出量の削減は、排出単位または絶対値のいずれの形式もとりえますが、環境面のマテリアリティを踏まえて、サプライチェーン排出量に関する国際的基準「GHGプロトコル」におけるすべてのスコープをカバーする目標とします。なお、サプライチェーン排出量のうちスコープ3については、借り手のビジネスモデルにおいて重要な削減対象と考えられる場合において、実現可能な計算方法で目標設定します。

科学的根拠のある目標とは、パリ協定の目標の実現に必要な削減目標であり、地域特性や業種の違いを考慮しつつ、以下のようなロードマップを参照します。

① 国際的に広く認知されたシナリオ（国際エネルギー機構（IEA）の持続可能な開発シナリオ（SDS）など）

② Science Based Targets Initiative（SBTI、科学的根拠に基づく目標イニシアチブ）などで検証されたもの

③ パリ協定の目標と整合的な各国の温室効果ガスの削減目標（NDC、Nationally Determined Contributions）や業種別のロードマップ、パリ協定の実現に向けて業界等が定めた科学的根拠ある計画等。

5 レポーティング／評価の基本手順

TFを活用した資金調達は、トランジション戦略の実現または実現に向けた動機づけを目的とし、トランジション戦略にはパリ協定の目標と整合的な長期目標、短中期目標、脱炭素化に向けた開示、戦略的な計画を組み込みます。

トランジション戦略では、想定される気候変動リスクに対応するととも

に、パリ協定の実現に寄与するかたちで事業変革をする意図を明確にします。なお、事業変革としては、既存のビジネスの延長にとどまらず、さまざまな観点からの変革が考えられます。また、トランジション戦略の実行過程では、事業変革による雇用や商品・サービスの安定供給への影響など気候変動以外の環境および社会に対して影響を及ぼす場合もあり、その場合、借り手は、気候変動以外の環境および社会への影響も考慮します。

トランジションの構築にあたっては、気候変動関連のシナリオを参照します。トランジションの経路は借り手の業種ごと、また、事業を展開する地域ごとに検討します。

トランジション戦略・計画は、中期経営計画等の経営戦略、事業計画と連動させるようにします。ただし、トランジションは長期にわたる戦略・計画となるため、前提としていた外部環境等に大きな変化が生じた場合には、内容を変更・修正していきます。

借り手は、トランジション戦略の実効性を担保するために、取締役会等が気候変動対応の取組みを監視し、そうした取組みを評価・管理するための組織体制を構築します。

トランジション戦略の対象となる取組みは、現在および将来において環境面で重要となる中核的な事業活動の変革に資する取組みとし、重要か否かの判断に影響を及ぼす可能性のある気候変動関連のシナリオを複数考慮します。

借り手は、トランジション戦略を科学的根拠のある目標に基づくものとします。

6 レビュー／外部評価

借り手がトランジション戦略に関して客観的評価が必要と判断する場合には、外部機関によるレビュー、保証および検証を活用します。トランジション戦略に関しては、特に以下の事項に関してレビューを得ることが有用です。

・シナリオと短期・中期・長期目標の整合性

・借り手のトランジション戦略により目標が達成されることの信頼性
・トランジション戦略の管理プロセスとガバナンスの適切性

目標と軌道に関しては、以下の事項に関してレビューを得ることが有用です。

・長期目標が科学的根拠に基づいた目標であるか（パリ協定に整合したことが説明されているか)。
・短中期の目標設定において、気候変動のシナリオ分析に基づいた温室効果ガスの算定予測がなされているか（国際的に広く認知されたシナリオ等を活用あるいは参照しているか)。
・目標に活用した指標に関する実績値が一貫性のある測定方法により定量的に測定されているか（長期目標の達成に向けた短中期目標を実現するための具体的な温室効果ガス削減策を有しており、これに連動した測定方法となっているか)。

主なスキーム構成者のメリット

1 借り手のメリット

① 借り手は、トランジション戦略の実効性を担保するために、取締役会等による気候変動対応の監視および評価・管理のための組織体制を構築します。これにより、ESGのうちガバナンス強化を図ることができます。トランジション戦略・計画に関しては、その実効性に対して高い信頼性が必要となりますが、中期経営計画等の経営戦略、事業計画と連動させることにより、トランジション戦略・計画の実効性も高まります。

② トランジション戦略の実行にあたっては、事業変革による雇用や商品・サービスの安定供給への影響など気候変動以外の環境および社会に対して影響を及ぼす場合も想定されます。その場合、借り手は、事業変革の気候変動以外の環境および社会への寄与も期待できます。

③ トランジション戦略には、想定される気候変動リスクに対応するととも

に、パリ協定の実現に寄与するかたちで事業変革をする意図が明確に含まれます。炭素、温室効果ガスの大幅な削減を達成する燃料転換や革新的技術の導入、製造プロセスや製品の改善・変更、新しい分野の製品やサービスの開発・提供等、既存のビジネスの延長にとどまらず、さまざまな観点からの変革の実現性が高まります。

④　サプライチェーンマネジメントを実施する場合、一企業にとどまらずサプライチェーンの温室効果ガス削減取組みに対するファイナンスにも有用となります。また、サプライチェーンの取組み全体またはその中核となる企業等の戦略を活用して、そのなかで借り手自らの戦略を構築、説明することも考えられます。

2　貸し手のメリット

①　貸し手は、パリ協定と整合的なかたちで事業変革を進める意図をもち、その実践に関する信頼性が担保される借り手に対して投融資を実行し、その後もエンゲージメントを続けることで、投融資による利益を得ながら、パリ協定の実現や日本および世界の持続可能な社会の形成と成長の実現に寄与することができます。

②　借り手のトランジション戦略・計画（その前提となる中期経営計画等の経営戦略、事業計画）に関して、借り手と貸し手の間で深い対話が行われることにより、貸し手側では借り手の真のニーズを起点とするソリューションの提供など、深いリレーションに基づくビジネス機会の獲得につなげることができます。

③　排出削減困難なセクター（現段階において、脱炭素化が困難な産業部門・エネルギー部門）における低炭素化の取組みなど、脱炭素化に向けた長期的な研究開発等への資金供給を推進していくインセンティブとなります。

まとめ

TFは、温室効果ガスの削減という明確な目的と、業種別のロードマップにより、借り手側の取組みを明確にしたサステナブルファイナンスです。借り手自身が科学的根拠や長期目標、一定の枠組みを備える必要があり、大企業（サプライチェーンを含む）に適している仕組みとなっています。

貸し手においては、借り手がTFを実行することで、借り手の温室効果ガス削減を後押しするだけではなく、借り手のサプライチェーンや業界全体の脱炭素化への貢献が期待できます。

TFに取り組む際には、借り手において、原則に規定される必要な開示要素および借り手自身の長期計画の透明性や信頼性の担保ができるかどうかが重要なポイントとなります。

事　例

①　発電施設を対象としたトランジションローン

2022年3月、住友化学・住友共同電力は、三井住友銀行をアレンジャー兼ストラクチャリングエージェントとするトランジションローンのシンジケートローン契約を締結しました。本ローンは、経済産業省の「トランジションファイナンスモデル事業」に選出されています。

本ローンの資金使途は、住友共同電力のLNG火力発電建設プロジェクトおよび住友化学のLNG火力発電施設建設プロジェクトであり、日本格付研究所（JCR）がクライメート・トランジション・ローン・フレームワークを評価しています。

「トランジションファイナンスモデル事業」は、2021年度に実施され、トランジションファイナンスの事例を積み上げ、市場形成につなげることを目的としています。モデル事業では、モデル事例となる案件に対する外部評価機関のコストを支援することで、初期費用を抑えるインセンティブを付与しています。

住友化学は、2050年度にGHG排出量ネットゼロを掲げていますが、モデル事業においては、国内外の原則にのっとっていること、同社の「トランジション戦略」や「科学的根拠」に適合していることも求められています。モデル事業の選定・JCRの評価を経ることにより、同社の取組みが多様な視点から基準をクリアしていることが認められた事例といえます。

トランジションファイナンスをはじめとしたサステナブルファイナンス普及には、地道な啓発活動と事例の積上げが不可欠です。本モデル事業のような制度を活用して、金融機関や借り手企業が自ら行動を起こしていくことで、サステナブルファインスが社会に広がっていくことが想定されます。

② 船舶会社を借り手とするトランジションローン

2021年11月、商船三井は、日本政策投資銀行・三井住友信託銀行・三井住友銀行をトランジションストラクチャリングエージェントとするシ・ローン団とトランジションローン契約を締結しました。

本ローンは、日本格付研究所（JCR）がクライメート・トランジションファイナンス評価を行っていますが、評価書の参考資料として公表されている「クライメート・トランジション・ファイナンスに関する基本方針との整合性確認シート」を参照すると、原則（プリンシプル）等との整合性とその根拠が簡潔に書かれています。実務担当者の参考資料として目を通しておくことをお勧めします。以下、適合状況○・対象外・△の項目抜粋です。

（抜粋）

要素１：資金調達者のクライメートトランジション戦略とガバナンス

e）トランジション戦略・計画に関しては、その実効性に対して高い信頼性が必要である。したがって、中期経営計画等の経営戦略・事業計画と連動したトランジション戦略・計画が望ましい
適合状況：○ 商船三井の環境ビジョン2.1は、その実現に向けた投資計画およびその結果想定されるコストとリターンが計算されており、経営戦略や事業計画と連動している

ｉ）トランジション戦略はファイナンスを必要とする企業自身による構築を基本とするが、一企業に留まらずサプライチェーンの温室効果ガス削減の取組に対するファイナンスであれば、当該取組全体又はその中核となる企業等の戦略を活用して、その中で自らの戦略を構築、説明することも考えられる
適合状況：対象外 商船三井は、当社自身のトランジション機能を構築している

要素４：実施の透明性

ｈ）投資計画は、実践可能な範囲で各投資家の金額、成果とインパクトを紐付けし開示することが望ましい
適合状況：△ 本ファイナンスによる投資対象の金額、成果とインパクトは紐付けをフレームワークで開示されている。トランジション戦略全体について、各投資対象や投資総額は明らかとされているが、個別に成果とインパクトを紐付けることは現時点では困難であり、開示していない。今後、具体的な個別の計画が確定次第開示していくことが想定されている

サステナブルファイナンスは、事例の積上げと共有による蓄積・高度化が不可欠であり、公開（開示）も社会貢献の一つです。

プラスα

▶トランジションファイナンスの概念

トランジションファイナンスの概念はグリーンボンド、ソーシャルボンド、サステナビリティボンド、サステナビリティリンクボンドと重なり合います（ICMAの「クライメート・トランジション・ファイナンス・ハンドブック」の定義、下記の図表参照）。資金使途が特定されなくてもトランジションファイナンスに該当しえ、資金調達者の戦略や実践に対する信頼性を重ね合わせて判断した結果、資金調達者に求められている４つの要素を満たせば、グリーンボンド、サステナビリティリンクボンド等の一部もトランジションファイナンスに該当します。

［図表］ ICMAのクライメート・トランジション・ファイナンス・ハンドブックの位置づけ

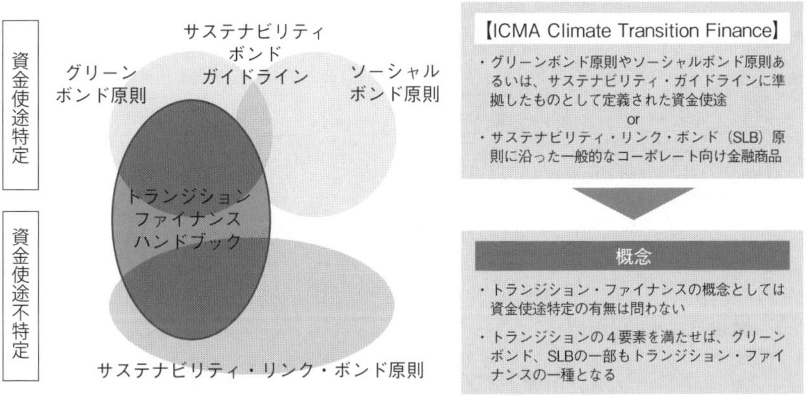

（出所）ICMA Climate Transition Finance Handbook

（出典） 金融庁・経済産業省・環境省「クライメート・トランジション・ファイナンスに関する基本指針」（2021年５月）

Ⅷ－4

グリーンローン

◆ 概　　要

借り手企業や地方自治体等が、国内外のグリーンプロジェクトに要する資金を調達するために用いるローンのことをいいます。環境省が、2020年３月にグリーンローンガイドラインを作成するなど、国内でのグリーンプロジェクトの普及・推進していく役割を担っています。同ガイドラインでは、グリーンウォッシュ（実際は環境改善効果がない、または、調達資金が適切に環境事業に充当されていないにもかかわらず、グリーンローンを称すること）の防止に留意することとしています。

◆ スキーム図

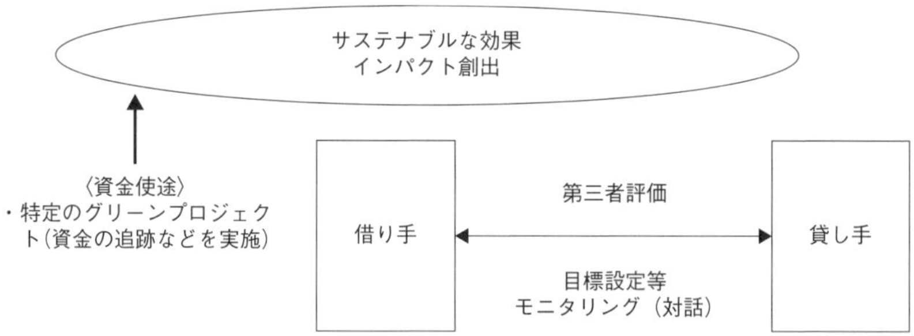

◆ 原則名／国内指針

・ICMA『グリーンボンド原則2021　グリーンボンド発行に関する自主的ガイドライン（2021年６月）』
・環境省『グリーンローン及びサステナビリティ・リンク・ローンガイドライン　2022年度版』
・LMA、APLMA、LSTA『グリーンローン原則（2021）』

◆ 定　義

グリーンローン（GL）とは、企業や地方自治体等が、国内外のグリーンプロジェクトに要する資金を調達する際に用いられる融資のことをいいます。具体的には、①調達資金の使途がグリーンプロジェクトに限定され、②調達資金が確実に追跡管理され、③それらについて融資後のレポーティングを通じ透明性が確保される融資のことをいいます。

グリーンローンの借り手としては、①自らが実施するグリーンプロジェクトの原資を調達する一般事業者（もっぱらグリーンプロジェクトのみを行うSPCを含む）、②グリーンプロジェクトに対する投資・融資の原資を調達する金融機関、③グリーンプロジェクトに係る原資を調達する地方自治体等が想定されます。

GLの貸し手としては、ESG融資を行うことを表明している金融機関等が想定されます。

GLの適用対象となる融資手段としては、証書貸付（タームローン等）をはじめ、多種多様なものが考えられます。

◆ 環境面等のサステナビリティのメリット

①　地球環境保全への貢献……GLの普及が進むことにより、再生可能エネルギーや省エネルギー等の事業への民間資金の導入拡大が図られます。

国内外における温室効果ガス削減に資する事業以外でもグリーンプロジェクトへの民間資金の導入が拡大することで、企業等の長期的利益の基盤である自然資本劣化の防止等の環境保全が図られます。

②　グリーンプロジェクト推進を通じた社会・経済問題の解決への貢献……GLの普及を通じてグリーンプロジェクトを推進することにより、エネルギーコストの低減、エネルギー安全保障の強化、地域経済活性化、災害時のレジリエンスの向上等に寄与します。

主なリスクの所在

1 借り手のクレジットリスク

(1) リスク要因とその確認

通常のローンと同様、借り手企業のクレジットリスクが主なリスクとなります。GLのキャッシュフローは、通常、他のローンと同様の返済順位に設定されます。したがって、金融機関は、通常のローンと同様、借り手企業のクレジットリスクを確認します。

(2) リスク要因に対する対応

通常のローンと同様、借り手企業のクレジットリスクを精査、判断します。GLにより、結果としてクレジットリスクが低下することもあるかもしれませんが、ローン実行時にGLのみを理由として、急激に信用力が高まることはありません。なお、SPV等の独立した事業に対してのプロジェクトファイナンスの場合は、通常のローンとは異なるため、プロジェクトそのもののキャッシュフローを精査します。

2 風評リスク

(1) リスク要因とその確認

GLとしての評価等を開示することによる風評リスクがあります。GLにおいてグリーンプロジェクトの概要等を開示することにより、ステークホルダーのみでなく、開示資料を閲覧する第三者から、風評（再生可能エネルギーの場合には原材料調達等にかかる噂の流布等）が発生する可能性があります。

(2) リスク要因に対する対応

GLの評価等は、開示資料となりますので、通常の開示同様、守秘義務や表現方法について十分に確認（必要に応じて関係者にも確認）することで、リスク回避は可能となります。

3 ウォッシュリスク

(1) リスク要因とその確認

借り手企業の資金使途等に関するリスクがあります。風評リスクにもなります。ローンが異なる資金使途へ充当される場合や当初想定した効果そのものが実態と合致せず効果が出ない、もしくはマイナスの効果となる場合があります。このような場合、GLの形態を利用した実態の伴わないサステナブルファイナンスであると社会的に評価されるリスクが発生します。

(2) リスク要因に対する対応

借り手企業と貸し手である金融機関は、選定した知見のある第三者評価機関等とウォッシュリスクについての可能性をゼロにするべく協議を行います。形式のみでなく、各プリンシプル（原則）や過去事例等を踏まえたローンの内容、評価書の内容とすることで、リスク回避は可能となります。

4 プリンシプルリスク

(1) リスク要因とその確認

GLの依拠する各種プリンシプルが、変更されるリスクがあります。GLは、「グリーンローン原則」「グリーンローン及びサステナビリティ・リンク・ローンガイドライン」等にのっとり実施していますが、これらのプリンシプルが変更されることにより、ローン期間中に別途手当が必要となるリスクがあります。

(2) リスク要因に対する対応

プリンシプルの変更可能性について、貸し手やアレンジャーとなる金融機関が、ローン実行時までに十分な確認を行います。また、変更可能性がある場合については、変更後のプリンシプルに追随するための開示等が可能かどうか、借り手企業と確認を行います。

主な要素

1　必要な要素

必要な要素はグリーンローン原則ではグリーンボンド原則と同様、①調達資金の使途、②プロジェクトの評価と選定のプロセス、③調達資金の管理、④レポーティングが核となる4つとなります。

2　主要な開示要素

①　調達資金を充当したグリーンプロジェクトのリスト
②　各グリーンプロジェクトの概要（進捗状況を含む）
③　各グリーンプロジェクトに充当した資金の額
④　各グリーンプロジェクトがもたらすことが期待される環境改善効果
⑤　未充当資金がある場合には、その金額または割合、充当予定時期

なお、借り手が中小企業であり、貸し手に対する報告内容と同じ内容を一般的に開示することが困難な場合は、調達資金を充当したグリーンプロジェクト、充当した資金の額、期待される環境改善効果の概要等を貸し手に開示することで対応します。また、貸し手のウェブサイトやグリーンファイナンスポータル（環境省）等に掲載することも考えられます。

3　資金使途

GLにより調達される資金は、明確な環境改善効果をもたらすグリーンプロジェクトに充当します。環境改善効果があることは借り手が評価し、可能な場合には定量化します。

資金使途の例としては、グリーンプロジェクト（これらの事業に係る投融資や研究開発費、人材教育費、モニタリング費用のような関連費用や付随費用を含む）が考えられます。

グリーンプロジェクトが、本来の環境改善効果とは別に、付随的に、環境

に対しネガティブな効果をもたらす場合があります。「明確な環境改善効果をもたらすグリーンプロジェクト」は、ネガティブな効果が本来の環境改善効果と比べ過大とならないプロジェクトとなります。

調達資金の使途の貸し手への説明は、貸し手その他の関係者が資金使途の適切性を評価できるようにするため、「風力発電事業のための設備建設」「バイオマス発電事業に係る融資」などのように、一定の事業区分を示して行います。

GLにより調達される資金は、新たに立ち上げるグリーンプロジェクトに対する初期投資のほか、すでに開始されているグリーンプロジェクトのリファイナンスに充当すること（リファイナンス）も可能です。

4　プロジェクトの評価および選定プロセス

借り手は、借り手がGLを通じて実現しようとする環境面での目標（Objective）、調達資金の充当対象とするグリーンプロジェクトが環境面での目標に合致すると判断するための規準（Criteria）、および、その判断を行う際のプロセス（Process）の概要を、事前に貸し手に説明します。借り手は、上記について、環境面での持続可能性に関する包括的な目標、戦略、政策等（中期経営計画、サステナビリティ戦略、CSR戦略等）の文脈のなかに位置づけたうえで、貸し手に対して説明します。

環境面での目標とは、「気候変動の緩和・適応」や「生物多様性の保全」など、借り手がGLを通じて実現しようとする環境上のメリットのことをいいます。可能な場合には定量的な指標が用いられ、その算定方法や前提条件とともに示されます。定量化がむずかしい場合に用いる定性的な指標として、グリーンプロジェクトを通じてLEED（グリーンビルディング認証プログラム）、CASBEE®（建築環境総合性能評価システム）、BELS（建築物省エネルギー性能表示制度）、FSC®（森林認証）、MSC（海洋管理協議会）、ASC（水産養殖管理協議会）等の外部認証を利用することも考えられます。

規準とは、環境面での目標に照らして具体的なプロジェクトを評価・選定する際の判断の根拠となるものをいいます。たとえば、「気候変動の緩和・

適応」を環境面での目標とする場合、温室効果ガス排出削減効果のある再生可能エネルギー事業などがグリーンプロジェクトとなります。

グリーンプロジェクトを評価・選定するための規準の例としては、以下のようなものが考えられます。

・「グリーンローン原則」または「グリーンローン及びサステナビリティ・リンク・ローンガイドライン」において、「調達資金の使途」の具体例としてあげられている事業に該当すること。
・再生可能エネルギー事業であって、赤道原則に規定された環境に対するネガティブな効果が大きいカテゴリーに分類されない事業に該当すること。
・LEED、CASBEE®、BELS等の環境認証制度において高い省エネ性能を示す環境認証を受ける建築物を建築する事業に該当すること。

5　レポーティング／評価の基本手順

グリーンプロジェクトの評価・選定の判断を行う際には、たとえば、「あるプロジェクトが前記目標設定の項で述べた目標や規準に照らして調達資金の充当対象として適切に環境改善効果をもたらすと判断される根拠」「実際に誰がどのように規準を適用し、グリーンプロジェクトが環境面での目標に合致しているか否かの判断を行うか」を決定する必要があります。

・グリーンプロジェクトの評価・選定の判断を行う際のプロセスでは、借り手内部の環境関連部署などの専門的知見のある部署や、外部機関が関与し、環境の観点からの適切性を確保します。
・借り手は、GLにより調達した資金の使用に関する最新の情報を、貸し手であるGLに参加する金融機関に対して融資後にも報告します。
・借り手として、GLによる資金調達であることを主張・標榜し、社会からの支持を得るためには、透明性を確保することが必要です。このため、借り手は、GLであることを表明する場合には、GLにより調達した資金の使用に関する最新の情報を、資金調達後に、借り手のウェブサイト等への掲載などにより一般に開示します。
・借り手が中小企業であり、貸し手に対する報告内容と同じ内容を一般に開示することが困難な場合は、開示内容を簡素化することができます。また、貸し手のウェブサイトやグリーンファイナンスポータル（環境省）等に掲載することも考えられます。

・借り手は、GLによって調達したすべての資金が充当されるまでは少なくとも1年に1回、資金の使用状況を報告または開示します。すべての資金が充当された後も、大きな状況の変化があった場合には適時報告または開示します。大きな状況の変化とは、グリーンプロジェクトの売却、プロジェクトにおける重大な事故など、グリーン性に影響を与える事象の発生等となります。

6 レビュー／外部評価

外部機関が評価するべき事項としては、以下があげられます。

① 資金使途となるグリーンプロジェクトが目標とする環境改善効果

② GLに期待される4つの要素との適合性の確認（算定方法や算定の前提条件を含む）

③ 借り手が特定した、グリーンプロジェクトに関連する潜在的な重大な環境リスク（ネガティブな効果）

④ 調達した資金の追跡・管理の具体的方法と適切性

借り手が、GLのフレームワークについて客観的評価が必要と判断する場合には、必要に応じ、外部機関によるレビューを活用します。外部機関によるレビューには「セカンド・パーティー・オピニオン（Second Party Opinion）」「検証（Verification）」「認証（Certification）」「レーティング（Rating）」などさまざまな名称のものがあります。

以下の場合には、外部機関によるレビューが有効となります。

・調達資金の具体的使途として予定しているグリーンプロジェクトのなかに、環境改善とともに環境に対する比較的大きなネガティブな効果を併せ持つプロジェクトが含まれている場合

・グリーンプロジェクトを評価・選定するための規準の適切性や、当該規準に基づいてグリーンプロジェクトの評価・選定の適切性を判断する知見が

借り手の内部に十分に備わっていない場合

・調達資金の具体的使途として予定しているグリーンプロジェクトが比較的特殊なものであり、その環境改善効果の算定に用いることができる既存のフレームワークが存在しない場合

7 調達資金の管理

グリーンローン、ソーシャルローンにおいては、調達資金の管理が特に重要となります。

調達資金の追跡管理については、以下の方法等が考えられます。

・調達した資金を、会計上区分された補助勘定を設けて記入し、グリーンプロジェクトに充当した場合に、当該補助勘定から支出

・社内システムや電子ファイルにより、調達資金の全額とグリーンプロジェクトへの充当資金の累計額を管理

・調達資金を別口座に入金し、その金額をその他の事業資金と区別して管理。グリーンプロジェクトへの充当は、当該別口座から実施

主なスキーム構成者のメリット

1 借り手のメリット

⑴ サステナビリティ経営の高度化

GLに関する取組みが、組織内のサステナビリティに関する戦略、リスクマネジメント、ガバナンスの体制整備につながれば、TCFD（気候関連財務情報開示タスクフォース）等のESG情報開示の要請に応えることにもなります。これにより、借り手の中長期的なESG評価の向上および企業価値の向上が期待できます。

⑵ グリーンプロジェクト推進に関する発信を通じた社会的な支持の獲得

GLによる資金調達により、グリーンプロジェクト推進に関し積極的であることを発信することができ、社会的な支持の獲得につながる可能性があり

ます。

(3) 新たな貸し手との関係構築による資金調達基盤の強化・安定

借り手がGLによる資金調達を行う際、当該情報の開示を通じ、ESG融資を選好する金融機関との新たな関係構築の機会が生じます。これにより、資金調達基盤の強化・安定につながる可能性があります。

(4) 比較的（相対的）好条件での資金調達への期待

借り手が行うしっかりとした事業性を有する再生可能エネルギー事業などから得られるキャッシュフローを利払いや償還の原資とするGLであれば、この分野に関する事業性評価に精通した金融機関や、ESG融資を選好する金融機関等から、比較的（相対的）好条件で資金を調達できる可能性があります。

2 貸し手のメリット

(1) ESG金融の一つとしての融資

一定規模のESG金融を行うことをコミットしている貸し手にとって、GLは、自らのコミットメントに明確に合致し、かつ、借り手のデフォルト等がない限り安定的なキャッシュフローをもたらす融資対象となります。

このようなコミットを行っていない貸し手にとっても、GLとして融資することで、借り手のデフォルト等がない限り安定的なキャッシュフローを得つつ、グリーンローンプロジェクトを支援していることを表明することができ、資金供給を通じ、持続可能な社会の実現に貢献することができます。

(2) 借り手との深い対話を通じたサステナビリティの向上

借り手から開示される環境改善効果等に関する非財務情報を分析・評価し、環境改善効果の持続性や環境に対するネガティブな効果等に関する対話を実施することが可能となります。借り手と事業課題について深く対話することで、借り手の真のニーズにあったソリューションの提供など多層的な関係構築・ビジネス機会の獲得につなげることができます。これらを通じ、借り手のサステナビリティの向上ひいては企業価値の維持・向上および信用力向上につながる可能性があります。

まとめ

GLは、一般的にも理解しやすいグリーンプロジェクトに資金使途が限定されたサステナブルファイナンスです。

反面、借り手は、比較的平易にグリーンプロジェクトへの参画が可能となるため、GLによる調達資金について、通常以上の注意をもって管理・追跡する必要があります。

貸し手においても、比較的平易にグリーンプロジェクトへの資金供給が可能となるため、GLのフレームワークについて、第三者評価を得ておくことで案件管理を円滑に行うことが可能になります。

GLに取り組む際には、いわゆるグリーンウォッシュ（実際は環境改善効果がない、または、調達資金が適正に環境事業に充当されていないにもかかわらず、GLと称するローン）とならないよう、借り手・貸し手ともに、GLの資金管理とグリーンプロジェクトの選定・モニタリング（対話）を実施することが重要なポイントとなります。また、貸し手においては、GLの選定から終了までを包含する実行可能なフレームワークを定めることがポイントとなります。

事　　例

①　地域金融機関を貸し手とした太陽光発電に対するグリーンローン

2022年３月、横浜銀行は、体験型リゾート施設運営のリソルの森と、太陽光発電および地産地消エネルギーシステムに対する資金提供を目的として、グリーンローン契約を締結しました。本ローンにおけるグリーンローンフレームワークについては、格付投資情報センター（R&I）がセカンドオピニオンで、原則（プリンシプル）と適合していることを確認しています。

太陽光発電および地産地消エネルギーシステムの概要は、太陽光発電電力を自営線の使用によりメディカルトレーニングセンターへ供給。また、余剰電力を既存の配電線を利用した自己託送を活用してゴルフ場へ供給。空気熱利用設備（ヒートポンプ・蓄熱供給システム）により、ボイラーへの給水温度を上昇させ、温浴施設ボイラーでの液化天然ガス使用量の削減を行うシステムで、地産地消での自然エネルギーの最大活用を実現していくものです。

独創的なプロジェクトに対するリファイナンス資金であることが本ローンの特徴となります。独創的なプロジェクトであることは専門家からも認められています。具体的には、FIT制度を使用しない再エネの地産地消モデルとしての独創性が高く評価され、新エネ大賞2021新エネルギー財団会長賞（一般財団法人新エネルギー財団）を受賞しています。

リファイナンスについては、R&Iのセカンドオピニオンで、「調達資金の使途」「調達資金の管理」の項目のいずれにおいても、適切な配慮や管理等がなされ、原則（プリンシプル）にのっとったものと確認されています。本事例は、「環境省グリーンファイナンスポータル」に掲載されています。

グリーンローンの普及に借り手企業と金融機関が真摯に取り組むことにより、持続可能な社会の根幹となるエネルギー問題という課題の解決に資することとなります。

②　地域金融機関を貸し手、地域の特産品を取り扱う企業を借り手としたグリーンローン

2022年２月、横浜銀行は、格付投資情報センター（R&I）からグリーンローンフレームワークについてのセカンドオピニオンを取得し、三崎恵水産とグリーンローン契約を締結しました。R&Iのセカンドオピニオンでは、以下がコメントされています。

・同社は、マグロ卸売を業としており、US・HACCP（注１）、MSC CoC認証（注２）を取得ずみです。また、2025年度自社消費電力のRE100（注３）化を目標に掲げています。

・本ローンの資金使途は、省エネ型自然冷媒装置の導入です。省エネ効果等により、年間232トンのCO_2排出量削減を見込んでいます。これによるネガティブインパクトとして想定される既存機器の処分廃棄リスクについても、適切な産廃処分やフロンガスの全量回収などで対策を講じています。

・本ローンによる調達資金は当社の管理本部により管理され、監査役が監査を行う仕組みを確立しています。

・本ローンについて、今後も年１回のレポート開示が行われる予定であり、グリーンローンによる効果が公開されます。

以上のコメント以外にも、関連資料は公開（開示）されています。地域の特産品を取り扱う同社と地方銀行の取組みである本ローンは、特に地域金融機関に参考としていただきたい事例です。本事例は、「環境省グリーンファイナンスポータル」にも掲載されています。

（注１） HACCP：食品事業者自らが食中毒菌汚染や異物混入時の危害要因（ハザード）を把握したうえで、原材料の入荷から製品の出荷に至る全工程のなかで、それらの危害要因を除去または低減するために特に重要な工程を管理し、製品の安全性を確認しようとする衛生管理の手法です。

（注２） MSC CoC認証：水産物の水揚げ以降のサプライチェーンに対する加工・流通の管理認証のことをいいます。

（注３） RE100：企業が自らの事業の使用電力を100％再エネで賄うことを目指す国際的なイニシアチブであり、世界や日本の企業が参加しています。

プラスα

▶グリーンプロジェクトの生むネガティブな効果の例

主なリスクの所在で示したウォッシュリスクのうち、グリーンプロジェクト自体がネガティブ（マイナス）の効果を生むケースについての例示が公開されています。借り手のグリーンプロジェクトがもたらす環境改善効果を検討する際の参考として活用できます。

[図表]　グリーンローンにおけるネガティブな効果の具体例

事業	ネガティブな効果の例
再生可能エネルギーに関する事業（発電、送電、機器含む）	【太陽光】 ・土地造成や自然斜面への設置による地表面の浸食等による崩壊、濁水の発生、パワーコンディショナ等の附帯設備からの騒音等 ・パネルの反射光による影響 ・景観への悪影響 ・土地の改変による重要な動植物の生息・生育環境の縮小 ・発電設備の放置・不適正処理による悪影響、埋立処分の増加　等 【風力（陸上）】 ・風力発電機の稼働による騒音、低周波音 ・風車の影 ・鳥類のバードストライクや採餌や繁殖活動への影響 ・景観への影響 ・土地の改変による重要な動植物の生息・生育環境の縮小　等 （洋上風力の場合には以下の点にも留意が必要） ・海域生態系の変化 ・海生生物への影響 【水力】 ・貯水池の水の汚れや富栄養化 ・土地の改変による重要な動植物の生息・生育環境の縮小　等 【バイオマス】 ・バイオマス燃料のライフサイクル全体におけるGHG排出量の増加、施設や搬入用車両からの排ガスによる大気汚染、違法伐採、泥炭地開発等の土地利用変化や間接的土地利用変化等の燃料生産地における環境への悪影響、施設からの排水による水質汚濁、温排水による海域生態系への悪影響、騒音、燃料保管時の悪臭、食料競合　等 【地熱】 ・硫化水素の臭気等による影響、温泉への影響　等 【全体】 ・機器の製造過程において発生する有害化学物質等の一般環境への排出 ・工事に伴う騒音、振動など周辺への悪影響　等 その他、事業内容等により環境面からのネガティブな効果や長期的な目標との明らかな不整合が生じうる場合は留意すること

省エネルギーに関する事業（省エネ性能の高い建築物の新築、建築物の省エネ改修、エネルギー貯蔵、地域冷暖房、スマートグリッド、機器、を含む）	・工事に伴う騒音、振動、光害など周辺への悪影響、アスベスト等の有害廃棄物の飛散　等 ・交換前の機器や設備の不適正処理による悪影響　等 その他、事業内容等により環境面からのネガティブな効果や長期的な目標との明らかな不整合が生じうる場合は留意すること
汚染の防止と管理に関する事業（排水処理、温室効果ガスの排出抑制、土壌汚染対策、廃棄物の３Rや熱回収、これらに関連する環境モニタリングを含む）	・有害化学物質の飛散や流出、不適正処理等による悪影響 ・廃棄物や汚染土壌の処理に伴う排ガスによる大気汚染、廃水による水質汚濁 ・非効率なリサイクルによるライフサイクルでみた環境負荷の増大 ・重金属等の有害化学物質を含む汚泥の不適正処理による悪影響 ・汚染土壌の不適正処理による悪影響　等 その他、事業内容等により環境面からのネガティブな効果や長期的な目標との明らかな不整合が生じうる場合は留意すること
自然資源・土地利用の持続可能な管理に関する事業（持続可能な農業・漁業・水産養殖業・林業、総合的病害虫・雑草管理（IPM）、点滴灌漑を含む）	・事業内容等により環境面からのネガティブな効果や長期的な目標との明らかな不整合が生じうる場合は留意すること
生物多様性保全に関する事業（沿岸・海洋・河川流域環境の保護を含む）	・大規模な土地造成に伴う生態系への悪影響 ・対象地域の遺伝子プールのかく乱 ・鳥獣の防除において使用する鉛弾による野鳥の鉛中毒等の生態系への悪影響 ・外来植物の刈り取り時における種子の飛散等、生態系への悪影響 ・大規模な土地造成に伴う生態系への影響　等 その他、事業内容等により環境面からのネガティブな効果や長期的な目標との明らかな不整合が生じうる場合は留意すること
クリーンな運輸に関する事業（電動車、公共交通機関、鉄道、自転車、複合輸送、クリーンエネルギーを利用する輸送手段や有害物質の発生抑制のためのインフラの整備を含む）	・大規模な土地造成に伴う生態系への悪影響 ・不適切なレアメタル等の金属の採掘・使用・廃棄による環境への悪影響 ・特定の場所、時間帯に集中することによる騒音・震動・大気汚染等の増加 ・事業拠点付近における騒音・廃棄物　等 その他、事業内容等により環境面からのネガティブな効果や長期的な目標との明らかな不整合が生じうる場合は留意すること

持続可能な水資源管理に関する事業（清浄な水や飲用水の確保のためのインフラ、都市排水システム、河川改修その他の洪水緩和対策を含む）	・大規模な土地造成に伴う生態系への悪影響 ・外来種等の不適切な植栽の導入 ・濃縮水の放流等による生態系への悪影響 ・エネルギー効率の悪い装置や方法の採用による温暖化への悪影響　等 その他、事業内容等により環境面からのネガティブな効果や長期的な目標との明らかな不整合が生じうる場合は留意すること
気候変動に対する適応に関する事業（気候変動の観測や早期警報システム等の情報サポートシステムを含む）	・大規模な土地造成に伴う生態系への悪影響　等 その他、事業内容等により環境面からのネガティブな効果や長期的な目標との明らかな不整合が生じうる場合は留意すること
サーキュラーエコノミーに対応した製品、製造技術・プロセス、環境配慮製品に関する事業（環境配慮型製品やエコラベルや認証を取得した製品の開発および導入、再生材や再生可能資源等の環境負荷低減効果のある素材による包装、サーキュラーエコノミーに関するツールやサービスを含む）	・大規模な土地造成に伴う生態系への悪影響 ・製品の製造段階において使用される有害物質の漏えい ・不適切なレアメタル等の金属の採掘・使用・廃棄による環境への悪影響 等 その他、事業内容等により環境面からのネガティブな効果や長期的な目標との明らかな不整合が生じ得る場合は留意すること
グリーンビルディングに関する事業	上述の関連する項目を参照のこと また、その他、事業内容等により環境面からのネガティブな効果や長期的な目標との明らかな不整合が生じうる場合は留意すること

（出典）　環境省「グリーンローン及びサステナビリティ・リンク・ローンガイドライン2022年版」より筆者作成

Ⅷ－5

ソーシャルローン

◆ 概　　要

ソーシャルローンは、借り手企業が社会課題（衛生・福祉・教育など）への対処・その悪影響の軽減を意図する事業や、SDGsへの貢献を目指す取組み（ソーシャルプロジェクト）への充当を資金使途としたローンのことをいいます。ソーシャルプロジェクトの対象となる人々は、社会的に比較的不利な立場にあるか、基本的な公共サービスを受けられていない人々などが想定されます。

◆ スキーム図

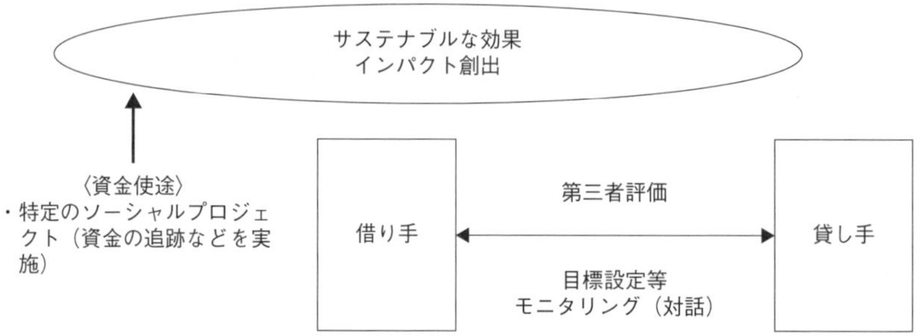

◆ 原則名／国内指針

・ICMA『ソーシャルボンド原則2021　ソーシャルボンド発行に関する自主的ガイドライン（2021年６月）』
・金融庁『ソーシャルボンドガイドライン（2021）』
・LMA、LSTA、APLMA『ソーシャルローン原則（2021）』

◆ 定　義

ソーシャルローンとは、借り手が国内外のソーシャルプロジェクトを実施するための資金調達です。具体的には、①調達資金の使途が発行体により適切に評価・選定されたソーシャルプロジェクトに限定され、②調達資金が確実に追跡調査され、かつ、③それらについて調達後のレポーティングを通じた透明性が確保されたローンのことをいいます。

◆ 社会面等のサステナビリティのメリット

① ソーシャルプロジェクトを通じた社会的課題の解決への貢献……ソーシャルローンの普及が進み、ソーシャルプロジェクトが推進されることにより、社会的課題の解決やSDGsの達成に貢献し、ポジティブな社会的な効果をもたらすこととなります。

② ソーシャル投資に関する個人の啓発……ソーシャルローンの普及を通じソーシャルプロジェクトが広く推進されるようになることは、社会的課題に関する個人（個人資産の受託者である機関投資家等を含む）の啓発につながる可能性があります。

主なリスクの所在

1 借り手のクレジットリスク

(1) リスク要因とその確認

通常のローンと同様、借り手企業のクレジットリスクが主なリスクとなります。SLのキャッシュフローは、通常、他のローンと同様の返済順位に設定されます。したがって、金融機関は、通常のローンと同様、借り手企業に対するクレジットリスクを確認します。

(2) リスク要因に対する対応

通常のローンと同様、借り手企業のクレジットリスクを精査、判断します。SLにより、結果としてクレジットリスクが低下することもあるかもしれませんが、ローン実行時にSLのみを理由として、急激に信用力が高まることはありません。

2 風評リスク

(1) リスク要因とその確認

SLとしての評価等を開示することによる風評リスクがあります。SLにおけるソーシャルプロジェクトの概要等を開示することにより、ステークホルダーのみでなく、開示資料を閲覧する第三者から、風評（他のソーシャルプロジェクトのほうに資金を回すべき等の非難）が発生する可能性があります。

(2) リスク要因に対する対応

SLの評価等は、開示資料となりますので、通常の開示同様、守秘義務や表現方法について十分に確認（必要に応じて関係者にも確認）することで、リスク回避は可能となります。

3 ウォッシュリスク

(1) リスク要因とその確認

借り手企業の資金使途等に関するリスクがあります。風評リスクにもなります。ローンが異なる資金使途へ充当される場合や当初想定した効果そのものが実態と合致せず効果が出ない、もしくはマイナスの効果となる場合があります。このような場合、SLの形態を利用した実態の伴わないサステナブルファイナンスであると社会的に評価されるリスクが発生します。

(2) リスク要因に対する対応

借り手企業と貸し手である金融機関は、選定した知見のある第三者評価機関等とウォッシュリスクについての可能性をゼロにするべく協議を行います。形式のみでなく、各プリンシプル（原則）や過去事例等を踏まえたローンの内容、評価書の内容とすることで、リスク回避は可能となります。

4 プリンシプルリスク

(1) リスク要因とその確認

SLの依拠する各種プリンシプルが、変更されるリスクがあります。SLは、「ソーシャルローン原則」等にのっとり実施していますが、これらのプリンシプルが変更されることにより、ローン期間中に別途手当が必要となるリスクがあります。

(2) リスク要因に対する対応

プリンシプルの変更可能性について、貸し手やアレンジャーとなる金融機関が、ローン実行時までに十分な確認を行います。変更可能性がある場合は、変更後のプリンシプルに追随するための開示等が可能かどうか、借り手企業と確認を行います。

主な要素

1　必要な要素

①　借り手は、ソーシャルローンのためのフレームワークを作成します。フレームワークは、ソーシャルローンの４つの核となる要素（(i)調達資金の使途、(ii)プロジェクトの評価および選定のプロセス、(iii)調達資金の管理、(iv)レポーティング）に適合している必要があります。借り手はフレームワーク等の書類を一般に開示します。

②　借り手は貸し手に対して、ソーシャルローンのためのフレームワークにおいて自らの包括的なサステナビリティ戦略を含めて説明します。

2　主要な開示要素

主要な開示要素は、以下の項目となります。

①　調達資金を充当したソーシャルプロジェクトのリスト

②　各ソーシャルプロジェクトの概要（進捗状況を含む）

③　各ソーシャルプロジェクトに充当した資金の額

④　各ソーシャルプロジェクトがもたらすことが期待される社会的な効果

⑤　未充当資金がある場合には、その金額または割合、充当予定時期

3　資金使途

ソーシャルローンにより調達した資金は、ソーシャルプロジェクトに充当します。ソーシャルプロジェクトとは、特定の社会的課題（social issue）の解決を目指すプロジェクトであって、かつ、当該プロジェクトにより対象となる特定の人々に対してポジティブな社会的な効果をもたらすことを目的とします。

4　プロジェクトの評価および選定のプロセス

借り手は、借り手が当該ソーシャルローンを通じて実現しようとする社会的な目標（Objective）、調達資金の充当対象とするソーシャルプロジェクトが社会的な目標に合致すると判断する際のプロセス（Process）の概要、ソーシャルプロジェクトを評価・選定するための規準（Criteria）について事前に貸し手に説明します。

借り手は、借り手が、当該ソーシャルローンを通じて実現しようとする社会面でのメリットを社会的な目標とします。社会的な目標の例としては、「ダイバーシティの推進・女性活躍の推進」「健康・長寿の達成（高齢社会への対応）」「自然災害・感染症への対応」「地方創生・地域活性化」などが考えられます。

社会的な目標を設定する際、調達資金の充当対象となるソーシャルプロジェクトが適格なソーシャルプロジェクトがあるかを評価・選定する際の判断の根拠として規準を定めます。ソーシャルプロジェクトを評価・選定するための規準としては、以下のようなものが考えられます。

・ソーシャルプロジェクトが、SDGsのゴールやターゲットの達成に貢献すると見込まれること
・社会的な目標に照らして、対象となるソーシャルプロジェクトの「事業区分」および「対象となる人々」が適切であること
・ソーシャルプロジェクトの発行体の包括的な目標、戦略、方針等と整合すること
・ソーシャルプロジェクトの社会的な効果に係る指標が適切に設定され、当該ソーシャルプロジェクトがポジティブな社会的な効果をもたらすことが見込まれること
・プロジェクトが環境・社会に対して付随的にもたらす可能性があるネガティブな効果を排除するための規準

社会的な効果の開示にあたっては、可能な場合には定量的な指標を用い、その算定方法や前提条件とともに開示します。定量化がむずかしい場合や、

定量的な指標のみでは十分に社会的な効果を示すことがむずかしい場合には、定性的な表現も用いて当該効果を説明します。また、定性的な指標として、外部認証を利用することも考えられます。

具体的には、ソーシャルプロジェクトによって、直接的にもたらされる具体的な製品およびサービス等を「アウトプット」、アウトプットの結果として「対象となる人々」等にもたらされる便益や変化（成果）を「アウトカム」、アウトカムの実現によって目指す最終的な社会的な効果（目標）を「インパクト」として、ソーシャルプロジェクトがインパクトに至る過程を段階的に示すことが考えられます。

5 レポーティング／評価の基本手順

社会的課題およびソーシャルプロジェクトの特定を行います。ソーシャルプロジェクトが対処する社会課題とは、社会全体または対象となる特定の人々の幸福（well-being）を阻害し、ひいては脅かすものをいいます。社会的課題は、その時々において変わりえますが、ソーシャルプロジェクトが対処する社会的課題は、当該社会において客観的に認識されている課題とします。社会課題を把握するにあたっては、2015年9月の国連サミットにおいて採択された「持続可能な開発のための2030アジェンダ」をはじめとする国際的な合意等を踏まえる必要があります。特に国内においては「SDGsアクションプラン」等を踏まえて検討します。

・借り手は、社会的な持続可能性に関する自らの包括的な目標、戦略、方針等（中期経営計画、サステナビリティ戦略、CSR戦略等）を踏まえ、対処する社会的課題および具体的なソーシャルプロジェクトを特定します。

・ソーシャルプロジェクトの評価・選定にあたっては、たとえば、「あるプロジェクトが社会的な目標や規準に照らして調達資金の充当対象として適切に社会的な効果をもたらすと判断される根拠」「実際に誰がどのように規準を適用し、ソーシャルプロジェクトが社会的な目標に合致しているか否かの判断を行うか」を決定する必要があります。知見のある外部機関の活用が有効です。

・借り手は、ソーシャルローンにより調達した資金の使用状況に関する最新の情報およびソーシャルプロジェクトの社会的効果について、借り手のウェブサイト等に掲載することにより一般に開示します。
・借り手は、すべての資金が充当されるまでは少なくとも1年に1回、資金の使用状況を開示します。すべての資金が充当された後も、大きな状況の変化がある場合には適時開示します。大きな状況の変化とは、プロジェクトの売却、プロジェクトにおける重大な事故等、ソーシャル性に影響を与える事象の発生等となります。

6 レビュー／外部評価

外部機関が評価するべき事項としては、以下の項目等があります。
① 資金使途となるソーシャルプロジェクトが目標とする社会的な効果
② ソーシャルボンドに期待される4つの核となる要素との適合性の確認
③ 借り手が特定した、ソーシャルプロジェクトに関連する潜在的な重大な環境・社会的リスク（ネガティブな効果）

借り手が、4つの核となる要素（調達資金の使途、プロジェクトの評価および選定のプロセス、調達資金の管理、ならびにレポーティング）に係る自らの対応について、客観的評価が必要と判断する場合には、外部機関によるレビューを活用することが望ましいといえます。外部機関によるレビューには、「セカンド・パーティー・オピニオン（Second Party Opinion）」「検証（Verification）」「認証（Certification）」「レーティング（Rating）」などさまざまな名称のものがあります。

なお、以下の場合には、外部機関によるレビューが有効となります。
・調達資金の具体的使途として予定しているソーシャルプロジェクトのなかに、ポジティブな社会的な効果とともに環境・社会に対する比較的大きいネガティブな効果を併せ持つプロジェクトが含まれている場合
・ソーシャルプロジェクトを評価・選定するための規準の適切性や、当該規準に基づくソーシャルボンドプロジェクトの評価・選定の適切性を評価する知見が発行体内部に十分に備わっていない場合

・調達資金の具体的使途として予定しているソーシャルプロジェクトの社会的な効果の算定に用いることができる既存のフレームワークが存在しない場合

7 調達資金の管理

グリーンローン、ソーシャルローンにおいては、調達資金の管理が特に重要となります。

調達資金の追跡管理の具体的な方法としては、以下のようなものが考えられます。

・調達資金を会計上区分された補助勘定を設けて記入し、ソーシャルプロジェクトに充当した場合に、当該補助勘定から支出。
・社内システムや電子ファイルにより、調達資金の全額とソーシャルプロジェクトへの充当資金の累計額を管理。
・調達資金を別口座に入金しその全額をその他の事業資金と区別して管理する。ソーシャルプロジェクトへの充当は、当該別口座から行う。

主なスキーム構成者のメリット

1 借り手のメリット

(1) サステナビリティ経営の高度化

ソーシャルローンへの取組みを通じて、組織内のサステナビリティに関する戦略、リスクマネジメント、ガバナンス体制等が整備され、サステナビリティ経営の高度化および借り手の中長期的なESGリスク耐性の向上や企業価値自体の向上が期待できます。

(2) ソーシャルプロジェクトの推進を通じた広範なステークホルダーからの支持の獲得

ソーシャルローンは、調達資金の充当対象がソーシャルプロジェクトに限定されていることから、ソーシャルローンへの取組みを通じて、社会的課題の解決やSDGsの達成に向けた積極的な姿勢を示すことができ、顧客・取引先等を含む広範なステークホルダーからの支持の獲得につながる可能性があります。

(3) 貸し手との関係構築による資金調達基盤の強化・安定

借り手は、ソーシャルローンへの取組みを通じて、投資対象の社会的課題の解決に向けた貢献度やSDGsとの適合性を重視する金融機関との関係構築が強化され、ソーシャルローン自体はもちろんのこと、それ以外のファイナンスも可能となり、資金調達手段の多様化および資金調達基盤の強化・安定につながる可能性があります。

(4) より合理的な条件での資金調達の可能性

ソーシャルローンへの取組みにより、借り手の信用力を含む市場評価が向上し、通常のローンに比して相対的に有利な条件での資金調達が可能となる可能性があります。

2 貸し手のメリット

一定規模のESG投融資を行うことをコミットしている貸し手にとって、ソーシャルローンは、自らのコミットメントに明確に合致するものとなります。

コミットを行っていない貸し手にとっても、ソーシャルローンで融資することで、ソーシャルプロジェクトへ積極的に資金を供給し支援を行っていることを表明することができるため、こうしたことが社会的な支持の獲得につながる可能性があります。

ソーシャルローンの資金使途は一定のソーシャルプロジェクトに限定され、資金の流れが可視化されることから、貸し手はその社会的な効果を見定めたうえで意思決定を行います。借り手から開示される社会的な効果についてのエンゲージメント（対話）が借り手の真のニーズにあったソリューション提供につながるなど、借り手との多層的な関係構築、ビジネス機会の獲得が可能となります。

まとめ

SLは、ソーシャルプロジェクトへの資金使途が限定されたサステナブルファイナンスです。ソーシャルプロジェクトは、社会的な目標を参照しますが、特にSDGsについての貢献が求められます。

借り手は、社会課題に対処するソーシャルプロジェクトを設定し、これを事業として展開することにより、多くのステークホルダーからの支持を受けることができます。反面、借り手はSLによる調達資金の管理・追跡について、通常以上の注意をもって管理する必要があります。

貸し手にとってはESG投融資の一つとなることはもちろん、社会課題に関する個人取引先の啓発につながることもメリットとなります。

SLに取り組む際には、第三者による適切な評価を受けることで、ソーシャルプロジェクトがソーシャルローン原則やSDGsに適合していることを担保することが合理的です。そのため、知見・経験のある評価機関の選定もSLの重要なポイントとなります。

事　例

地域金融機関を貸し手としたソーシャルローン

2022年6月静岡銀行は、五常・アンド・カンパニー（同社）と、ソーシャルローン契約を締結しました。同社は、「低価格で良質な金融サービスを2030年までに50カ国1億人以上に届ける」という長期目標を掲げ、「金融包摂を世界中に届ける」ことをミッション、「誰もが自分の未来を決めることができる世界」をビジョンとしています。

本ローンの資金使途は、インドの金融グループ会社を通じたマイクロファイナンス事業に充当され、実行に際しては、第三者評価機関である日本格付研究所（JCR）に評価を依頼しており、大項目として、「ソーシャル性」「管理・運営・透明性」を評価しています。

「ソーシャル性」の内容は、「プロジェクトの社会便益効果」「社会的リスクの対応」「SDGsとの整合性」の項目となっており、また、「管理・運営・透明性」の内容は、「資金使途の選定基準とそのプロセスにかかる妥当性および透明性」「資金管理の妥当性および透明性」「レポーティング」「組織の社会的問題への取り組み」の項目となっています。

借り手である五常・アンド・カンパニーは、資金調達基盤の強化・安定を目的に、サステナビリティ経営のビジョン、ミッションに貢献するローンとして取り組んでいます。

貸し手である静岡銀行は、社会課題の解決への貢献と金融包摂を目的として、ソーシャルローンに取り組んでいます。

本ローンは、SDGsの「目標１：貧困をなくそう（ターゲット1.2.、1.4.）」「目標８：働きがいも経済成長も（ターゲット8.3.、8.10.）」「目標10：人や国の不平等をなくそう（ターゲット10.2.）」に貢献することになります。

なお、同社は、丸井グループに対してソーシャルボンドを発行しており、本ローンを含めたさまざまな資金調達手段の組合せを通じて、資金調達コストの最適化に取り組んでいます。

ソーシャルローンは、第三者評価機関の知見・経験を活用することにより、借り手・貸し手（金融機関）の目的やSDGsへの貢献が可視化され、より明確になるファイナンス手法です。社会課題の解決への取組みは、長期間にわたります。各金融機関が事例を積み重ね、よりよい社会のインフラを整えていくことを切望します。

プラスα

▶ソーシャルインパクトボンド（SIB）

SIBとは、インパクト投資の手法の一つで、行政の成果連動型支払契約と民間資金の活用を組み合わせた官民連携のスキームのことをいいます（下記図表参照）。

インパクト投資の投資家は、成果連動の公共事業（社会課題解決を目的・インパクトとするもの）に、出資・融資等の形態で投資を行います。日本では、就労支援、疾病予防、地方創生などの社会課題を目的として行われています。

成果連動では、行政が民間事業者に対して支払う民間委託の公共事業の対価が、成果によって変動します。SIBの資金調達は、一般的に成果に連動する出資部分と連動しないもしくは連動が小さい融資等により行われます。

SIBへ参画する金融機関の主な役割は、ファイナンスアレンジャー（スキーム組成）、資金提供者となります。

資金提供の相手先は、SIBの中間支援組織の場合とサービス提供者の場合があります。特に中間支援組織等に対するファイナンスは、ほとんどの場合、ローンではなく、投資（出資・エクイティ）の形態となります。

SIBは、公共事業を通じて社会課題を解決するというインパクトを求めるサステナブルファイナンス（インパクトファイナンス）です。SIBは長期の取組みとなり、また、原則等が確立されていません。初めてSIBのファイナンスを検討する場合は、すでに実績のあるSIIF（社会変革推進財団）等知見のある団体や金融機関を通じ、サステナブルファイナンスとしての詳細について、意見交換を行うことをお勧めします。

［図表］ SIBの具体的な組成・推進体制（イメージ）

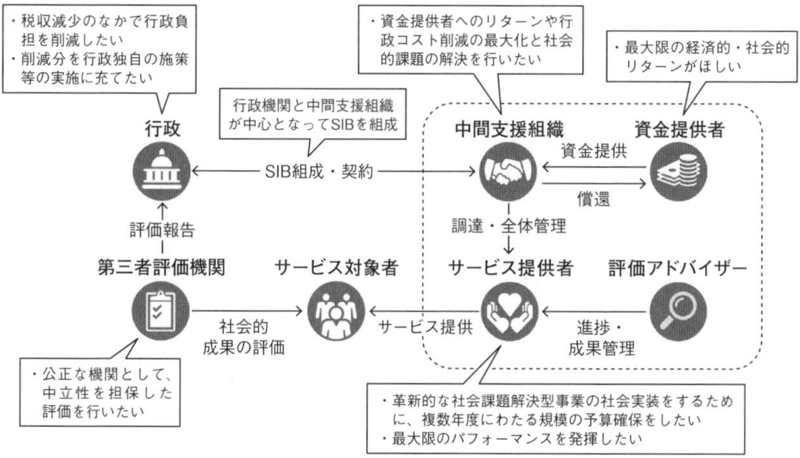

（参考）SIB推進体制における主な想定組織

主なSIB推進体制	想定組織
行政	中央政府、都道府県、基礎自治体
中間支援組織	財団等非営利団体、シンクタンク・コンサルティング会社等営利団体　など
サービス提供者	NPOなどの非営利団体、 社会的企業や一般企業などの営利団体　など
資金提供者	個人投資家（寄付、純投資）、 法人（財団、企業CSR、金融機関）、 その他休眠預金の活用　など
評価アドバイザー	シンクタンク、コンサルティング会社など （中間支援組織が担うことも可）
第三者評価機関	大学、評価専門組織、監査法人　など

（出典） 経済産業省「新しい官民連携の仕組み：ソーシャル・インパクト・ボンド（SIB）の概要とその動向」

参 考 文 献

〈書籍〉

・加賀隆一編著『プロジェクトファイナンスの実務』(2007年、金融財政事情研究会)

・後藤文人＝大槻奈那『ハイブリッド証券入門』(2008年、金融財政事情研究会)

・笹山幸嗣＝村岡香奈子『M&Aファイナンス〈第２版〉』(2008年、金融財政事情研究会)

・住友信託銀行 インデックス・クオンツ運用部編『投資インデックス・ハンドブック〈増補版〉』(2011年、金融財政事情研究会)

・西村ときわ法律事務所編『新しいファイナンス手法』(2006年、金融財政事情研究会)

・入道正久『キャッシュフロー・ファイナンス』(2011年、金融財政事情研究会)

・三菱UFJ信託銀行不動産信託研究会『不動産証券化の危機対応』(2010年、金融財政事情研究会)

・矢島剛『CDSのすべて』(2013年、きんざい)

・三國仁司著『不動産証券化商品への投資とそのリスク』(2020年、きんざい)

・山内直樹・森田隆大著『クレジットアナリシス１　信用リスク分析―総論』(2010年、金融財政事情研究会)

・藤井良広著『サステナブルファイナンス攻防―理念の追求と市場の覇権』(2021年、金融財政事情研究会)

・ディアーク・シューメイカー、ウィアラム・シュローモーダ著、加藤晃監訳『サステナブルファイナンス原論』(2020年、金融財政事情研究会)

・水口剛編著、野村資本市場研究所「ESG債市場の持続性発展に関する研究会」『サステナブルファイナンスの時代―ESG／SDGsと債券市場』(2019年、金融財政事情研究会)

・松井剛著『CLO投資入門―急成長する資産クラスとストラクチャーと市場のメカニズム』(2021年、金融財政事情研究会)

・「サステナブルファイナンスがよくわかる講座」(きんざい)

〈ウェブサイト〉

経済産業省　http://www.meti.go.jp/

国土交通省　http://www.mlit.go.jp/

電子政府の総合窓口イーガブ　http://www.e-gov.go.jp/

内閣府　http://www.cao.go.jp/
株式会社日本貿易保険　http://www.nexi.go.jp/
特定非営利活動法人全国地域PFI協会　http://pfi-as.jp/
特定非営利活動法人日本PFI・PPP協会　http://www.pfikyokai.or.jp/
一般社団法人全国銀行協会　http://www.zenginkyo.or.jp/
一般社団法人投資信託協会　http://www.toushin.or.jp/
一般財団法人日本航空機開発協会　http://www.jadc.jp/
一般社団法人日本船主協会　http://www.jsanet.or.jp/
一般社団法人不動産証券化協会　http://www.ares.or.jp/
一般社団法人流動化・証券化協議会　http://www.sfj.gr.jp/
公益財団法人日本海事センター　http://www.jpmac.or.jp/
JICA緒方研究所　http://www.jica.go.jp.jaica-ri/ja/
日本証券業協会　http://www.jsda.or.jp/
日本ローン債権市場協会　https://www.jsla.org/
株式会社格付投資情報センター　https://www.r-i.co.jp/
株式会社国際協力銀行　http://www.jbic.go.jp/ja
株式会社大和総研　http://www.dir.co.jp/
株式会社日建設計　http://www.nikken.co.jp/ja/
株式会社日本格付研究所　http://www.jcr.co.jp/
株式会社日本政策投資銀行　http://www.dbj.jp/
株式会社野村資本市場研究所　http://www.nicmr.com/nicmr/
ジャパンリアルエステイト投資法人　http://www.j-re.co.jp/
スタンダード＆プアーズ株式会社　http://www.spglobal.com/ratings/jp
スタンダード＆プアーズ・レーティング・ジャパン株式会社　http://www.spglobal.com/ratings/jp
日本ビルファンド投資法人　http://www.nbf-m.com/nbf/
野村不動産プライベートリート投資法人　http://www.nre-pr.co.jp/
三井不動産株式会社　http://www.mitsuifudosan.co.jp/
ムーディーズSFジャパン株式会社　http://www.moodys.com/
ムーディーズ・ジャパン株式会社　http://www.moodys.com/
株式会社静岡銀行　https://www.shizuokabank.co.jp/
株式会社横浜銀行　https://www.boy.co.jp/
株式会社三井住友銀行　https://www.smbc.co.jp/
エネジン株式会社　https://www.enegene.co.jp/
リソルの森株式会社　https://www.resol-no-mori.com/

株式会社三崎恵水産　http://www.misaki-megumi.co.jp/
住友化学株式会社　https://www.sumitomo-chem.co.jp/
株式会社商船三井　https://www.mol.co.jp/
一般財団法人新エネルギー財団　https://www.nef.or.jp/
五常・アンド・カンパニー株式会社　https://gojo.co/
一般財団法人社会変革推進財団　https://www.siif.or.jp/
大和ハウスリート投資法人　https://www.daiwahouse-reit.co.jp/
環境省　https://www.env.go.jp/
金融庁　https://www.fsa.go.jp/
山一金属株式会社　https://yamaichi-metal.com/
中小企業庁　https://www.chusho.meti.go.jp/
厚生労働省　https://www.mhlw.go.jp
MSCジャパン　https://www.msc.org
JPX（日本取引所グループ）　https://www.jpx.co.jp/
IHSマークイット社　https://ihsmarkit.jp
日本公認会計士協会　https://jicpa.or.jp

事項索引

シンプル解説　オルタナティブ／サステナブルローン

2022年12月21日　第1刷発行
（2014年9月9日　『シンプル解説　オルタナティブローン』初版発行）

監修者　北原一功
著　者　池田正嗣
発行者　加藤一浩

〒160-8520　東京都新宿区南元町19
発　行　所　一般社団法人　金融財政事情研究会
企画・制作・販売　株式会社　きんざい
出版部　TEL 03(3355)2251　FAX 03(3357)7416
販売受付　TEL 03(3358)2891　FAX 03(3358)0037
URL https://www.kinzai.jp/

DTP・校正：株式会社友人社／印刷：株式会社日本制作センター

ISBN978-4-322-14203-7